アメーバ経営学

—理論と実証—

アメーバ経営学術研究会［編］

KCCSマネジメントコンサルティング

刊行に寄せて

神戸大学大学院教授
加護野　忠男

京セラの創業者、稲盛和夫氏が同社発展の支柱にした経営理念は「従業員の物心両面の幸せを追求する」というものであった。これは従業員の自助努力をうまく引き出し、それを土台として、今日の京セラの発展を導いた。それだけでなく、経営の失敗に陥った企業の再建をも引き受け、成功させている。その鍵となったのは同社の経営手法アメーバ経営であろう。アメーバ経営とは、価値付加のプロセスを多数の小さな責任単位（アメーバ）に分担させ、それぞれが時間当り採算をもとに自主的な経営改善を行う仕組みである。

アメーバ経営は、日本発の経営手法であり、日本の企業で働く人々の気持ちと合致したものである。しかも、この経営手法は日本国内だけでなく、海外にも応用されている。私はアメーバ経営が日本発の経営手法として海外に普及することによって、現場の知恵を使って大きな経営改善がもたらされることが分かれば、世界中の企業にいわば「現場革命」がもたらされるのではないかと考えている。

本書は、アメーバ経営を学術的見地から研究する目的のもとに発足した「アメーバ経営学術研究会」の研究論文を収録した学術書である。経営学・会計学者によるこれらの研究成果が、多くの方にとって企業経営のヒントとなり、新たな研究者の気付きとなることを期待したい。

はしがき

本書は、アメーバ経営学術研究会による初の研究成果刊行物である。この研究会は、KCCSマネジメントコンサルティング株式会社（KCMC）代表取締役会長兼社長　森田直行氏や同副会長　藤井敏輝氏のご尽力により、経営学と管理会計の研究者が参加して、二〇〇六年一一月一日に創設された。その目的は、京セラ株式会社名誉会長　稲盛和夫氏によって考案された京セラアメーバ経営を学術的に研究するとともに、その研究成果を学界・実務界の双方に公開することによって、世界におけるアメーバ経営の認識を高めることである。

研究会の発足以降、研究会のメンバーは、研究会において、森田直行氏をはじめとして、KCMCの方々からさまざまなノウハウを学ぶとともに、貴重なご意見をいただいた。さらに、アメーバ経営の歴史を記した資料の閲覧、被買収企業等へのアメーバ経営導入に関与した人々へのヒアリング調査、アメーバ経営導入企業への質問票調査とヒアリングや関与観察などを繰り返し行うことができた。最高の研究環境に恵まれたわけである。

すでに、二〇〇九年一〇月三日には、京セラ本社において、シンポジウムを開催している。京セラ名誉会長　稲盛和夫氏にご講演をお願いするとともに、研究会メンバーによる研究報告とパネルディスカッションを実施した。その後、シンポジウムで取り上げることができなかった研究を含めて、この成果をさらに進展させて、とりまとめたのが本書である。

本書においても、シンポジウムにおける稲盛和夫氏の「アメーバ経営はどのようにして誕生したのか」の特別講演録をいただくことができた。シンポジウムでも、お伺いすることができたが、やはり活字になってみると、発案された方のご発言であるだけに、大変貴重な研究資料といえる。アメーバ経営について、研究歴が長い筆者であるが、感激しながら、多くのことを学んだ。

また、アメーバ経営に深く関わってこられた森田直行氏からもご寄稿を頂戴できた。同氏のアメーバ経営に対する熱い思いの記録に留まらない、「連結管理会計」の概念と方法を学会に提起する論文となっている。

研究会では，アメーバ経営の研究を促進したり、学会と実務界の双方でアメーバ経営に対する理解を高めるため、アメーバ経営の定義と英語表記に関して、相当の時間をかけて議論した。このうち、定義については本書に掲載した。定義やその意図等については、もちろん解説が必要となる。この解説文は原案を神戸大学大学院経営学研究科教授　三矢裕氏が作成した。もちろん、多くの人がメール上で徹底的な議論に何日間も参加し、徹底的な改訂が繰り返し行われた。

研究会メンバーの論文では、以下の研究が掲載されている。①市場と組織の相互浸透に基づくアメーバ経営の研究、②アメーバ経営における日本的管理会計の研究、③アメーバ経営における京セラフィロソフィの研究、④「時間当り採算」の史的研究、⑤アメーバ経営における原価計算の研究、⑥アメーバ経営導入による組織行動の変化とその要因に関する研究、⑦長期にわたるヒアリングと関与観察によるアメーバ経営の導入プロセスに関する研究、⑧アメーバ経営の被買収企業への導入による組織変革に関する研究、の八つがこれである。

研究会のメンバーは、アメーバ経営が世界に発信すべき優れた経営システムであるとの思いをますます強め、今後も研究に邁進する所存である。学界と実務界の皆様から屈託のないご意見を賜れば幸いである。

最後に、本書の公刊に対して、実に多くの方々からご支援をいただいた。第一に、アメーバ経営の誕生についての特別講演録を賜った京セラ株式会社名誉会長　稲盛和夫氏。この研究会の創設にご尽力いただくとともに、ご寄稿いただいた、KCCSマネジメントコンサルティング株式会社代表取締役会長兼社長　森田直行氏。また、研究会の創設や運営を強く支えていただいた、同社副会長　藤井敏輝氏。研究会において、いろいろとお教えいただいた、同社代表取締役専務　浅田英治氏、同社取締役　松井達朗氏、事業戦略室京都事業支援部長　堀直樹氏。研究会の事務局を担っていただいた、同社取締役　原田拓郎氏と同社事業戦略室広報宣伝課長　八代彩子氏。この四月から政府関係のお仕事に就任されたため、辞退されることになったが、研究会の発足から委員長を務めてこられた廣本敏郎氏。これらの方々にこの場を借りて衷心から謝意を表したい。

二〇一〇年一〇月

アメーバ経営学術研究会
委員長　**谷　武幸**

目次

「アメーバ経営学」

研究論文集

第3論文

賢慮を生み出すアメーバ経営

第4論文

京セラ・アメーバ経営における時間当り採算の歴史的形成過程についての研究——時間当り採算の「年輪」を読む……（潮　清孝）……115

第5論文

アメーバ経営と原価計算……………………………………（尾畑　裕）……142

第８論文

アメーバ経営導入による被買収企業の組織変革

特別寄稿

特別講演録

京セラ株式会社　名誉会長　**稲盛　和夫**

本講演録は、二〇〇九年一〇月三日に開催された「アメーバ経営学術研究会シンポジウム」での講演をまとめたものです。

アメーバ経営はどのようにして誕生したのか

アメーバ経営学術研究会のはじまり

本日はアメーバ経営学術研究会のシンポジウムのために、全国各地から、大学の先生方、アメーバ倶楽部会員の皆さまにお集まりいただき、盛大に開催できますことを大変うれしく思っています。

三年ほど前にKCCS（KCMC）森田会長からアメーバ経営の学術研究会を組織したいという相談がありま

した。それを機にアメーバ経営学術研究会が設立され、今回、このようなシンポジウムを開催することができました。

アメーバ経営は、実務家でありまます私が実践の中でつくりあげてまいりました管理会計手法ですが、アメーバ経営学術研究会の先生方の研究により、これを普遍的な、説得力のある会計学にしていただく絶好の機会だと思いましたので、先生方のご協力をお願いした次第でございます。

アメーバ経営学術研究会により、アメーバ経営を世界のどの企業で展開しても、また、どのような会計の専門家に披露しても、遜色がない素晴らしい学術的体系にしていただきたいと思うのです。

京セラグループとＫＤＤＩでのアメーバ経営の実践

京セラを創業して以来、私は独学でアメーバ管理会計をつくりあげ、その後、京セラの国内、海外にあります子会社や合併しました会社にも導入してまいりました。

また、二五年前に私が徒手空拳で創業しました第二電電、現在のＫＤＤＩの電気通信事業でもアメーバ経営を実践しております。

第二電電の創業時には、マイクロウェーブを使って日本を縦断する長距離通信をはじめました。その際、長距離通信事業の採算をグロスでとらえるのではなく、関東、東海、関西など、地区別に分割して見るようにしました。

また、携帯電話事業をはじめた時も地区別に分けました。それぞれの地区の責任者が、自分で経営ができているか、できていないかということを実感できるような独立採算システムにしたのです。

現在では、ＫＤＤＩとして売上三兆円を超える規模になっていますが、今でもそのアメーバ経営システムをそのまま使っております。

第二電電の時代に、旧郵政省事務次官まで経験した奥山雄材氏を社長に迎えて、経営に参画してもらったことがありました。彼は、監督官庁のトップとして、ＮＴＴの決算等も見ていましたが、私にこう言ってくれました。「第二電電の採算管理システムには、驚きました。これほど各部門の採算が見られるという管理会計は、稀有のものだと思います。郵政省時代は、通信会社の損益計算をグロスで見てきましたが、これほど精緻にどの部門にどういう欠陥があり、どの部門がうまくいっているのか、非常に細かい単位で分かる経営管理システムは見たことがありません。第二電電がＮＴＴを凌ぐほどの経営成績をあげていたのは、このシステムが原因ではないかと思います」。彼がそう言ってくれたので、私は大変うれしく思ったことがあります。

アメーバ経営誕生の背景～知りたいのは現在の数字～

それでは、なぜアメーバ経営を考えたのかということについてお話ししてみたいと思います。

京セラを創業する以前、会社勤めをしておりました時に、私は新しいセラミック材料の開発から事業化までを手掛けておりました。その後、支援してくださる方々のおかげで京セラをつくっていただくことになりましたが、その時私は会計については何の知識も持っておりませんでした。そこで新会社の設立に協力いただいた会社から、お手伝いにきてくれた経理の担当者に京セラの経理を見てもらうことになりました。

同時に、前の会社から私と一緒に京セラ創業に参画をされた青山政次さんにもご助力いただきました。青山さんは私の父親と同じぐらいの年齢でしたが、京都大学工学部の電気工学を卒業された技術者でありました。その方が、前の会社で製造部門の原価計算のシステムをつくっておられましたので、独学で勉強しておられた原価計算システムを使って、京セラの製品の原価がこうなっていると、私のところに持ってこられました。

三カ月前の原価計算を持ってこられて、「稲盛君、うちがつくっている製品は、こういう原価になっていてこれだけの利益が出ている」と言ってこられました。

最初の頃は興味を持って聞いていましたが、「青山さん、そんな数字は意味がないじゃありませんか。今どうなっているかということを私は知りたいのに、三カ月前に過ぎたことをうまくいったと言われたって意味がありませんよ」と言った覚えがあります。

当時、損益計算においても、経理担当者が数カ月前の月次損益計算書をつくって私に持ってきてくれました。私は会計を全く知りませんでしたから、会計用語そのものが分かりませんでした。損益計算書を見ながら、その意味することを根ほり葉ほり聞いて、「なるほど、こういう風にして、利益や損失が出ているかを見るのか」と勉強しておりました。

そのように会計を学ぶ中で、会計というのは過去にどういう業績であったかは知ることができるが、会社を現在、うまく経営する方法というのは教えてくれないのだと気付きました。

随分後になってから、欧米の会計学というのは経営者が経営のために使うものではなく、株主や金融機関といった外部から見て、その会社が正常に経営できているかどうかを見るためにあるということを知りました。つまり、経営の結果を見るためにあるのが会計学であり、実際に会社経営をやるために使うものではないということです。

そこで、会社経営に使える生きた会計学というのはないのかと一生懸命に考え続けて、今のアメーバ経営を考えついたのです。

そのような気持ちが強くなりましたのは、京セラが大阪証券取引所の二部に上場した時でした。上場に際しては、会社の状況を正しく判断できるような会計処理がなされているかどうかを監査することが必要でした。いわゆる公認会計士による監査が必要なので、宮村久治先生という公認会計士が代表を務める監査法人に監査をお願いしました。

その方とは、亡くなられるまで約三〇年間、親友のように付き合ってまいりましたが、会計や経営のことに関してよく議論をしました。私が「アメーバ経営と比べて、一般の会計学が結果の後追いに終始しているのは、おかしいじゃありませんか」と言って、激しく議論をしたことがあります。

宮村先生は頑固な方だったので、「稲盛さん、それでは欧米の会計学とは相容れないので困ります」と言われましたが、私はアメーバ経営の正しさを主張していきました。最後には、「なるほど、あなたの方が正しいと思う」と宮村先生に言っていただいたので、上場後もそれでいきましょうとなったわけです。

京セラの場合、アメリカでも株式を上場しておりますが、アメリカの監査法人もいろいろなことを言ってきます。それでも、私はアメーバ経営を固守してまいりました。現地の監査法人と議論を深めることで、「その方法は一般の会計学とは矛盾しません。むしろ進歩しているかもしれません」と彼らが言うぐらい、アメーバ経営を認めさせております。私は一貫して、自分が実際に経営に使える会計学というものを目指してきたのです。

経営者の分身をつくる

さて、創業当時の私は、技術屋出身で、経営について知識も経験もありませんでしたが、全身全霊で経営に打ち込み、会社は次第に大きくなっていきました。そうなってくると、経営者である自分一人で、組織全体を見ることができなくなってまいりました。

そこで、経営者である私と同じように経営責任を分担してくれるような共同経営者を育成すべきだと思いました。そういう人材を育成するには、会社の組織を細分化して、現場のリーダーでも見られるような小さな部門をつくり、責任を持って経営を見てもらうべきだと考えました。その責任者に小さな部門の運営の仕方や損益計算の方法を教えてあげて、経営者として育っていくようにしていきたいと思ったわけです。

会社の組織を独立採算が取れるような最小の部門にまで分割し、それぞれの部門ごとに損益計算書に匹敵するような分かりやすい採算表をつくり、それをベースにして、経営者マインドを持った責任者にその部門の損益を管理してもらうことにしました。

組織をいかに分割するか

そのアイデアを実行する際、最初に遭遇した問題は、組織をどのように分けるのかという点でした。

京セラがまだ中小零細企業の頃の代表的なセラミック製品の製造工程は、原料工程からはじまり、成形工程、焼成工程、加工工程という四つの工程に分けられました（図1）。

はじめはこれらの工程を一気通貫で捉えて損益計算をしていたわけですが、それを工程ごとに、「この部門の損益計算、この部門の損益計算」というふうに採算を見ていくことにしたのです。

そのためには、各工程で売上を計上しなければなりません。そこで、最初の原料工程であれば、調合した原料を次の成形部門に売るということを考えました。そういうビジネスが実際に成り立つのだろうかとも思いましたが、京都東山の陶磁器

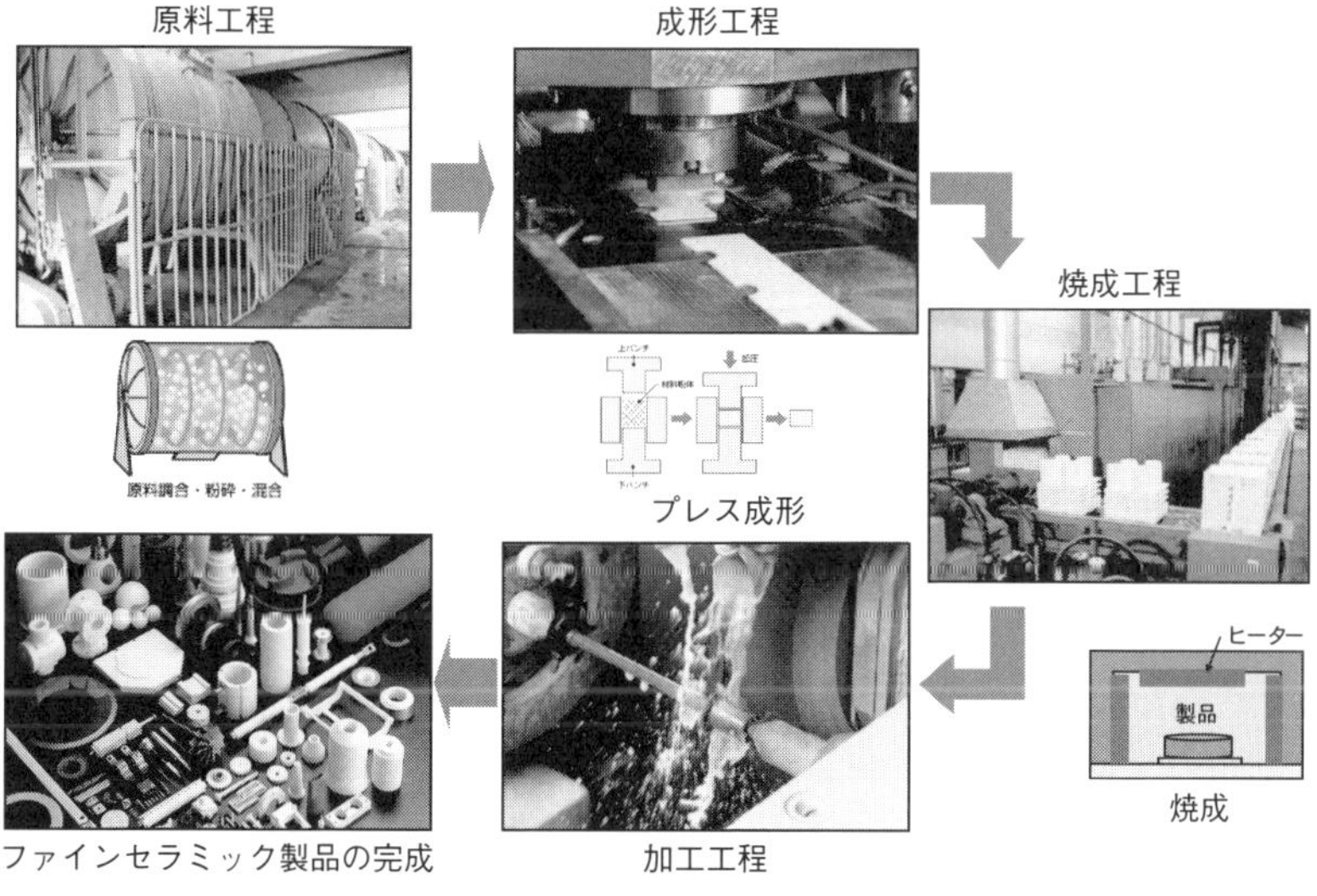

図1　ファインセラミック製造工程の例

業界では原料となる粘土や長石を購入して、粉砕をして粘土にしたものを窯元に売るビジネスがあることを知りました。「なるほど、原料部門だけでも完結したビジネスになっている。それなら原料部門を独立した事業とすることができるはずだ」と考えたのです。

同様に、後の各工程も、成形工程であればセラミックを成形する、焼成工程であればセラミックを焼成する、加工部門であればセラミックを加工するという作業を請け負っていると考えれば、それぞれ独立した事業として採算を計算することができると思ったわけです。

このように工程別に分割した独立採算制の小さな組織ですが、市場やビジネスの変化に応じて常に柔軟に変化していくということから、私はその小さな組織を「アメーバ」と命名することにいたしました。

アメーバ間の社内売買

次に遭遇した問題は、アメーバの売上をどのように計上したらよいかという点でした。アメーバを独立採算で運営するには損益計算が必要となりますので、各アメーバの売上を計算しなければなりません。

先ほどの原料部門では、原料の材料代と、ミルで混合し、造粒する作業の費用などが発生しますが、その費用を加え、さらに利益を乗せて次の成形部門に売るわけです。原料部門では社内売りが立ちますが、成形部門では社内買いが発生します。成形部門は、その社内買いの原料を使ってプレス機械を使って成形をします。成形部門では、プレス機械の減価償却費と金利、金型代、消耗品費、その他の経費が発生しますが、これに利益まで入れたものを次の焼成部門に売ることになります。

成形品を買った焼成部門も、電気炉の減価償却費とその金利、電気代など、いろいろな経費を入れて利益を乗せて、それが社内売りになります。最後の加工部門は、この焼成品を買い入れて、さらに必要な経費を出して、利益を乗せて、営業部門に売ります。営業は、営業口銭（手数料）をもらい、最終的に客先に売るという形になっています（図2）。

このように社内における売りと買いを発生させることを考えました。すべての部門の採算表を集計すると、この社内売りと社内買いの合計が相殺消去されて、一般的な損益計算書の売上が計算できるという仕組みになっています。

時間当り採算表

表1はアメーバ経営の「時間当り採算表」（製造部門）です。上から総出荷、社外出荷、社内売、

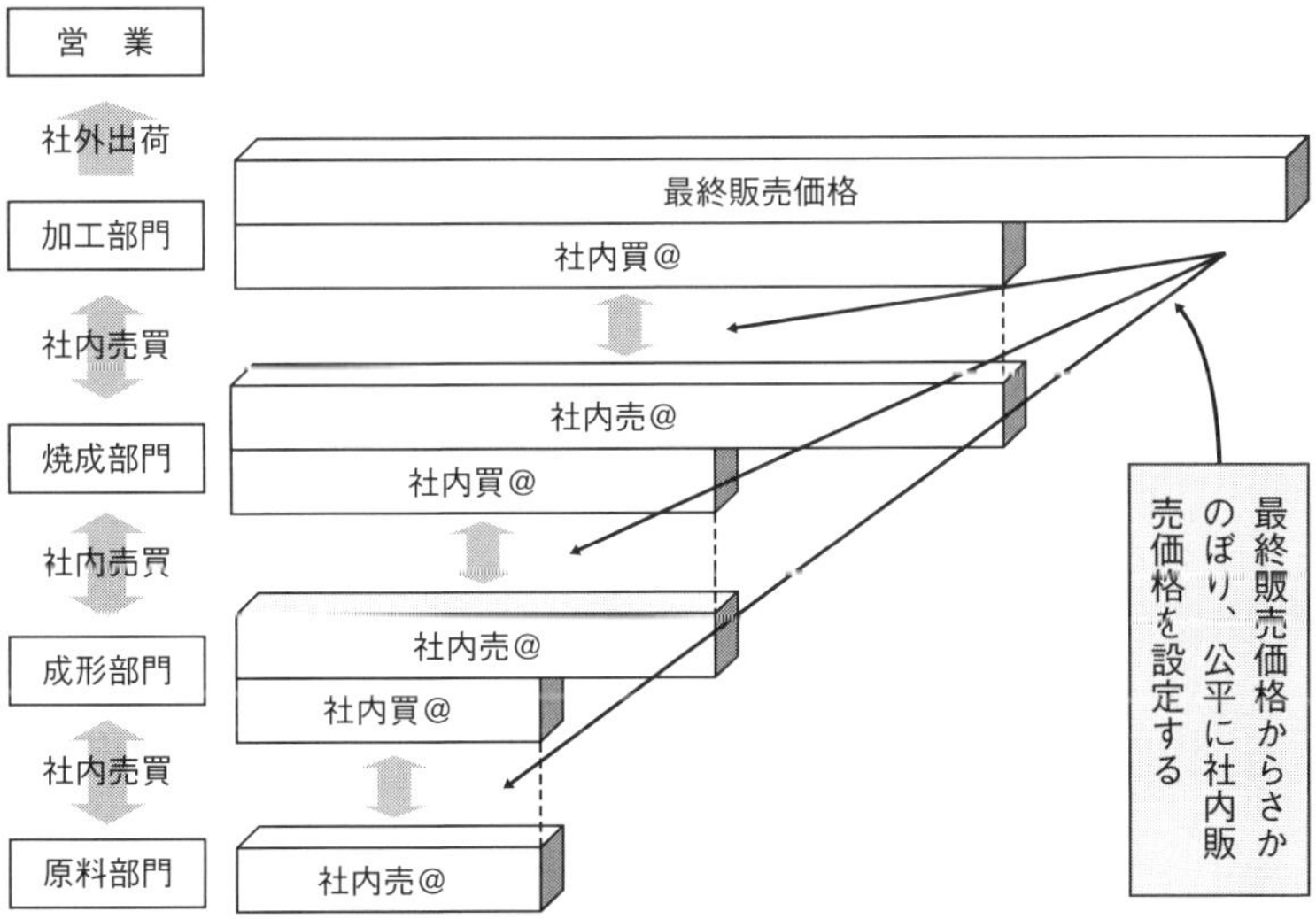

図2　社内売買価格の決定

表1　時間当り採算表（製造部門）の例

項目		予定	実績
総出荷			
社外出荷			
社内売			
社内買			
総生産			
控除額			
	原材料費		
	金具費		
	商品仕入高		
	金型費		
	一般外注費		
	…………………		
	…………………		
	内部技術料		
	営業・本社経費		
差引売上			
総時間			
当月時間当り			
時間当り生産高			

社内買とあります。社外出荷と社内売を足した総出荷から社内買を引き、部門の総生産を計算します。その下の欄には原材料費、金具費などいろいろな経費があり、その合計を総生産から控除して差引売上を計算します。

差引売上とは、人件費を除くすべての経費を総生産から控除したもので、その部門の付加価値を意味します。この差引売上を、総生産をあげるのに要した総労働時間で割り、一時間当りどれだけの付加価値を出したのかを「時間当り」という形で表現するようにしました。

この部門がいくらの利益を出したかを計算する場合には、人件費を経費の欄に入れなければなりません。しかし、そうすると少人数のアメーバの場合、その部門の課長、係長の給料や従業員の給料まで全部わかってしまうことになります。それでは会社の中の雰囲気が悪くなると思いましたので、あまり赤裸々に社員の給料まで公開しないために、人件費は経費に入れませんでした。入れない代わりに、総時間で付加価値を割った時間当りの付加価値を計算して採算性の指標としたのです。

「時間当り」は、採算のメルクマークとなります。ある部門の総人件費を総労働時間で割った時、たとえば一時間当り二〇〇〇円かかっているとします。この部門の「時間当り」が五〇〇〇円だとすれば、その差である三〇〇〇円分が利益として残っているわけです。

このように付加価値という指標を使うことで、「俺の部門はいくら儲かっているんだ」というようなことを公表することは避けるようにしました。

京セラは現在でも成果主義の報酬制度は採っておりません。これは社内の人間関係を壊すと思っています。「俺がいくら儲けた、俺が会社に貢献した」ということをあまりにも赤裸々に公表したのではよくないと思ったものですから、こういう表現にしました。今では会社が大きくなりましたので、大きな部門については利益を計算するようにしていますが、昔はすべて時間当り採算表で経営しておりました。

経営哲学の重要性

このように部門ごとに独立採算で見ていくようにしましたが、運営していく上でもいくつかの問題が発生しました。最初に遭遇したのは、それぞれの部門における値決めでした。

京セラの場合、電子部品を生産して、電子機器メーカーのお客様に売っています。お客さまは、テレビや携帯電話などをつくっておられますが、最終の売値、マーケットプライスはどんどん下がっていきます。そのため、京セラも次から次へと部品購入の単価の値下げを要求されます。

アメーバ経営では、最終販売価格はマーケット価格に直結していますので（図2）、毎月のように下がる最終販売価格からさかのぼって適正な社内売買価格を決めなければ、うまく運用できないのです。

そうしますと、各部門の責任者は採算というものを非常に重視しますから、原料部門の人はなるべく高く原料を売ろうとしますし、逆に成形部門の責任者はなるべく安く原料を買いたいと思います。同様にすべての部門が、前工程から安く買いたい、後工程に高く売りたいと考えますと、この間で必ず揉めるわけです。

そういう場合に、それぞれの責任者によって、

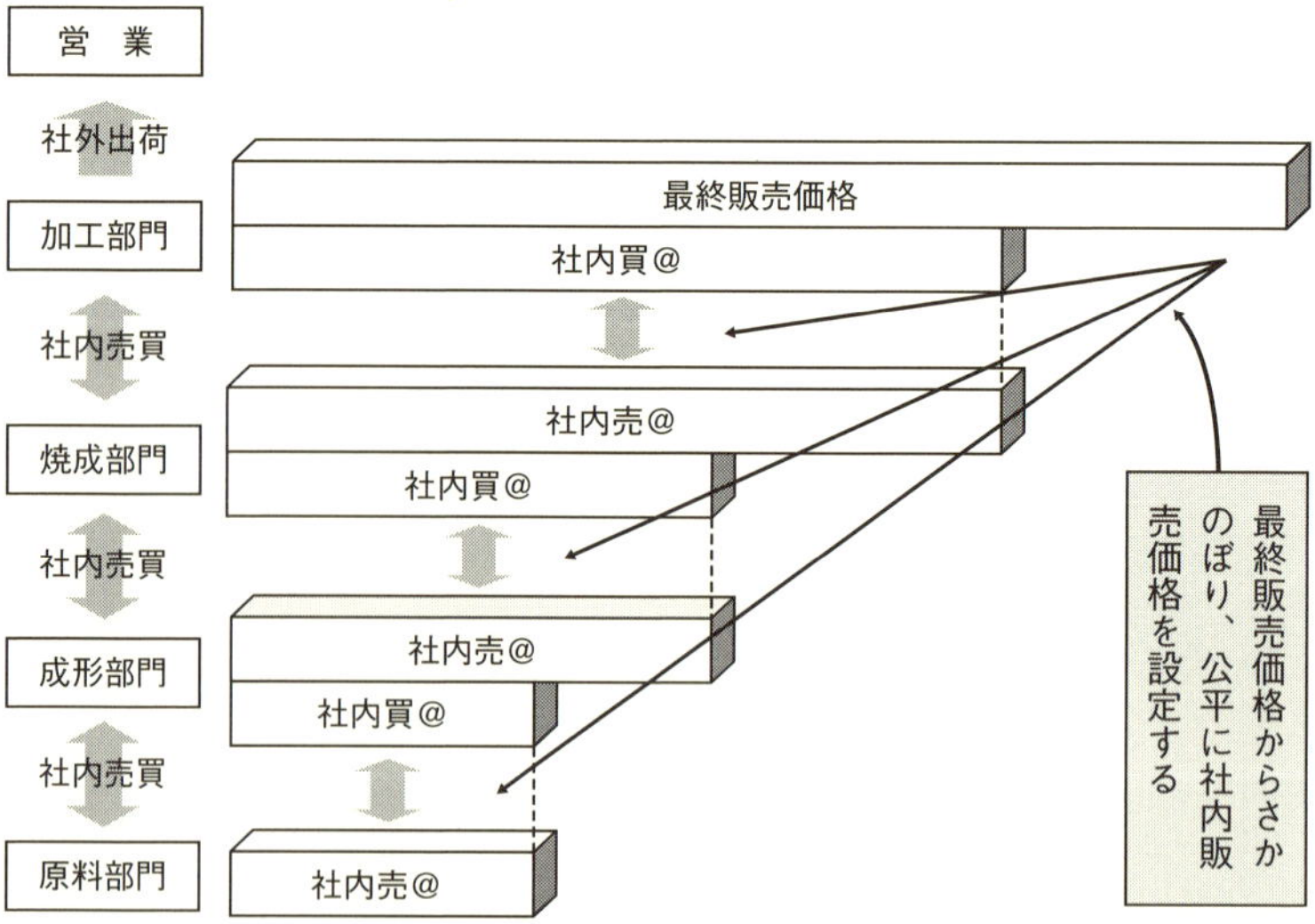

図2　社内売買価格の決定（再掲）

気性の激しい人、声の大きい人、そういう人たちが前工程の者を脅したり、後工程の者を脅したり、もっと高く買わせたり、安く買ったりというようなことをします。そのようなことを防ぎ、フェアな経営をしていくのには、やはり責任者の人間性が大事になっていきます。

各部門が売り買いをするにしても、会社経営全体をするにしても、人間ができていなければならないということです。何が正しいのか、何がフェアなのか、それが常に問われます。物事を損得で判断するのではなく、善悪で判断する、「人間として正しい哲学」が必要だと私は考えております。

非常に強欲な人間では、お互いのチームワークを乱していきますから、公平・公正な判断をしてくれる、また、思いやりに満ちている人間性でなければならない。そういうリーダーおよび社員の人たちが持つべき哲学を私は「京セラフィロソフィ」と名付け、つくりあげてきました。「そのような考え方を皆が身に付けてください。そうでなければアメーバ経営というのはうまくいきません」と言い続けてきました。

経営には正しい哲学が必要ということを示す経験が、アメリカでもありました。

三五年ぐらい前にアメリカのサンディエゴ市にある小さな部品会社を買収した時のことです。そこは経営がうまくいっていないために買収したのですが、行ってみますと、社長や管理者たちは自分の部屋でパソコンとにらめっこして経営をしていました。私がその会社を訪れ、「今どうなっているんだ」と聞くと、パソコンを叩いて「非常に順調にモノが流れています」というような説明をしてくれます。

ところが、管理者が説明してくれることと、実際の結果が合わないのです。生産量が日によって大きく変動したり、在庫の数も実数と合わなかったり、いろいろな問題が出てきました。私は管理者に「君はこの部屋にいてパソコンを見ているが、その数字は誰が入力しているのだ」と聞きました。すると、「現場の者がそれぞれ入力するようになっています。その入力した結果を私は見ています」と答えるのです。

その当時、アメリカの作業者の方々には、計算ができない人もたくさんおられました。現場で働く作業者たちは、あまり数字に強くない人たちが多かったのです。そういう人たちが入力してくれるデータ、それも責任感の乏しい人が入力している不正確なデータをもとに、会計をやっていたわけです。

それを見て、「これはデタラメではないか。入力した数字も、どのくらい正確なのか。数字を正しく入力するという教育ができているのか。ただ単にこれをやれというだけで、入力された数値をまるっきり信用して経営するというのはおかしいではないか」と言って、厳しく注意しました。

そういうことを理解し、実践することができなかったために、結局、その会社は閉鎖することになりましたが、そういうことが平然として行われていたということがありました。

このように、社内売買をする場合でも、それぞれの責任者に立派な人間性が必要となりますし、コンピュータに入れる数字も、正義感を持って正しく数字を入力しなければなりません。売上や利益をあげたいと思って、ちょっと粉飾をしただけでも、経営の実態がわからなくなってくるのです。

かつてアメリカのエンロンやワールドコムで起こりました不正経理を見ても、やろうと思えば、いとも簡単に粉飾決算ができるのです。この場合は、経営トップが関与して、グループ全体の損益計算書や貸借対照表を粉飾したわけです。

会社の中の小さな部門で粉飾をされると、経営トップからは、なおさら経営の実態がわからなくなります。

会計上の不祥事が頻発したために、アメリカでは膨大な労力と経費がかかるＳＯＸ法（サーベンス・オクスリー法）という法制度がつくられました。そのため、監査や内部統制などに膨大な費用をかけて、不正が起こらないように厳重なチェックをする仕組みを整えることになっています。しかし、いくら厳重なチェック体制を敷いても、抜け道を探すことは、難しくないのです。

つまり、会計学の根底には、フェアに正直に数字を扱っていくという哲学が必要なのです。会計システムというのは、倫理観や哲学が不離不即でなければ、成り立たないわけです。そのことを確信した私は、京セラフィロソフィをベースにして、京セラの会計学を展開してきたのです。

アメーバ経営と原価計算

以前に日本の大手メーカーさんと、どのように管理会計をしているかという話をしたことがあります。すると、ほとんどのメーカーでは原価計算を使って会社を経営しておられると聞きました。

たとえば、テレビを製造する場合、原価計算方式を使って、「このテレビはいくらの原価でつくれ」という指示が製造現場に出されます。製造現場では、目標とする原価に合わせるようにつくり、営業がマーケットプライスで売って利益を出します。そこでは製造部門の人たちは、指示された製造原価で製品をつくっていれば、自分の責任を果たしたことになります。

原価計算方式の場合は、製造部門はコストセンターです。各部門が決められた製造原価でモノをつくり、その合計が会社全体の製造原価となります。営業部門がプロフィットセンターであり、製造原価で仕入れて、営業の経費も見ながらマーケットで売っていきます。

もしこの時にマーケットプライスが高ければ利益が出ますが、マーケットプライスが下がってきますと、赤字になっていきます。このやり方では、製造原価が現在のマーケットプライスに合っていない場合でも、製造部門に対して責任を問うことができないのです。

私は、このように営業部門だけが利益に責任を持ち、製造部門は原価管理だけをして原価意識しか持たない仕組みはおかしいのではないかと考えてきました。何万人、何十万人という製造部門の従業員が、市場の変化に合わせて採算を合わせよう、利益を出そう、というマインドを持たないことに疑問を感じたのです。

しかし、それが従来からの管理会計学の基本なのです。このやり方では、急激に景気が悪くなってきますと膨大な赤字を発生させてしまいます。それを回復させていくにも原価を変えなければなりませんから、急激に変化していくマーケットプライスに適応することは、完全にはできません。また、景気が回復してくる時も、急激な景気回復であればよいのですが、マーケットプライスが低迷したままの場合には、その後も赤字を続けるという結果になってしまいます。

これに対してアメーバ経営は、先ほど申し上げましたように最終製品の売値から遡及して、全部

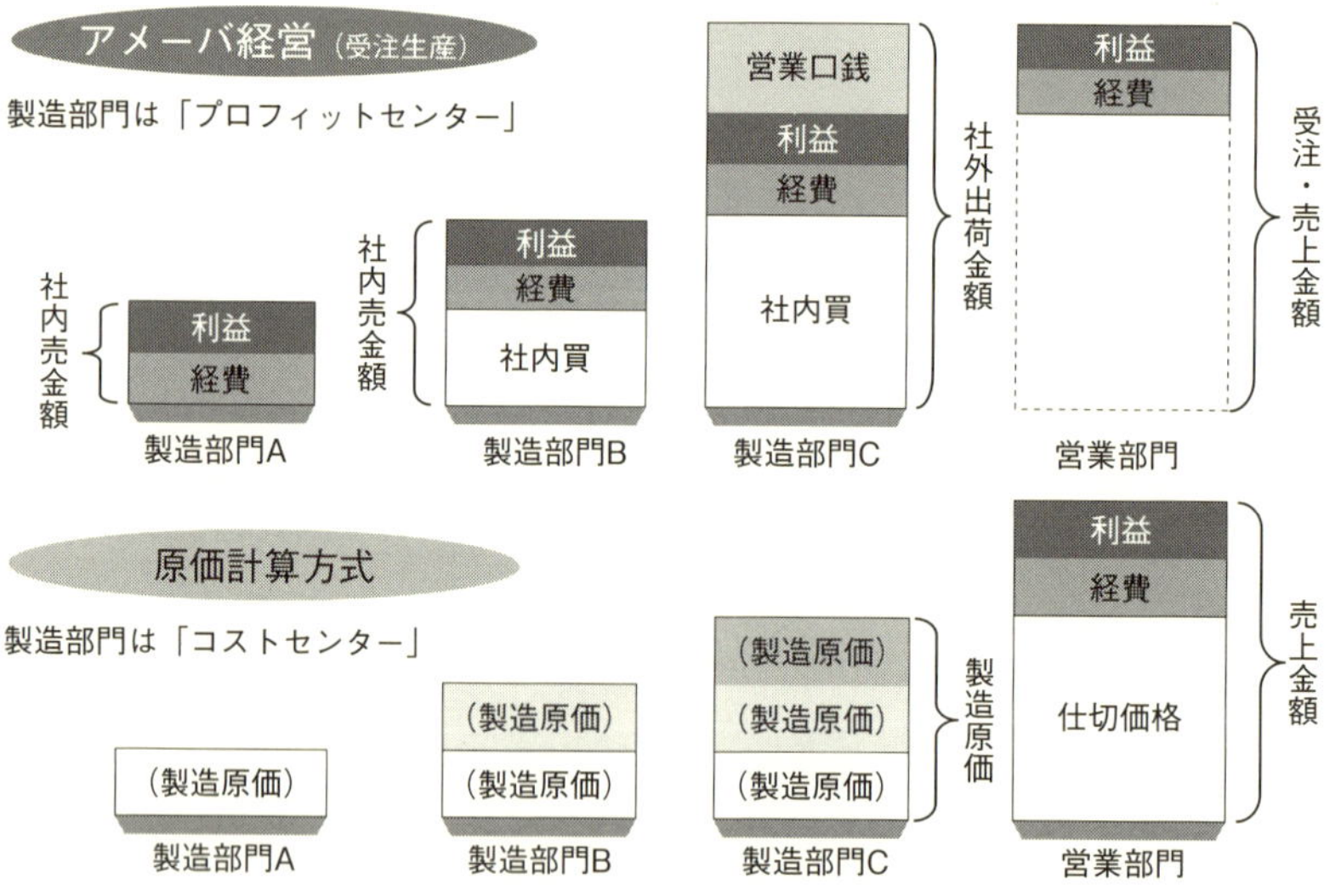

図３　アメーバ経営と原価計算方式

門の売値、買値を決めていきます（図3）。

ですから、マーケットプライスがひと月ごとに変わっていった場合でも、これに合わせて社内の売買価格も変えていきます。それも、責任者が集まって公平に決めていくのです。ですから、最終の売値が下がって採算が合わなくなってきますと、先ほどの原料部門であればサプライヤーにネゴをして、原料をもう少し安くしてもらいます。もちろん、他のすべての購入資材についてもネゴをして、現在のマーケットプライスに合うように適応していくように行動します。市場の変化に対して、柔軟かつ迅速に対応するような組織となっているのです。すべての製造部門がそれぞれの分野で努力して利益を出し、その利益を一気通貫で通算したものが最終の利益となるのです。

京セラグループ、ＫＤＤＩはこのような方法で経営し、実際に会社を発展させてまいりました。

アメーバ経営を世界で通用する会計システムに

このような管理会計システムを必要とされる経営者の方々は、世界中にたくさんいらっしゃると思います。アメーバ経営を会計学として体系化していただき、世界的にもこの管理会計学を採用しようという機運が高まれば、素晴らしいことだと思っています。できれば世界中の大学の会計学の講義でも、日本で考えられた管理会計学として勉強されるぐらいになってほしいと思います。

現在、中国は、急速な経済発展を続けておりますが、そのような中で、私が日本を中心に展開しております経営塾、盛和塾の活動について聞き及んだ、中国の多くの経営者の方々が、私の経営哲学を学び、アメーバ経営を導入したいとおっしゃっています。

京セラフィロソフィとアメーバ経営が中国で実践されれば、中国経済が発展を遂げていく上で、非常によい効果をもたらすのではないかと思い、私は時々中国へ行って講演等を行っております。

そういう点からも、アメーバ経営学術研究会の先生方が、アメーバ経営を学術的なレベルにまで高め、その研究成果を世界に向けて発信していただいていることを大変うれしく思っています。

今後のさらなる研究により、純国産であるアメーバ経営管理手法が、やがて世界中の会社に普及し、会社経営に大いに貢献することを期待しております。

◆稲盛和夫氏　プロフィール
一九五五年鹿児島大学工学部を卒業後、京都の碍子メーカーである松風工業に就職。

一九五九年四月、知人より出資を得て、資本金三〇〇万円で京都セラミック株式会社（現京セラ）を設立し、社長、会長を経て、一九九七年から名誉会長を務める。また一九八四年、電気通信事業の自由化に即応し、第二電電企画株式会社を設立し会長に就任。二〇〇〇年一〇月ＤＤＩ（第二電電）、ＫＤＤ、ＩＤＯの合併によりＫＤＤＩ株式会社を設立し、名誉会長に就任。二〇〇一年六月より最高顧問となる。二〇一〇年二月より、株式会社日本航空会長に就任。

一方、一九八四年には私財を投じ稲盛財団を設立し、理事長に就任。同時に国際賞「京都賞」を創設し、毎年一一月に人類社会の進歩発展に功績のあった方々を顕彰している。他にもボランティアで、若手経営者が集まる経営塾「盛和塾」の塾長として経営者の育成に心血を注ぐ。

公職としては京都商工会議所名誉会頭、スウェーデン王立科学技術アカデミー海外特別会員、ワシントン・カーネギー協会名誉理事、内閣特別顧問等を務める。

アメーバ経営学術研究会による

アメーバ経営の定義について

アメーバ経営は京セラの創業間もないころに、現場で生みだされた経営手法であり、環境の変化とともに進化を遂げてきた。京セラの社員が日々、実務としてアメーバ経営に勤しむだけであればことさら定義は必要ない。しかし、コンサルタントたちの支援によって京セラ以外の企業がアメーバ経営を導入するようになっている。また近年学者らがアメーバ経営について京セラか導入企業かのいかんを問わず、さまざまな角度から研究するようになっている。これらの事実からわかるとおり、アメーバ経営はすでに一企業の固有の経営手法を超えたものとなっている。それゆえ、研究者や実務家たちの間で捉え方が一致せずに正確なコミュニケーションが阻害されるのを防ぐために、われわれアメーバ経営学術研究会は、アメーバ経営の定義が必要と考える。また、より積極的な意義としては、定義が存在することで人々の暗黙知が形式知に換わり、研究者や実務家たちの間の議論の「場」が設定される。これによって、アメーバ経営についての知識の蓄積を加速させるという狙いもある。

定義とは、概念の外延を定めることに他ならないが、あまりに狭く厳密に設定してしまうと、定義を超えてしまったものを議論から排除してしまうことになりかねない。当研究会では、将来の研究や実務の発展に制約とならないよう「(十分条件ではなく)最低限満たすべき必要条件で定義する」ことにした。また、「定義はあくまで暫定的なものとする」という立場でもある。というのも、アメーバ経営の研究はまだ緒についたばかりであり、これから様々な研究が蓄積されることによって、われわれの見解が変わる可能性は否定できない。同時に、経営環境の変化に適応し、あるいはさまざまなサイトへ普及が加速するとともに、アメーバ経営自体が進化することも容易に想像できるからである。よって、あえて最低限の定義を与えることで将来のオープンな議論の余地を残そうと考えている。

以上、前置きが長くなってしまったが、当研究会のメンバーである管理会計、経営戦略、経営行動科学の研究者と、アメーバ経営の普及に取り組んできたコンサルタントとの長時間の討議の結果、以下をアメーバ経営の定義と定めた。

「アメーバ経営とは機能ごとに小集団部門別採算制度を活用して、すべての組織構成員が経営に参画するプロセスである」

ここでの小集団とは、アメーバという呼称の語源でもあるが、大企業で通常見られるような事業部制などよりさらに小さな組織を指す。アメーバ経営では、そのような組織に対して部門別採算制度を適用する。さらに、機能ごとにという点については、製造ラインの一つの工程といった製販両機能を有していない組織であっても、社内売買等によってプロフィットセンターとなりうるというアメーバ経営の特徴を示す。すべての組織構成員が経営に参画するという点については、上意下達やトップからのモニタリングのためだけに採算制度が活用されるのであれば、当研究会ではそれをアメーバ経営と呼ばない。つまり、アメーバ経営では、機能別に編成された小集団に会計上の責任が付与される必要があり、十分な情報フィードバックとともに、経営判断を行う権限が委譲されなければならないのである。

最後に、アメーバ経営をプロセスとして規定している点については、当研究会はアメーバ経営をツールの集合体として静態的に捉えるのではなく、月次や年次のＰＤＣＡサイクルにおけるコミュニケーションや学習のような活動過程として動態的に捉えている(1)。

繰り返しになるが、この定義は必要最小限の条件を示している。たとえば、アメーバ経営を作り上げた稲盛和夫京セラ名誉会長はその著書『アメーバ経営』で「市場に直結した部門別採算制度の確立」「経営者意識を持つ人材の育成」「全員参加経営の実現」の三つの目的をもってアメーバ経営の本質としている。このような経営目的や、アメーバ経営の議論で取りあげられることの多い経営理念が果たす役割をアメーバ経営の十分条件に含めるべきかの議論を当研究会の定義は排除していない。これ以外にも、部門別採算の評価尺度として時間当り採算を利用する意義や、組織単位の柔軟な分裂や統合することの機能などをアメーバ経営の定義にどのように反映させるべきかは、今後の課題として残されている。この暫定的定義を出発点として、アメーバ経営とは何かについて、今後さらなる議論が喚起されるのを期待したい。

注

（1） 経営システムをプロセスとして理解するシステム観は、近年におけるマネジメントコントロールシステムの定義（Simons［1995］, Otley［1999］, Merchant［1997］）や、米国のトレッドウェイ委員会組織委員会（COSO：the Committee of Sponsoring Organization of the Treadway Commission）による内部統制の定義などと共通する考え方である。

参考文献

稲盛和夫［2006］『アメーバ経営：ひとりひとりの社員が主役』日本経済新聞社。

Merchant, K. A.［1997］*Modern Management Control Systems: Texts and Cases*, Prentice Hall.

Otley, D.［1999］*Performance Management: a Framework for Management Control Systems Research*, Management Accounting Research, 10(4), pp.363-382.

Simons, R.［1995］*Levers of Control: How Managers Use Innovative Control Systems to Drive Strategic Renewal*, Boston, MA: Harvard Business School Press.

「アメーバ経営学」

研究論文集

●執筆者一覧

第1論文　廣本　敏郎（公認会計士・監査審査会常勤委員）
挽　文子（一橋大学大学院教授）
第2論文　上總　康行（京都大学名誉教授・福井県立大学特任教授）
第3論文　澤邉　紀生（京都大学大学院教授）
第4論文　潮　清孝（中京大学講師）
第5論文　尾畑　裕（一橋大学大学院教授）
第6論文　北居　明（大阪府立大学教授）
鈴木　竜太（神戸大学大学院准教授）
第7論文　三矢　裕（神戸大学大学院教授）
第8論文　谷　武幸（神戸大学名誉教授）
窪田　祐一（大阪府立大学准教授）

1 アメーバ経営研究序説

廣本敏郎・挽　文子

1 はじめに

京セラの創業者である稲盛名誉会長は、「企業経営に心血を注いで四七年――。人間のあり方、リーダーのあり方、経営のあり方を学び、アメーバ経営を創り出すことができました。」（稲盛［二〇〇六］一頁）と述懐している。われわれが観察するアメーバ経営は、技術者である稲盛名誉会長の優れた頭脳によって先験的、事前的に設計されたシステムではなく、京セラにおける長年の経営実践の、その試行錯誤の過程で築き上げられてきたシステムである。換言すれば、京セラの経営実践の中で進化してきた経営システムである。その経営実践ないし経営システムを世界に発信し広く知らしめるためには、その基礎にある理論を明らかにし、アメーバ経営を理論的に説明することが必要である。

その生成以来の実践者である稲盛名誉会長によれば、アメーバ経営は、小集団部門別採算制度により全員参加経営を行い、全従業員の力を結集していく経営管理システムであり（稲盛［二〇〇六］二七頁）、また、経営哲学をベースに、会社運営に係わるあらゆる制度と深く関連するトータルな経営管理システムである（同三一頁）。アメーバ経営は小集団部門別採算制度（時間当り採算制度）を組み込んだ経営管理システムであるが、小集団部門別採算制度の計算技術的側面に焦点を当てて、その計算メカニズムと実際の経営プロセスを無視した仮想空間での利用の在り方を研究するだけでは、アメーバ経営の本質を明らかにすることはできない。アメーバ経営が実践されている、その生きた組織コンテクストにおいて、アメーバ経営が実際に果たしている役割・機能に注目した研究が不可欠である。

さて、われわれは、それぞれ長年、日本企業の管理会計、経営システムを研究してきたが、[1] アメーバ経営は世界に発信すべき日本的経営システムの典型例であると考えている。世界に誇るべき日本企業の競争優位性は〝モノづくりはヒトづくり〟という言葉の中に隠されている。この言葉を踏まえて、われわれは次の二つの前提のもとに議論を展開することとしたい。

① モノづくりは、イギリスで起こった産業革命によって飛躍的に発展したが、その機械制大工業は、アメリカに渡って、専用機械と作業の細分化によるアメリカ方式の製造方法に進化し、それは更に、体系的管理を経て、科学的管理に進化した（日本会計研究学会特別委員会［二〇〇七］二六―三〇頁、廣本編［二〇〇九］七―九頁）。日本企業のモノづくりは、そのような科学的管理法によるモノづくりとは異なり、従業員の創意工夫を活用する自律的組織によるモノづくりである。

② 〝モノづくりはヒトづくり〟という言葉は、決して〝カネづくり〟、つまり利益獲得を軽視している

のではない。大切なことは、利益獲得の手段を誤らないことである。企業利益は、その本業によって獲得されなければならない。トヨタは〝モノづくり〟ばかりが強調される傾向があるように見えるが、「トヨタ中興の祖」「トヨタの大番頭」と呼ばれた石田退三氏は、〝カネづくり―モノづくり―ヒトづくり〟の〝三位一体の経営〟の必要性を論じていた（石田[二〇〇六]二一〇―二一一頁）。三位一体の経営とは、企業経営の目標は利益獲得、すなわち〝カネづくり〟であるが、〝カネづくり〟は事業活動、すなわち〝モノづくり〟によってなされなければならない。そして、〝カネづくり〟と〝モノづくり〟の基礎となるのが〝ヒトづくり〟である。

日本的経営システムを理論的に説明するために、われわれは日本会計研究学会特別委員会の研究成果である『自律的組織の経営システム―日本的経営の叡智』（廣本編［二〇〇九］）に依拠して、〝市場と組織の相互浸透〟という現象に着目するとともに、〝ミクロ・マクロ・ループ〟（以下、MMループと表記する）という分析フレームワークを用いる。先走りになるが、MMループは三位一体の経営と親和性があることを指摘しておきたい。財務的業績のMMループを〝カネづくり〟のループ、実体的業績のMMループを〝モノづく

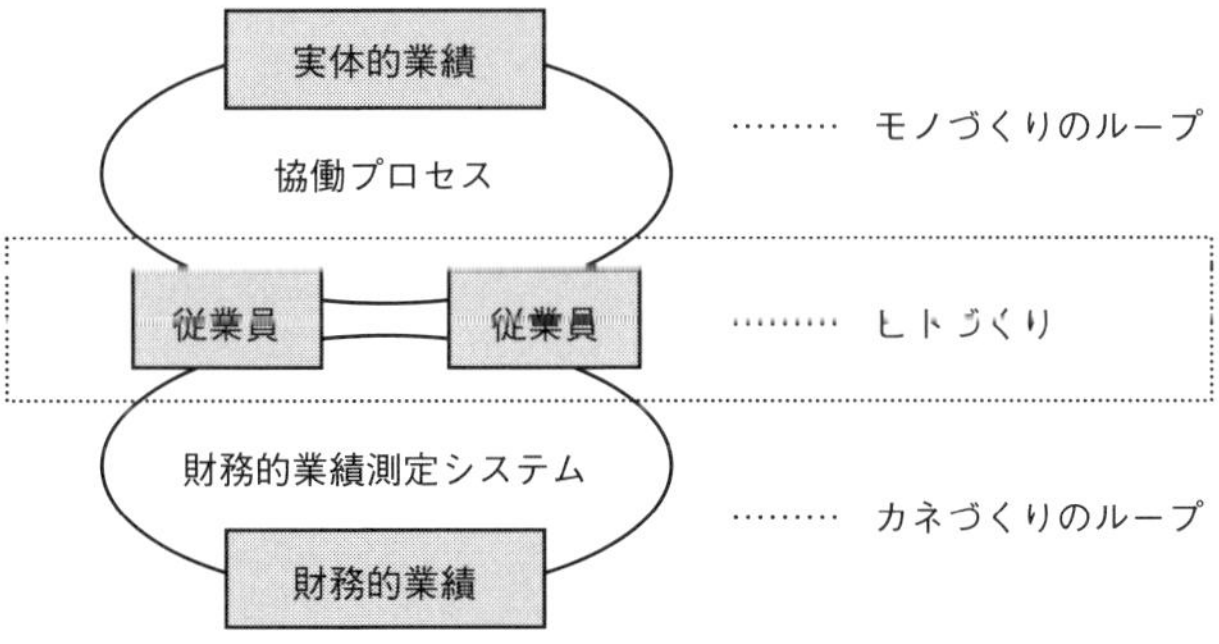

図1　MMループと三位一体の経営

り〟のループと読み替え、ミクロ（従業員）の部分を〝ヒトづくり〟に対応させれば、MMループの図は三位一体の経営を示しているのである（図1）。

本章の構成であるが、まず第2節で、市場と組織の相互浸透という現象について説明し、組織内に市場関係を取り込んだシステムという観点からアメーバ経営を理論的に説明する。第3節ではMMループを説明し[2]、そのフレームワークを用いて、第4節で比較対象としてのトヨタの経営システム（トヨタ生産システム）を分析し、第5節で京セラの経営システム（アメーバ経営）を分析する。第6節で、結論と残された課題を述べる。

2 市場と組織の相互浸透とアメーバ経営

伝統的経営システム、伝統的管理会計は、大企業の登場とともに生成した。ジョンソン＝キャプラン両教授の『レレバンス・ロスト―管理会計の盛衰―』は「管理会計が米国で最初に現れたのは、企業が経済的交換を外部市場に依存することに代わって、企業内部で行ない始めたときであった」（鳥居訳［一九九二］一七頁）と指摘している。伝統的管理会計は、経済活動の中心が市場から組織へという時代背景の下で誕生した。チャンドラー教授の『経営者の時代：アメリカ産業における近代企業の成立』は、「本書で提示するテーマは、経済活動の調整と資源の配分にあたって、近代企業が市場メカニズムにとって代わったという点にある。経済の多くの部門において、マネジメントという〝目に見える手〟が、かつてアダム・スミスが市場を支配する諸力の〝見えざる手〟と呼んだものにとって代わった」（鳥羽・小林訳［一九七九］四頁）と述べている。

このような組織と市場の二分法に対して、今井教授の『日本の産業社会―進化と変革の道程』は、日本の産業社会には市場と組織の相互浸透という現象が観察されることを指摘した。そこでは、市場に組織が入り込む一方、組織には市場が入り込んでいる。市場と組織の相互浸透が見られる日本の産業社会で誕生した京セラの経営システムには、他の日本企業と同様に、組織内に市場を取り込んだ経営システムの特徴がみられる。すなわち、市場と対比される伝統的組織観では、固定的分業観と上層情報観が採用されるのに対し、市場と組織の相互浸透という現象が観察される自律的組織では、伸縮的分業観と現場情報観（場面情報観）が採用される。自律的組織の組織構成員は、指示待ちであってはならず、自発的・主体的に判断、行動しなければならない。アダム・スミスの理論を援用すれば、自律的な各組織構成員は単に自己の利益、自己のコスト削減を追求すればよいのではなく、社会的秩序を維持しようとする正義感と、さらには相互の幸福を増進しようとする共同体のセンスとを持って行動することが求められている。

アメーバ経営には、このアダム・スミスの理論が指摘する状態を実現するための仕組みが組み込まれている。本節、2-1および2-2ではこの点を検証するが、もしそれが検証されるなら、それは重要な示唆を持つ。すなわち、本章では日本的経営としてアメーバ経営を論じるが、その議論は実はかなり普遍性を持った議論であり得るということである。「日本的」とは二〇世紀に支配的となったアメリカ型経営システムとの対比で付けられた形容詞であり、より広い時空の中で考察するなら、それはより普遍的なものであるかもしれないのである。

2-1　若手の反乱とアメーバ経営の誕生：大家族主義と正しいことの追求

稲盛［二〇〇六］の第一章「ひとりひとりの社員が主役」は、アメーバ経営誕生として、京セラ創業三年目の一九六一年四月末に起こった「若手の反乱」を記述し、アメーバ経営には「全従業員が何の疑いもなく全力で仕事に打ち込める経営理念、経営哲学の存在が必要である」（二七頁）と論じた上で、大家族主義および経営理念と情報共有の必要性に言及している。

全従業員が労使共通の目的のために、お互いに協力し合えることが理想であると考えた私は、そのモデルを日本の伝統的な「家族」に求めた。………家族が立派に成長し、家が発展していくことにみなが喜びを感じるという運命共同体のことである。お互いに相手のことを慈しみ、相手のために尽くしてあげるという愛に包まれた家族関係である。これが、私の意図している「大家族主義」である。（稲盛［二〇〇六］五三頁）

しかし、いくら大家族主義を標榜してみても、それだけで経営者と労働者の対立をなくし、労使が協力し合う企業風土をつくりあげることは難しい。労使の立場を超えて全従業員が一致団結するには、まず、全従業員が納得できる経営の目的、経営理念の存在が欠かせない。

………

………（「若手の反乱」という）経緯により、当社は経営理念を「全従業員の物心両面の幸福を追求すると同時に、人類、社会の進歩発展に貢献すること」と定めていた。………全従業員が納得し、共有できる普遍的な経営理念をすでに確立していたことが、京セラに、労使対立を超えて一致団結する企業風土が生まれる土壌となっていた。

………

それでも、全従業員が、私の経営者としての苦労をよく理解してくれたわけではなかった。私が「おまえ、そんなことをしている場合じゃないだろう。いま、会社はこういう状況やないか」と話してもピンとこないようで、私と従業員のあいだに心理的なギャップが残っていた。

そのとき、みんなが私の言っていることを理解してくれないのは、会社の実態がわかっていないからだということに気づいた。………全従業員に経営者マインドを持ってもらい、経営者と同じ意識レベルで働いてもらいたい。そのためには、会社の実態に関する情報をできるだけ開示して、私がいま悩んでいること、困っていることを包み隠さずみんなに知ってもらうことがいちばん大切だと考えたのである。

（稲盛［二〇〇六］五四—五六頁）


アメーバ経営を行うためには、大家族主義ないし運命共同体という意識ないし考え方が必要であるというのである。そして、そのためには、経営理念が必要となり、情報共有も必要になるというのである。

アメーバ経営では、小集団部門別採算制度を用いて徹底的な採算計算が行われる。そのような合理的システムにおいて、なぜ、大家族主義とか共同体などという、むしろ非合理的なものが必要とされるのか。われわれ自身、ミニ・プロフィットセンターによる経営という観点でアメーバ経営を研究し始めた頃は、そのように感じたことを認めなければならない。しかし、『国富論』の著者で、経済的自由主義を強く主張したアダム・スミスの所説を学ぶことによって、稲盛名誉会長が述べていることの意義を理解することができる。

市場と組織の相互浸透という概念は、日本的経営システムが市場志向のシステムであることと密接に関連している。アメーバ経営もトヨタ生産システムも市場志向の経営システムであり、組織内に市場を取り込んでいる（廣本［二〇〇四］、［二〇〇五］、［二〇一〇］）。しかし、市場は個々の経済主体が自己の利益を追求する場であるとしても、決して各経済主体が自己の利益のみを追求する自由放任の社会ではない。アダム・

スミスによれば、市場には三つの意味での社会性がなければならない。

私たちはこれまでに……経済の世界は、「自分自身の境遇を改善せんとする欲望」によって導かれている世界であることも知った。いいかえれば、利己心というものが経済という世界の原動力だということを知ったわけである。ところがスミスによると、この利己心というものは、めいめいが何でも勝手ほうだいなことをしてよろしいというのではなく、そこに一つの社会性がなければならないということになっている。社会的な枠のない、無軌道な、勝手気ままな欲望の追求というものは、人間の行為でもなければモラルでもない。……スミスは、利己心によって導かれている経済の世界も、正義のセンス（情感）、共同体のセンスによって導かれている他の世界での人間の行為も、すべてモラルの世界だという。（高島［一九六八］七六―七七頁）

第一の狭い意味でのモラルの世界というのは、多数の人間が集まって一つの社会なり国家なり国民なりをつくり上げるときに要請されるものである。スミスはこれを仁愛の徳と呼んでいる。……社会であれ国家であれ、その中に住んでいる人間は、何よりも平和に相互の幸福を増進するように心がけるのでなければならないはずだ。相互の幸福とはcommon weal のことであり、そこからcommonwealth すなわち共同体（または共和国）という言葉が生まれてくる。（高島［一九六八］七九頁）

仁愛の徳に続いてたいせつなのは正義の徳である。共同体（または共和国）が平和に繁栄していくためには、秩序の維持ということがいつも尊重されなければならない。それは社会正義の保持ということである。社会正義を保持するものとして法があり、法の番人として裁判官がある。……市民社会の平和を維持するために、法の世界がいかに重要な役割を果しているか、スミスが経済の世界の前に法の世

界を考えていたことに注意してほしい。（高島［一九六八］七九―八〇頁）

経済の世界というものは、前の二つの世界に比べると、よほどその性格がちがうようにみえる。経済の世界というものは富づくりの世界である。人はこれによって自己の物質的な境遇を改善しようとするものである。………経済の世界には慎慮の徳という徳性が存在する。むだ使いは徳ではない。役にも立たない不生産的なことに労力を濫費するのも徳ではない。経済の世界には合理的な計算と、あとさきの配慮と、慎重な見通しが求められる。………これがスミスのいうところの慎慮の徳なのであって、こういう意味で、市民社会においては経済人はもっとも有徳な人間の一人とならなければならないのである。（高島［一九六八］八一頁）

利己心は正義の限界の中で発揮されなければならず、経済人の活動は全体として国家社会の繁栄に役立つようにあらねばならないことになる。経済の世界というものは、無法者の世界でもなければ、ただ手ばなしの自由放任の世界でもない。（高島［一九六八］八四頁）

「若手の反乱」を契機に確立された経営理念は、アダム・スミスのいう「仁愛の徳」に相当している。さらに、稲盛［二〇〇六］の第二章「経営には哲学が欠かせない」で論じられていることは、「正義の徳」の必要性に関連している。

個の利益と全体の利益のあいだで対立が起こると、葛藤が絶えない。その葛藤を克服するには、個として自部門を守ると同時に、立場の違いを超えて、より高い次元で物事を考え、判断することができる経営哲学、フィロソフィを備える必要がある。

ここでいうフィロソフィとは、私が常日頃から説いている「人間として何が正しいのか」ということを判断基準とした経営哲学である。この普遍的な経営哲学を会社経営のバックボーンに据えることで、アメーバはエゴとエゴのぶつけ合いを排し、個の利益と全体の利益を調和させようと努力するようになる。………

………社内で利害の対立が起こり、喧嘩が始まったとき、頑固で声や態度が大きいリーダーが、自分の利益を最大にしたいがために、相手の立場を踏みにじるようなことがあっては、会社全体の利益やモラルを守ることはできない。だからこそ、自己中心的な行動をとらないよう、自分を律する高い次元のフィロソフィを身につける努力を怠ってはならない。

さらに喧嘩が紛糾すると、その上に立つリーダーが仲裁に入ることが求められる。その場合、上司が両者の言い分をよく聞き、大岡裁きのように公平な裁定をおこない、その采配にはみんなが従うことが大切である。（稲盛［二〇〇六］七九―八〇頁）

「正義の徳」、つまり、秩序の維持や社会正義の保持のために、法やルールが必要であり、法の番人も必要である。京セラでは「人間として何が正しいか」という京セラ哲学とその哲学に基づく京セラ会計学が強調され、その実践のために経営管理部門が設置されているが、そうした実践もアダム・スミスの理論によって説明できるのである。

このように解釈してくるなら、時間当り採算は、経済の世界の「慎慮の徳」を促進するためであると言える。そして、経営管理部門は、その実践のためにも重要な役割を果たしている。

2-2 「時間当り採算」導入の意義

時間当り採算の始まりについては、挽［二〇〇七］に詳しく説明されているが、ここでは青山［一九八七］の説明を引用しよう。次の引用文から、時間当り採算が、「自己の物質的な境遇を改善しようと」して行う「合理的な計算と、あとさきの配慮と、慎重な見通し」、つまり「慎慮の徳」を促進するために導入された、という事実を知ることができる。

（昭和）三五年四月、東京出張所ができてから初めて、月一回本社で製販会議を開くことになった。………会議資料としては受注予定、受注実績とその遂行率、生産予定、生産実績とその遂行率、月末受注残、納期遅延表、製品歩留表等の資料が提出され、個々について厳しく追及され、検討された。………

（こうした中で、四〇年一月、本社工場から一人当たりおよび時間当たり差引売上高の資料が提出され）この資料は二月三月と引き続き提出された。稲盛は三ヵ月にわたるこの資料を見て、感ずるところあり、四〇年四月から滋賀工場も本社と同様の計算をして、一人当たり差引売上高と時間当たり差引売上高を計算して出すことを命じたのである。………しかしこんな時間当たり差引売上高、すなわち時間当たり付加価値の計算なんて、どこの会社でも計算されていて、今さら取り上げて問題にするほどのことでもなさそうに思われるが、これを稲盛が素晴らしいものにまで活用したところに、活用の妙というか、重大な意義があるのである。………

四〇年には（本社）第一、第二製造、（滋賀）第一、第二、第三製造の部門があった。以後この五つの部門のことを細胞と呼びましょう（これは、アメーバの単細胞のように、自分の力で生きようという意味[3]）。これらの細胞は毎月の製販会議に、一人当たりおよび時間当たり差引売上高を計算し、提出する。この提出された資料により、各細胞ごとに比較検討が始まる。………何故この細胞の時間当たりは低いのか、その原因が追求され、どうすれば高くなるかが検討される。………会議に提出されたこの時間当たりの数字を見るだけで、その細胞（部門）の成績が一遍に判定できるのである。部長、課長、係長はもちろんであるが、実際に物をつくる細胞の長は班長である。班長は仕事をやっている部下に、少しでも時間当たりを上げるよう、共に働き、死にものぐるいになって指導する。これによって従業員全員が原価意識に目覚め、時間当たりを上げるために前記三条件（筆者注：生産高を多くすること、控除額を少なくすること、総時間を少なくすること）を満たすべく、必死の努力をするようになったのである。この従業員の末端に至るまで、一人残らず時間当たり、すなわち付加価値を上げるべく、四六時中留意するようになったことが、何にも増して重大なことなのである。（青山［一九八七］二〇四―二〇八頁）

ここで、独立の経済主体が「慎慮の徳」を発揮して無駄排除に努力するためには、時間当り採算のシステムを利用しなければならないというわけではない。管理会計を勉強した者であれば、無駄排除と言えば、テイラーの科学的管理と、それを基礎とする標準原価計算が思い出されよう。米国の製造企業は、無駄排除のためにテイラーの科学的管理法を採用し、標準原価計算を導入してきた。それが二〇世紀の強いアメリカを作り上げた重要な原動力であったと言ってよい。しかし、そこでは「慎慮の徳」を発揮する経済主体は企業経営者であり、現場の従業員ではない。日本的経営では、そのようなアメリカ型経営とは異なり、現場の従業員に「慎慮の徳」を期待している。そのような経営を実践しようとする場合、従業員の財務的業績をスタッフ主導の標準原価に基づいて測定するのは適切でない。時間当り採算制度を活用して自ら計画を立て、それを実行することが大切である。

なお、澤邉・潮（二〇一〇）六八―六九頁）で提示されているアリストテレスの「賢慮」という概念と「慎慮の徳」との間には類似性が感じられる。

3 分析フレームワークとしてのMMループ

MMループの考え方は単純である。その基本的考え方は経営管理すなわちマネジメントの定義から導かれる。すなわち、マネジメントの役割ないし機能は、集団の目標を達成するために個々人の努力の調和を得るようにすることであるが、MMループは、その組織内に生じる情報の流れ（情報的相互作用）に注目する分析フレームワークであり、個々の組織構成員（ミクロ）と組織全体（マクロ）の間に脈絡をつける、あるいは、関係性を作り出すメカニズムである（図2）。MMループの考え方で説明すれば、マネジメントの役割は、適切なMMループを形成し、それが適切に回るようにすることである。経営システムは、そのような経営管理プロセスを支援・促進するために存在する。

MMループは、二人以上、あるいは二つ以上の組織単位が協働するときに生じる。企業組織は、企業内組織であれ企業間組織であれ、全体として一つの協働体であるから、そこには一つのMMループが形成されている。しかし、それは企業

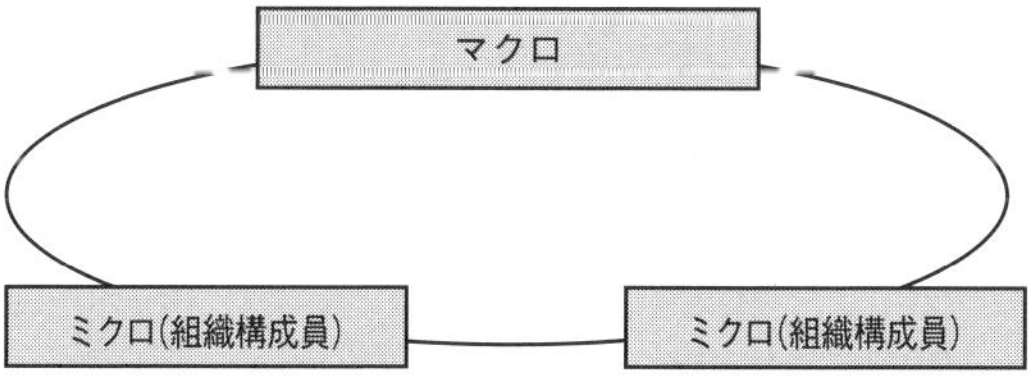

図2　MMループの基本概念図

組織には一つのMMループしか存在しないということを意味するのではない。企業組織は多数の組織単位から構成されているから、実際には多数のMMループが存在し、それらが統合されて一つのMMループを形成している。企業組織は、多数のMMループが階層的ないし重層的に連結している。

MMループでいうマクロは多様であるが、その基本は組織業績（協働で達成しようとしている組織目標）である。組織業績をマクロとするMMループを適切に形成し、適切に回るようにするためには、各組織構成員がその組織業績に注意を払いながら行動するようにすることが必要となるが、さらに、組織の階層性、重層性に注目するなら、各組織構成員が所属する部門の業績（部分業績）と組織全体の業績（全体業績）の間の整合性を確保することは、経営システムを設計する上で重要な問題となる。

組織業績といっても、部分業績と全体業績のMMループが併存する上に、実体的業績と財務的業績を識別する必要がある。実体的業績をマクロとするMMループのミクロは個々の従業員の判断・行動であるが、財務的業績をマクロとするMMループのミクロは、対応する実体的業績のMMループの従業員が要求する個々の取引である。さらに、業績には計画と実績があり、計画のMMループと実績のMMループもある。

このように、組織業績をマクロとするMMループに限っても複雑であるが、MMループには、組織業績だけでなく、組織文化・組織風土をマクロとするMMループもある。それらをすべて考慮するなら、企業組織におけるMMループの絡み合いは極めて多様かつ複雑である。適切な経営システムとは、こうした複雑なMMループのネットワークを適切に形成し、適切に回すものでなければならないから、その設計は非常に難しい問題である。

MMループが形成される組織コンテクストに注目するならば、伝統的組織と自律的組織を区別することが適切である。伝統的経営システムは、伝統的組織の上に築かれてきたが、アメーバ経営など日本的経営システムは、自律的組織の上に築かれてきた。自律的組織の研究はまだ始まったばかりであるが（廣本［二〇〇五］、日本会計研究学会特別委員会［二〇〇七］、廣本編［二〇〇九］など）、その一つの重要な特徴は、市場志向のマネジメントのための組織であるという点にあり、それが市場と組織の相互浸透として指摘される現象である(4)。

4 トヨタの経営システムとMMループ

本書のテーマはアメーバ経営であるが、アメーバ経営の特長をよりよく伝えるために、広く世界に知られたトヨタの経営システムあるいはトヨタ生産システム（TPS）と比較することが有用であろう。

TPSの基本思想「徹底したムダ排除」を支える二本柱は、ジャスト・イン・タイム（JIT）と自働化である（大野［一九七八］九頁）。その二本柱の関係について、大野［一九七八］は次のように説明している。

野球にたとえるなら、「ジャスト・イン・タイム」とはチーム・プレーすなわち、連携プレーの妙を発揮させることであり、「自働化」とは選手一人一人の技を高めることであると考える。

「ジャスト・イン・タイム」によって、生産現場の各工程に当たる、グラウンドの各野手は、必要なボールをタイミングよくキャッチし、連携プレーでランナーを刺す。全工程がシステマチックに見事なチーム・プレーを展開することができる。

生産現場の管理・監督者は、さしずめ野球でいえば監督であり、打撃・守備・走塁コーチである。強力な野球チームは、常にシステム・プレーというか、どんな事態にも対応できる連携プレーをマスターしているものだ。「ジャスト・イン・タイム」を身につけた生産現場とは、連携プレーのうまい野球チームにほかならない。

いっぽうの「自働化」は生産現場における重大なムダであるつくり過ぎを排除し、不良品の生産を防止する役割を果たす。そのためには、平生から各選手の能力に当たる「標準作業」を認識しておき、これに当てはまらない異常事態、つまり選手の能力が発揮されないときには、特訓によってその選手本来の姿に戻してやる。これはコーチの重大な責務である。

かくて「自働化」によって「目で見る管理」が行き届き、生産現場すなわちチームの各選手の弱点が浮き彫りにされる。その結果、直ちに選手の強化策を講じることができる。

ワールド・シリーズや日本シリーズで優勝するチームは、必ずといってよいほど、チーム・プレーよし、個人技もよしである。そのパワーの原動力は両者の相乗効果のなせる業である。（大野［一九七八］一六―一七頁）

MMループのフレームワークを使って言えば、TPSは〝モノづくり〟のループに関係し、〝モノづくり〟のループが適切に回るようにすることを目的としている。その中で、自働化は、個々のミクロの活動に焦点を当て、その効率を改善することによってMMループが適切に回るようにするのに対し、JITは、各MMループ内のミクロ間の協力、さらに、複数のMMループ間の連携を促進させることによってMMループが適切に回るようにする。JITでは、マーケットにおける必要数から算出される生産タクト（需要を満たすために製品一単位を何分・何秒でつくればよいかという時間）が重視される。稼働率と可動率を明確に分けているのもそのためである。市価ベースの交渉価格によって社内売買を行わせることで製造アメーバにマーケットを意識させている京セラとは異なり、トヨタでは、タクト（時間）によって製造現場にマーケットを意識させている（挽［二〇〇五］一一〇―一一一頁）。

自働化であれＪＩＴであれ、ＴＰＳで〝モノづくり〟のループを適切に回す場合、情報の流れや情報的相互作用の基礎になるのは標準作業であり、〝ヒトづくり〟も標準作業を通じてなされている。製造現場の従業員には、標準作業の厳守のみならず、生産技術部門と協力して知恵を出し合って、その改訂を行うことも求められている。

トヨタが学習する組織として世界的に高く評価されるのは、標準化とイノベーションをうまく融合し、しかもそれを継続させているからである。そこでは、標準作業が、〝モノづくり〟における継続的な改善と従業員のエンパワメントの土台となっている（Liker［2004］pp.140-148）。

そのような〝モノづくり〟の現場を背景に、トヨタの製造現場における原価改善は、標準原価および予算原価を基礎とする原価維持の仕組みなどを活用して行われている(5)。原価改善は、日常活動を中心とする継続的なコストの低減活動であるが、そのプロセスは、全社的な原価改善額の算定からはじまる。まず目標利益から見積利益を控除して全社的な原価改善額が算定される。全社的な改善目標は、売上高の増加とコストの低減によって達成することが企図されるが、コストの低減は具体的には各職能部門によって行われる。各工場をはじめとする各職能部門に対して、原価改善目標額が割り当てられる。この場合、工場別に割り当てられるのは変動費の改善目標である。年度予算は半期で運用されるが、工場の部長は年に二回、次の六カ月の改善目標を達成するための実施計画の提出を義務付けられており、工場長はこの達成に責任を負う。

標準作業を媒介にして、〝モノづくり〟と原価管理がつながっている。製造現場の従業員は、標準作業を通じて、管理可能な台当たり原単位の低減・維持を図り、タクトタイム当たり原単位の低減・維持も図っている。その意味では、〝モノづくり〟のループと〝カネづくり〟のループは連動している。

しかし、トヨタでは、工場にTPSの二本柱を導入していく過程で、原価計算を追い出したといわれている（廣本［二〇〇八b］二五頁）。生産部門（国内全工場）における原価管理活動の支援に責任を負うのは経理部予算管理室であり、他方、各工場の現場での原価改善・原価維持活動を支援するのは工務部原価グループである。原価グループのメンバーには経理部から出ている人もいるが、公式に経理社員制度が採られているわけではない。設備投資に責任を負うのは生産技術部であり、設備の据付なども専門家集団である生産技術部門任せであり、工場長は償却費に対する責任を負わない。固定費を含む原価情報は経理部の機密事項であり、工場長にも知らされていなかった。〝モノづくり〟のループと〝カネづくり〟のループは分断されている。

〝モノづくり〟のループと〝カネづくり〟のループの連動の悪さは至る所に見られる。たとえば、保全費予算は台当たりで編成され、予算より多くかかった場合は赤字、予算より実績が少なければ黒字と評価されてきた。保全費予算は生産台数さえ等しければ、どの設備を使おうと同額となるが、実際には設備の使用年数が長くなるほど多くかかるから、新しい設備を使えば容易に目標を達成できる。また、生産台数が増えれば予算は多くつくが、この場合も見せかけの改善で評価されてしまう。さらに、「必要数」から算出された生産「タクト」のなかでの作業改善による原単位の低減を進め、その結果を寄せ集めて省人化につなげ、それを改善成果として認識したとしても、直接作業者がトヨタをやめるわけではなく、直接労務費は変化しない。製造現場の原価改善活動は、企業全体の財務的業績とは連動していない。

以上のように、トヨタの経営システムでは、〝モノづくり〟のループと〝カネづくり〟のループが適切に連動されているとは言えないが、さらに、〝カネづくり〟のループと〝ヒトづくり〟のつながりも強いとはいえない。というのも、第一に積上型ではなく、割当型により工場別の変動費改善目標が提示されてきたからである。目標設定に関して、予算編成の場における情報的相互作用は期待できない。第二に工場の工務部原価グループと経理部予算管理室との間の情報的相互作用が積極的に図られていないからである。

5 京セラの経営システムとMMループ

京セラの経営システムは、トヨタの経営システムに比して、三位一体の経営を実現するように構築されている。このことは、稲盛名誉会長が〝会計〟の重要性を強調する時にすでに明白であると言える。

（本書は）一九九八年に出版させていただいた『稲盛和夫の実学』の第二弾として、私の経営の根幹をなす実践的な経営管理手法について詳細に述べたものである。『実学』で述べた会計原則と、本書で説明している「アメーバ経営」による部門別管理会計を実行すれば、会社経営は盤石なものになると確信している。（稲盛［二〇〇六］七頁）

京セラでは、『会計学』と『アメーバ経営』と呼ばれている小集団独立採算制度による経営管理システムが両輪として、経営管理の根幹をなしている。それは京セラの経営哲学という基盤のうえに、会計学とアメーバ経営と言う二本の柱によって支えられている家にも例えられる。もちろん、この二本の柱のうち一本が欠けても家は支えられないように、お互いが相手を補完する関係にある。（稲盛［一九九八］一一二頁）

われわれは、京セラの経営システムを高く評価するものであるが、その主たる理由は、それが、〝モノづくり〟のループと〝カネづくり〟のループを堅固に連動させて回してきたからであり、さらに、それを〝ヒトづくり〟と連動させてきたからである。

それでは、京セラでは、〝モノづくり〟のループと〝カネづくり〟のループ、さらに、それらと〝ヒトづくり〟とを、具体的にどのように連動させているのだろうか。(6)

前述のように、京セラの経営システムは、アメーバ経営（ここでは、小集団部門別採算制度を意味する）と会計学という二本の柱を要とする。小集団部門別採算制度は会計学なしでは存立し得ない。小集団部門別採算制度では時間当り採算という業績指標が重視されるが、次の点に注意する必要がある。

アメーバ経営ではアメーバごとに時間当り採算表と呼ばれる損益計算書が作成される。この損益計算書は、京セラの会計原則に基づく厳密な取引ルール、費用および収益の認識・測定ルールの実行の裏付けがあるからこそ、アメーバと上位の各経営管理者層の両方に有用な会計情報を提供することができることを見落としてはならない。（挽［二〇〇六］一七八頁）

〝モノづくり〟のループと〝カネづくり〟のループの連動を堅固にしている第一の要因は、京セラ会計学である。われわれは、会計学の中でも、一対一対応の原則が最も基本的な原則であると考える。(7) 一対一対応の原則は、ミクロのレベルにおいて、〝モノづくり〟のループと〝カネづくり〟のループを連動させるものである。

経営活動においては、必ずモノとお金が動く。そのときには、モノまたはお金と伝票が、必ず一対一の対応を保たなければならない。この原則を「一対一対応の原則」と私は呼んでいる。

これは一見当たり前であるが、実際にはさまざまな理由で守られていないのが現実である。……このような「伝票操作」ないし「簿外処理」が少しでも許されるということは、数字が便法によっていくらでも変えられるということを意味しており、極端に言えば企業の決算などは信用するに値しないということになる。

……

その結果、社内の管理は形だけのものとなり、組織のモラルを大きく低下させる。数字はごまかせばいいということになったら、社員は誰もまじめに働かなくなる。そんな会社が発展していくはずがない。

「一対一対応の原則」とは、このような事態を防ぎ、発生したすべての事実を即時に認識し、ガラス張りの管理のもとに置くということを意味する。社内に一対一の対応を徹底させると、誰も故意に数字をつくることができなくなる。伝票だけが勝手に動いたり、モノだけが動いたりすることはありえなくなる。モノが動けば必ず起票され、チェックされた伝票だけが動く。こうして、数字は事実のみをあらわすようになる。（稲盛［一九九八］六四―六五頁）

「時間当り採算表では、活動の目標が成果をすべて数量の単位ではなく、一円の単位まで『金額』で表示しています。そのため、社内のあらゆる伝票にはモノの数量に加えて、必ず金額が記載されるようになっています。このことによって、仕事を進めていくうえでのお金の流れを意識付けしています。そのため、全員が『何個購入した』『何個作った』ではなく、『いくら購入した』『いくら稼いだ』のかという金額ベースでやり取りを行います（p.61）。」

………京セラでは、現場情報を会計情報の中に積極的に取り入れることが行なわれている。京セラの時間当たり採算表を利用した責任会計システムでは、生産現場での物量情報を可能な限り「金に換算する」ことにより、徹底した生産現場の管理が行なわれているのである。（上總・澤邉［二〇〇六］一八七頁）

経営を任せているのに、業績、つまり目標達成の羅針盤となる採算表を会計の知識がないと理解できないというのでは、現場がエンパワメントすることはないであろう。目標達成への羅針盤としては、理解が容易という条件の他に、採算表がタイムリーに提供されることが必要であろう。さらに、何らかのアクションをとることによる成果が自ら確認できることが必要であろう。現場が自ら成果を確信しながら進んでアクションをとりうる基盤を整備することが管理会計に求められるのである。

………「一対一対応の原則」により………現場でも、伝票を繰れば、経理部門からの報告を待たなくとも、自分たちの費用・収益、したがって目標達成度をすぐに知ることができるから、対応策を直ちに打つことができる。（谷［一九九九］五〇—五一頁）

このように、一対一対応の原則を通じて、ミクロのレベルでの〝モノづくり〟のループと〝カネづくり〟のループが連動して回ることになり、また、それを回すことにより全員参加の経営による〝ヒトづくり〟がなされる。

一対一対応の原則は、さらに全社レベルでの〝カネづくり〟のループを回す基礎になっている。

アメーバ経営は現場だけの管理システムではない。全社的利益管理システムであり、アメーバ自体が班・係・課・部・事業部・事業本部というように階層的に構成されている。（谷［一九九九］四九頁）

各アメーバの時間当り差引売上高を課、部、事業部等に積み上げ、労務費等を控除すれば財務報告の事業部決算と合致する。さらに各事業部の数値を合算すれば事業本部や全社の数値と一致する。この点は重要である。

………

管理会計は影響機能と情報機能の二つの機能を果たすことが期待されているが、京セラのアメーバ経営では、その二つの機能の同時達成を狙っている。管理会計報告である時間当り採算は、決して財務会計から独立した数字ではない。会計上のミクロ・マクロ・ループが確立されている。………

時間当り決算と会社決算とを結びつける役割を果たしているのが、月次決算書である。………

………月次決算も各アメーバの動きを「一対一対応」によって集約したデータベースにもとづいて作成されるものであり、時間当り採算と同じ事実を表現しているものである。（挽［二〇〇七］二一二―二一三頁）

一対一対応の原則を通じて会計学の一つであるガラス張り経営が可能となる。ガラス張り経営を通じて〝ヒトづくり〟がなされることになる。

会計は、会社の真実の姿をありのままに社内外に表すべきものである。そのため、公明正大に経理処理された経営数字は、幹部から一般社員までよくわかるようにガラス張りにしておくことが大切である。そうすれば、経営の実態がつかめることで社員の経営者意識が生まれてくるし、自分の行動が社員の目からも一目瞭然となることで、幹部は自らを厳しく律し、フェアな行動を取らなければならなくなる。（稲盛［二〇〇六］一六五頁）

一対一対応の原則は、さらにダブルチェックの原則や完璧主義の原則と併用されることにより、〝モノづくり〟のループと〝カネづくり〟のループ間およびそれぞれのループ内の連動をより堅固なものにしている。

アメーバ経営のもとで、一対一対応の原則、完璧主義の原則とともにこの原則が非常に重要な意味を持つことになる。一対一対応とダブルチェックが完璧に近い形で実行されていない限り、後述するガラス張りの経営の原則によって提供される会計情報等は、実態を反映していないため意味のないものとなる。（挽［二〇〇七］一八九頁）

ここで、完璧主義について補足しておきたい。

完璧主義の原則は、あらゆる仕事を完璧に行うこと、および計画の完璧な実行を行うことを企図している。

………

さらに、この原則は、経営者としての役割を規定した原則でもある。経営者たるものは会社全体のマクロな仕事と同時に、部下のやっているミクロの仕事も十分わかっていなければ、完璧な仕事はできない。………もし、企業のトップとして本当に自分の思う通りに経営をしていこうとするのなら、足繁く現場へ出て、現場の雰囲気、現場のことを知らなければならない。………マクロだけでなくミクロもわかっていなければ、経営者は自由自在に会社を経営することはできないのである。（稲盛［一九九八］一〇二―一〇三頁）

経営理念とは、毎日毎日の経営現場における厳しい追求が行われていて初めて生きてくるのであって、トップの現場への精通なくして理念や社風が先行しても意味がないのです。（稲盛［二〇〇二］六二―六三頁）

〝モノづくり〟のループと〝カネづくり〟のループの連動を堅固にした第二の要因は、情報的相互作用を促進する場が設定され、機能していることである。

実体的業績ＭＭループと財務的業績ＭＭループを繋ぐためには、情報的相互作用を生じさせる特別の空間が必要となる。予算編成の場や差異分析の場は、そのような空間である。これ以外にも、問題解決の必要に応じて、さまざまな場が設けられよう。そのような場でどのような情報的相互作用が生じるかは、その場にだれが集まるのか、議題は何か、時間はどのくらいを予定するのか、などの多様な要因によって決まる。（廣本編著［二〇〇九］一四頁）

トヨタでは工場への原価改善目標が割当型で決められたが、京セラにおけるマスタープランと呼ばれる年次計画の作成は、会社方針にもとづき、各部門の責任者による積上型で行われる。次に、事業部の方針や目標を勘案して、各アメーバリーダーがマスタープラン案を編成する。アメーバのマスタープランの数字は事業部単位で集計されるが、それが事業部長の願望する数字と異なっていたら、事業部長はアメーバにそれを伝達し、アメーバのマスタープランが見直される（稲盛［二〇〇六］二一四―二一六頁）。

アメーバ経営の採算管理におけるサイクルは、時間当り採算表による月次単位の管理が中心となっている。毎月、予定と実績をそれぞれ作成し、予定に対する進捗管理を確実におこなっている。この月次予定のベースとなっているのが、「マスタープラン」と呼ばれる年度計画である。（稲盛［二〇〇六］二一三頁）

京セラにおける製販会議やアメーバ会議での議論のポイントは、事後の統制機能というよりも、計画設定の機能が重視されることである。時間当り採算の結果の追及よりも予定が大切であると考えられている。ただし、これは予定の達成を重視しないということを意味するわけでは決してない。これでは完璧主義の原則に反することになる。むしろ会議では、過ぎ去った過去の追及には時間を割かない。月初に行われる会議では事後的な業績評価ではなく、その月の予定が問われ、月次のＰＤＣＡが重視されているのである。さらに製造の現場では、課、係、班ごとに全員が集合して毎日朝礼が行われ、前日の実績、予定と累積実績との比較が行われる。遂行率をみることで、日次ベースで予定の達成に向けての努力の成果を自らチェックすると同時に、今月の予定を達成するためひいてはマスタープランを達成するために何をしなければならないのかを考えるわけである。

年次―月次―日次のＰＤＣＡは、〝モノづくり〟のループと〝カネづくり〟のループを連動させ、かつ〝カネづくり〟のループ内の連動をも堅固にすると同時に、さらに、計画のＭＭループと実績のＭＭループの連動を通じて〝ヒトづくり〟に役立っているといえる。

第三の要因は、経営管理部門の存在である。京セラでは、全員参加の経営を行うためのゲームのルールの設定とその文書化、ならびにゲームのルールを守っているか否かを監視する役割を果たす経営管理部門を、経理部とは別の組織として組織化した。

アメーバ経営とは、私が会社を経営していくなかで、京セラの経営理念を実現させるために創り出した「経営管理システム」である。そのベースとなる思想ならびに手法と仕組みを維持、管理し、さらに進化、発展させる役割と責任を担うためにつくったのが「経営管理部門」であり、これはたいへん重要な組織である。

経営管理部門は、会社全体の経営数値を取り扱う部門であり、………アメーバ経営を根底から支える部門である。

そのため、経営管理部門は、京セラの経営思想である「京セラフィロソフィ」と「京セラ会計学」を実践する部門としての使命感と責任感を持つことが求められている。つまり、原理原則に則り、物事の本質を追求し、「人間として何が正しいか」という判断基準を堅持しなければならない。（稲盛［二〇〇六］一二〇―一二一頁）

優れた企業経営者は、より良い業績を上げるMMループが形成されるように、従業員が経営哲学、理念、価値観を共有するように多大の努力を払ってきた。さらに、全員がルールをしっかりと守り、不正行為や相互不信感を招くなどといったことがないような組織作りに細心の注意を払ってきた（廣本編著［二〇〇九］二五―二六頁）。まさに京セラにおいて、そのような工夫がなされてきたといえる。

第四の要因は、時間当り採算という指標を用いていることである。利益のみならず、時間を用いることで、ミクロレベルの〝モノづくり〟のループと〝カネづくり〟のループの連動を堅固にしている。時間当り採算を改善するためには、製造収益や営業収益を改善するだけでなく、総時間の減少、作業のスピードアップが必要となる。そこで、時間当り採算の悪いアメーバの余剰人員は、時間当り採算の良いアメーバで活用されることになる。

人的キャパシティに余剰が生じた場合には、アメーバリーダー間の交渉を通じて、人的キャパシティが不足しているアメーバ間で短期的な従業員の貸借が行なわれる。貸出アメーバでは、貸し出した分だけ総作業時間が減少するとともに、時間当たり採算が改善される。他方、借入アメーバでは、借り入れた従業員を使って目標とする生産量が達成できるので、最も重要な売上高が実現できる。借入アメーバは総作業時間を増加しつつ製造収益をより増加できるのである。かくして、アメーバ間に存在する人的キャパシティの余剰と不足とをアメーバリーダー間の交渉を通じて、全社的な視点から最適配分することが可能になる。………

ある製造アメーバがスピードアップに成功したとすれば、それは毎朝始業前に行なわれる幹部ミーティングや定例ミーティングなどを通じて他の製造アメーバへも知らされる。かかる情報共有を通じて、やがて製造アメーバ全体のスピードアップが実現されることになり、結果として、製造アメーバには人的キャパシティに余剰が生じることになる。この余剰を利用して、作業方法の改善、各種提案、工程改善、自製品の新しい用途の開拓、新製品開発などの創意工夫が展開される。

そればかりではない。かくして製造アメーバがスピードアップに成功し、時間当たりのキャパシティが増大したとすれば、それに応じて営業アメーバが受注を確保する必要が生じる。さらには、製造アメーバが開発した製品の新しい用途や新製品を顧客に売り込むために、営業アメーバは奔走しなければならない。……まさに京セラのPCMには、一つのアメーバのスピードアップが他のアメーバのスピードアップを連鎖的に引き起こしていくメカニズムが内包されているのである。つまり、個別アメーバの努力によって崩れた同期化状態を利用して、緊張状態を生み出し、それを契機として高いレベルで新たに同期化を図る仕組みなのである。時間当たり採算を介してアメーバ間で生じるこの経営改善のダイナミズムは、余剰キャパシティの全社最適化を促す「速度連鎖効果」に他ならない。（上總・澤邉［二〇〇六］一七九―一八一頁）

かくして、上總・澤邉［二〇〇五］は、「各アメーバ部分最適化が、会社全体の利益最大化を導くPCM（利益連鎖管理）が展開される。京セラ管理会計の最大の特徴はこのPCMにあるといっても過言ではない」（二〇四頁）という。一対一対応の原則に加えて、時間当り採算を通じて速度連鎖効果を図ることにより、ミクロレベルでの〃モノづくり〃のループと〃カネづくり〃のループが連動し、さらに、それらが全社に波及し、全社レベルのループに連動するのである。

6 むすび

本章では、アメーバ経営を理論的に説明する試みを行った。アメーバ経営とアダム・スミスの理論との接点も指摘したが、その手掛かりを示したにすぎない。今後の更なる研究を望みたい。本章で明らかになった、もう一つの重要な点は、アメーバ経営は日本的経営システムの一つであり、他の優れた日本企業の経営システムと多くの共通点を有しているが、世界的に評価されてきたトヨタの経営システムにさえ欠けていた優れた点も持っているということである。それは、〝モノづくり〟のループと〝カネづくり〟のループが堅固に連動しているという点であり、しかも、〝ヒトづくり〟が〝モノづくり〟のループとだけではなく、〝カネづくり〟のループとも密接に連動しているという点である。

日本企業および日本経済の国際競争力の源泉は〝モノづくり〟の競争優位性にある。そして、その〝モノづくり〟の競争優位の源泉は、〝モノづくり〟と〝ヒトづくり〟を密接に連動させてきたところにあった。しかし､近年､トヨタでもさまざまな問題が顕在化している。その問題の原因の一つは､〝モノづくり〟と〝カネづくり〟の連動の悪さにある。企業の経営システムは、〝モノづくり〟と〝ヒトづくり〟に〝カネづくり〟を加えた、三位一体の経営を支援・促進するものでなければならない。この点において、アメーバ経営から学ぶことは多い。

アメーバ経営を理論的に研究する上で、残された問題がある。その一つは、そして、これは最も重要な問題の一つであるが、経営管理部門の意義を解明することである。アメーバ経営を実践する上で、経営管理部門は非常に重要な役割を果たしている。その意義については、本章でも少しは言及したし、廣本［二〇一〇］

でも取り上げたところであるが、その理論的解明は他日に期したい。

注

（1）廣本が日本企業の管理会計実務に関する研究成果を初めて発表したのは一九八〇年代後半であり、廣本［一九八六a］、［一九八六b］などがある。挽は『管理会計の進化—日本企業にみる進化の過程—』［二〇〇七］を上梓したが、これにより一橋大学から博士（商学）の学位を取得している。

（2）MMループのフレームワークについては第3節で説明するが、紙幅が限られており、十分に説明する余裕がない。必要に応じて、廣本編［二〇〇九］または日本会計研究学会特別委員会［二〇〇七］を参照されたい。

（3）アメーバという用語には、小さな組織単位、細胞分裂を繰り返す組織単位といった意味に加えて、「自分の力で生きよう」とする組織単位という意味があり、アメーバ組織は自律的組織であることを見落としてはいけない。稲盛［二〇〇六］も「明確な意志と目標を持ち、自ら成長を続けようとする、一つの自立した組織」（四四頁）がアメーバであると説明している。

（4）自律的組織を、日本会計研究学会特別委員会（［二〇〇七］七九—八二頁）等で指摘されているように、生命システムの観点から研究することも興味深い。この観点に関連して『動的平衡』という考え方があるが、朝日新聞（二〇一〇年八月一一日）に次のような話が紹介されている。「岡田監督は以前、確率論で作戦を立て『お前はこうやれ』と選手にプレーさせていたそうです。しかし、サッカーは自律した個々の選手が瞬間、瞬間で動き回るスポーツ。ばらばらに動きながらもある程度の秩序が保たれている。岡田監督は組織論の観点から私（筆者注　分子生物学者、福岡伸一氏）の本を読んでくれました」。

（5）トヨタでは、二〇世紀末から二一世紀の初頭にかけて大幅な管理会計システムの見直しを行ったが、本章では変更前のシステムで説明している。変更前と変更後の経営システムについては、挽［二〇〇五］を参照されたい。

（6）京セラ経営哲学と会計学、そして、それらとアメーバ経営の関係の詳細については、挽［二〇〇七］を参照されたい。

（7）管理会計実務の歴史は、簿記会計の発生当時、複式簿記を経営システムとして適用した時から始まっている（廣本［二〇〇八a］一〇頁）。

参考文献

青山政次［一九八七］『心の京セラ二十年』非売品。

石田退三［二〇〇六］『トヨタ語録』ワック。

稲盛和夫［一九九八］『稲盛和夫の実学―経営と会計―』日本経済出版社。

――［二〇〇二］『実践経営塾』ＰＨＰ文庫。

――［二〇〇六］『アメーバ経営―ひとりひとりの社員が主役―』日本経済新聞社。

大野耐一［一九七八］『トヨタ生産方式―脱規模の経営をめざして―』ダイヤモンド社。

上總康行・澤邉紀生［二〇〇五］「京セラのアメーバ経営と利益連鎖管理（ＰＣＭ）」『企業会計』第五七巻第七号、九七―一〇五頁。

――・――［二〇〇六］「京セラのアメーバ経営と管理会計システム」上總康行先生還暦記念出版実行委員会（編）『次世代管理会計の構想』中央経済社、一六五―一九一頁。

澤邉紀生・潮清孝［二〇一〇］「経営理念と管理会計の関係性に関する研究―賢慮を生み出すアメーバ経営―」KCCS マネジメントコンサルティング・アメーバ経営学術研究会編『アメーバ経営学術研究会シンポジウム講演録』KCCS マネジメントコンサルティング、五九―六九頁。

高島善哉［一九六八］『アダム・スミス』岩波新書。

谷武幸［一九九九］「ミニプロフィットセンターによるエンパワメント―アメーバ経営の場合」『国民経済雑誌』第一八〇巻第五号、四七―五九頁。

日本会計研究学会特別委員会［二〇〇七］『企業組織と管理会計の研究　最終報告書』非売品。

挽文子［二〇〇五］「企業のグローバル化とコスト・マネジメントの進化」『經理研究』第四八号、一〇七―一二三頁。

――［二〇〇六］「京セラにおける経営哲学と経営システムの進化」日本会計研究学会特別委員会『企業組織と管理会計の研究　中間報告書』所収、一七七―二〇一頁。

――［二〇〇七］『管理会計の進化―日本企業にみる進化の過程―』森山書店。

廣本敏郎［一九八六ａ］「わが国製造企業の管理会計―一つの覚書」『ビジネスレビュー（一橋大学産業経営研究所）』第三三巻四号、六四―七七頁。

――［一九八六ｂ］「わが国製造企業の原価計算実務から学ぶ」日本会計研究学会特別委員会『現代原価計算の課題』所収、二二五―二三六頁。

――［二〇〇四］「市場・技術・組織と管理会計」『一橋論叢』第一三二巻第五号、一―二四頁。

――［二〇〇五］「ミクロ・マクロ・ループとしての管理会計」『一橋論叢』第一三四巻第五号、五八―八八頁。

――［二〇〇六］「京セラのアメーバ経営―その意義と形成過程―」『京都大学経済学会・経済論叢』第一七八巻第四号平成一八年一〇月、一―二八頁。

――［二〇〇八ａ］「経営システムとしての管理会計―管理会計とミクロ・マクロ・ループの形成―」『會計』第一七三巻第二号、一―一七頁。

――［二〇〇八ｂ］「トヨタにおけるミクロ・マクロ・ループの形成」『企業会計』第六〇巻第九号、一八―二六頁。

――［二〇一〇］「アメーバ経営におけるミクロ・マクロ・ループの形成」（KCCSマネジメントコンサルティング・アメーバ経営学術研究会編『アメーバ経営学術研究会シンポジウム講演録』二一―三八頁。

――編著［二〇〇九］『自律的組織の経営システム―日本的経営の叡智』森山書店。

Chandler, A. D. Jr.［1977］*The Visible Hand: The Managerial Revolution in American Business*, The Belknap Press of Harvard University Press. 鳥羽欽一郎・小林袈裟治訳［一九七九］『経営者の時代：アメリカ産業における近代企業の成立』東洋経済新報社。

Johnson, H. and R. S. Kaplan［1987］Relevance Lost: The Rise and Fall of Management Accounting, Harvard Business School Press. 鳥居宏史訳［一九九二］『レレバンス・ロスト―管理会計の盛衰―』白桃書房。

Liker, J. K.［2004］The Toyota Way: *The Company that Invented Lean Production*, McGraw-Hill 稲垣公夫訳［二〇〇四］『ザ・トヨタウェイ（上・下）』日経ＢＰ社。

2

アメーバ経営の仕組みと全体最適化の研究

上總康行

1 管理会計学研究の戦略転換

第二次大戦後、日本経済を復興・成長させるため、通商産業省（現経済産業省）の指導の下で、当時圧倒的な強さを誇っていたアメリカ企業の経営実践やこれを支える管理会計実務が日本に紹介・導入された。日本の管理会計学研究では、この胎動に呼応して、アメリカで新しく開発された管理会計技法を翻訳・理解し、これを論文、著作、講義、講演等を通じて実務へ適用する「会計処方研究」に重点が置かれてきた。かくして一九五〇年代以降、多くの管理会計技法が日本企業に導入・普及され、日本は世界に誇る高度成長を実現してきた（上總・澤邉［二〇〇六］九―一三頁）。

しかし、一九七〇年代以降、アメリカで開発される新しい管理会計技法が少なくなったばかりでなく（櫻井［一九九一］二三頁）、日本企業にとって有用性の少ない、あるいは適用領域がごく狭いものしか開発されなくなった。近年、アメリカやヨーロッパでは管理会計問題を析出する「調査研究」が多くなったことにも関係して、日本の管理会計研究も会計処方研究から調査研究に傾斜しつつある。図1は、管理会計学の研究領域を示したものであるが、この図によってかかる現象を確認しておこう。

図1によれば、管理会計学の研究領域は、①会計実務（含経営実践）の中から会計問題を析出するために聞取調査、ケース研究、アンケート調査などの「調査研究」が行われ、②入手した調査データを解析して、会計問題の原因が追究され、因果関係の理論化を目指した「理論研究」が行われる。③理論研究の成果を受けて、あるいはこれと協力して「応用研究」が行われ、問題解決手段の開発が行われる。原価企画、活動基準原価計算（activity-based costing: ABC）、バランスト・スコアカード（Balanced Scorecard: BSC）などの会計技法の開発がそれである。そして、④会計問題を解決するため、経営コンサルタント

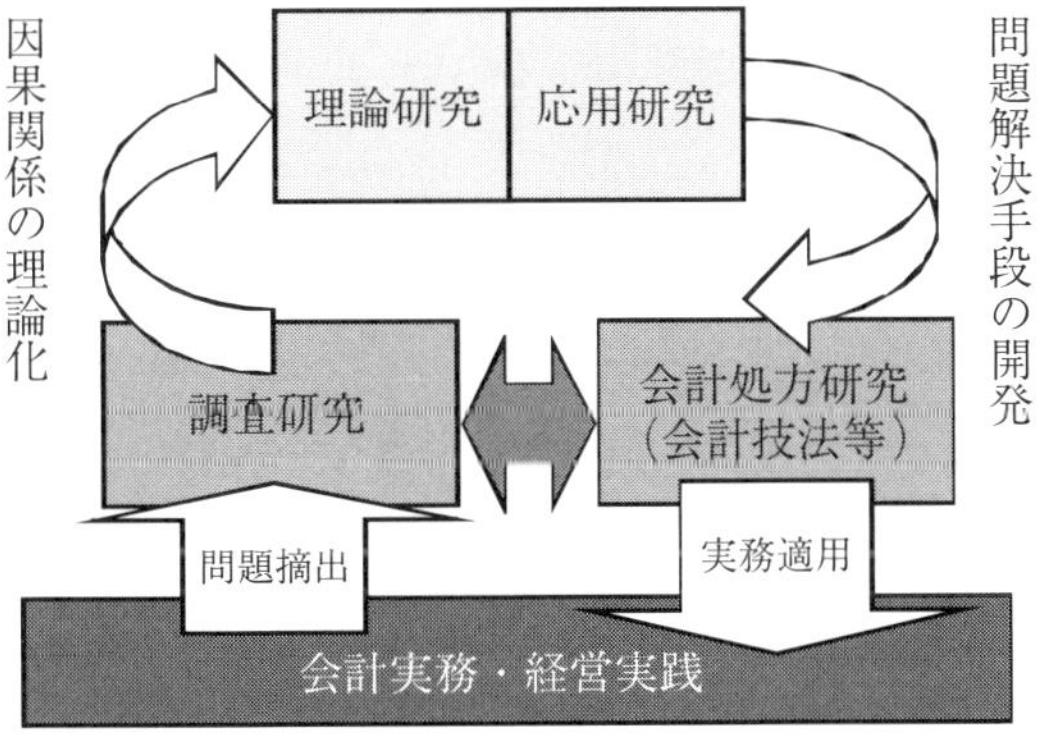

図1　管理会計学の研究領域

出所：上總［2010］p.5

や管理会計人によって現実により適した「会計処方研究」が行われ、かかる会計技法が実務に適用される。個別企業では、会計技法の実務適用→問題摘出→調査研究→会計処方研究→実務適用という定着サイクルを通じて管理会計技法の導入・普及が図られることになる。

二一世紀に入って管理会計学の研究領域で大きな変化が起こっている。それは、一方で応用研究と会計処方研究の停滞であり、他方で調査研究の隆盛である。従来、アメリカの管理会計研究は圧倒的な経済力を背景として応用研究を通じて問題解決手段を開発し、ハーバード大学ビジネススクールを頂点として世界へ管理会計技法を提供してきた（Briers and Chua［2001］）。しかし、最近では、因果関係の理論化を目指す調査研究や理論研究に研究の軸足が移動しており、もともとアメリカの管理会計研究に少なからず距離を置いてきたヨーロッパの管理会計研究とが合流して一大潮流を形成しそうな勢いである。つまり、グローバル規模で規範論から記述論へと研究が大きく変化していると見ることができる。

他方では、グローバル競争がますます激しくなる中で、日本企業では会計問題が頻発しており、規範論が決して不要になったわけではない。否むしろ、日本企業がグローバル競争の中で勝ち抜いていくためにはその必要性がますます高まっている。憂慮すべきことは、記述論を指向する研究者と規範論を求める経営者との間に大きな期待ギャップが存在することである。

かかる現状を鑑みれば、アメリカやヨーロッパの研究動向に引き続き配慮しつつも、キャッチアップ戦略から日本の研究者が自ら世界に向けて管理会計学を提起する独自理論開発戦略へと研究戦略を大きく転換する必要があるように思われる。そのためには、①会計最前線で奮闘する日本企業に基礎を置いた研究により、応用研究→問題解決手段の開発→会計処方研究をより積極的に進めること、②問題解決には経営学などの他分野の研究を取り込む必要があることからプラットホームとしての管理会計学を確立すること、③その研究成果をもって管理会計学研究の国際競争に参加することが必要である（上總・澤邉［二〇〇六］三〇―三四頁）。

このような独自理論開発戦略の下で、京都大学管理会計研究室ではこれまで日本企業で実践されている優れた管理会計実務を主たる研究対象としてきたが、トヨタ自動車で開発され、純国産の管理会計として内外に知られている原価企画以外にも、それに続く第二・第三の優れた管理会計実務が存在することが分かってきた。本論文では、このうち、京セラ株式会社（本社・京都市、以下、京セラと略記する）において時間当り採算を中軸として展開される管理会計実務について分析検討する。

2 京セラのアメーバ組織

2-1 京セラとアメーバ経営

京セラは、一九五九年四月、創業者の稲盛和夫氏を中心にしてその七名の同志とともに京都市右京区西ノ京原町にファインセラミックを製造・販売する京都セラミック株式会社（現京セラの前身、資本金三〇〇万円）として創業された。その後、このベンチャー企業は、優れた技術と類まれなる稲盛社長の経営能力、独自の経営方法であるアメーバ経営、さらには日本の高度経済成長の波に乗って順調に成長を遂げ、二〇一〇年三月には、連結ベースで、株主資本一兆三四五二億円、総資産一兆八四八七億円，売上高一兆七三八億円、税引前当期純利益六〇七億円、グループ会社数二一二社、従業員数六万三八七六名の巨大企業となった。

アメーバ経営とは「会社全体の組織を機能別・役割別に細分化し、臨機応変に変化させ、それぞれの組織が、『時間当り採算』という統一した評価基準により部門別に採算を求め、全社員に経営者意識を醸成することを可能にしてきた京セラ独自の経営システムです」（KCCS［2004］p.4）とされている。疑いもなく、京セラはアメーバ経営によって急成長を遂げてきた。図2は、京セラのアメーバ経営の概念図を示したものである。

京セラのアメーバ経営は、創業者である稲盛和夫氏が自ら創意工夫し実践してきた経営実践であるが、それは強烈な経営理念（フィロソフィ）とそれを全従業員に会得させるフィロソフィ教育を基礎として展開されている。以下、京セラの経営理念、フィロソフィ教育、経営者育成（全員参加経営）、アメーバ組織、そして京セラ管理会計の要である時間当り採算について順次検討することにしよう。

2-2 京セラの経営理念とフィロソフィ教育

京セラの公式ホームページには、社是、経営理念、心をベースに経営する、という京セラフィロソフィが掲げられている。社是は「敬天愛人」であり、「常に公明正大、謙虚な心で仕事に当たり、天を敬い人を愛し、仕事を愛し社会を愛し、国を愛する心」とさ

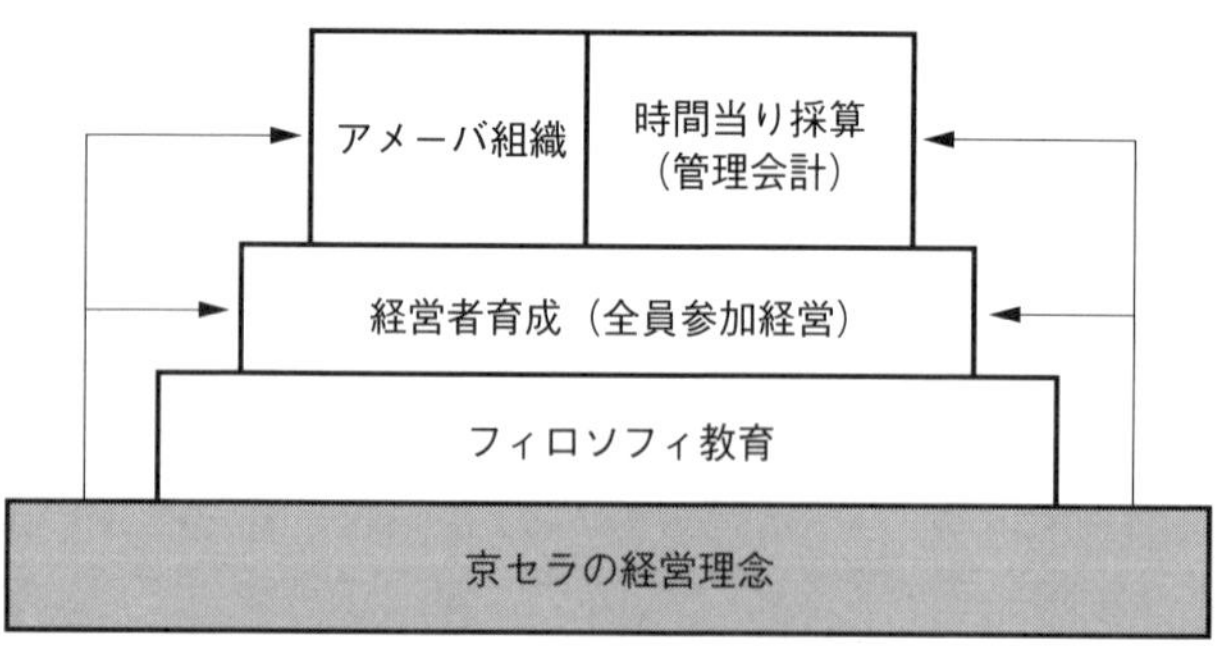

図2 アメーバ経営の概念図

出所：上總［2008］p.7

れている。経営理念は、創業二年目、若い社員との労使交渉の中で、「全従業員の物心両面の幸福を追求すると同時に、人類、社会の進歩発展に貢献すること」と定められた（稲盛［二〇〇六］二六頁）。さらに「心をベースに経営する」に関しては、京セラの創業当初から、「信頼できる仲間同士という、心と心の絆が京セラの経営のベースとなっている」（稲盛［二〇〇六］二二頁）のである。創業者である稲盛和夫氏は、かかる信頼できる仲間とともに、セラミック技術者として、またベンチャー企業の経営者として経営実践に挑戦することになったが、そこでの実体験や経験則に基づいてまとめられた人生哲学が京セラフィロソフィに他ならない。「この京セラフィロソフィは、『人間として何が正しいか』を判断して、人として当然持つべきプリミティブな倫理観、道徳観、社会的規範にしたがって、誰にでも恥じることのない公明正大な経営、業務運営を行っていくことの重要性を説いたものです」（京セラ［二〇〇九］六頁）とされている。

この京セラフィロソフィを全従業員に徹底するため、教育研修制度がグローバルな規模で展開されている。その教育理念は、「京セラフィロソフィを体得し、真摯な努力と弛まぬ創意工夫により、京セラのグローバルな発展と、全従業員の幸福を追求すると同時に、社会の進歩発展に貢献する有為な人材を育成する」とされている。表1は、京セラの教育研修制度を示したものである。

表1によれば、教育プログラムとして、フィロソフィ教育（国内および海外）、マネジメント教育、職能別教育、技術教育、職種別教育、その他の六つのコースが用意されている。特筆すべきことは、フィロソフィ教育が国内および国外において、経営幹部、中堅社員、社員という全社員に対して実施されていることであり、国内のパートタイマーについても同様にフィロソフィ教育が行われている。聞取調査によれば、稲盛和夫名誉会長と伊藤謙介前会長（現在は退任）の二人が特別に免除されているだけであった。表2は、社員教育受講者数（二〇〇八年度）を示したものである。

表1　京セラの教育研修制度

<table>
<tr><th colspan="2">教育名</th><th>経営幹部</th><th>中堅幹部</th><th>社　員</th><th>パートタイマー</th></tr>
<tr><td rowspan="2">フィロソフィ教育</td><td>国内</td><td>フィロソフィ
役員・幹部研修</td><td>フィロソフィ
主事・主事補研修</td><td>フィロソフィ
社員研修</td><td>パートタイマー
研修</td></tr>
<tr><td>海外</td><td>トップマネジメント
セミナー</td><td>ミドルマネジメント
セミナー</td><td>フィロソフィ
社員研修</td><td></td></tr>
<tr><td colspan="2" rowspan="2">マネジメント教育</td><td colspan="3">京セラ経営学講座</td><td rowspan="2"></td></tr>
<tr><td>工場長・事業所長研修</td><td>営業所長研修
HA※研修</td><td></td></tr>
<tr><td colspan="2">職能別教育</td><td>経営職能研修
管理職能研修</td><td>監督指導職能研修
上級一般職能研修</td><td>一般職能研修</td><td></td></tr>
<tr><td colspan="2">技術教育</td><td></td><td>中堅技術者研修
専門技術研修</td><td>基礎技術研修</td><td></td></tr>
<tr><td colspan="2" rowspan="2">職種別教育</td><td rowspan="2"></td><td colspan="2">ものづくり技能研修</td><td rowspan="2"></td></tr>
<tr><td colspan="2">営業部門・管理部門研修</td></tr>
<tr><td colspan="2">その他</td><td colspan="4">課題研究レポート・中国語研修・通信教育・eラーニングなど</td></tr>
</table>

※HA：Human Assessment　ヒューマンアセスメント

出所：京セラ［2009］p.42

表2　社員教育受講者数（2008年度）　　（単位：名）

教育名	フィロソフィ教育		マネジメント教育	職能別教育	技術教育	合　計
	日本国内	海　外				
受講者数※	44,232	51,023	11,121	5,084	5,783	117,243

※実績は京セラの教育担当部門が主管している教育を対象としている。

出所：京セラ［2009］p.42

表2で注目すべき点は、受講者数が合計一一万七二四三名に達していることである。京セラの連結ベースの従業員数が五万九五一四人（二〇〇九年三月期末）であるので、平均して、従業員一人当たり年間二日間の社員教育を受けていることになる。しかも、その九〇％以上がフィロソフィ教育に集中しているのである。これほどまでにフィロソフィ教育を重要視する企業は、国内外ともに希有である。逆に言えば、それほどまでに、フィロソフィ教育が京セラのアメーバ経営にとって必要であるという証左であろう。

なお、京セラおよび京セラグループでは、全従業員に対して「京セラフィロソフィ手帳」が配布されている。この手帳は、創立満三五周年を記念して、一九九四年に発刊されたもので、創業者の稲盛和夫氏が会社創立以来、社員に説いてきた心構えや持つべき考え方などを編集して、ポケットサイズの手帳にまとめたものである。その解説講演録である「京セラフィロソフィを語る」とともに京セラグループ社員に配布されている。京セラの従業員は、この手帳を活用して、様々な機会に積極的に京セラフィロソフィを学び、実践していくことが求められている。現在、創立満五〇周年を記念して、講演会などの記録を整理し、一五年前に発刊された手帳に網羅されていない項目を「京セラフィロソフィ手帳Ⅱ」として発刊する準備が進んでいる（京セラ［二〇〇九］四三頁）。

3 アメーバ組織の特徴

3-1 ライン採算性組織としてのアメーバ組織

アメーバ組織に関して、稲盛名誉会長は、著書『アメーバ経営』（二〇〇六）中で、次のように指摘されている。

「私自身は京セラを創業後、組織を分けていく際に、まず会社の採算を大きく左右する製造部門に着目した。当初は、電子工業用のファインセラミック部品を専ら製造していたので、工程別に採算を見ようと考え、少人数で構成される工程別に分割したアメーバを編成し、それぞれにリーダーを配置して、その経営全般を任せた。………

会社が成長するにともない、………工程別、品種別、工場別など、さまざまな組織編成をおこなうことにより、事業の成長にしたがってアメーバ組織の数もどんどん増加していった。

同時に、営業部門においても、地域別、品種別、顧客別などさまざまな分け方により、組織を細分化した。この傾向は、研究開発部門や管理部門においても同様であった。

やがて私は経営の安定と会社の成長を図るため、数多くの新規事業を立ち上げた。多様な事業を的確に運営していくために事業部制を採用し、事業の多角化を積極的に推進していった。その結果、現在の京セラでは細分化されたアメーバの数は約三〇〇〇に至っている。」(稲盛［二〇〇六］一〇三、一〇四頁)

多言を要しないであろう。歴史的事実として、アメーバ組織は、職能部門別組織の下で、製造部門や営業部門の下位組織として展開されてきたのである。そして、その後、事業部制が採用されたのである。

いま改めてアメーバ組織の編成原理を整理すれば、次のとおりである（KCCS［2004］p.47）。

① まずアメーバ組織はライン・スタッフ制組織として編成される。ライン部門は利益を生み出す「採算部門」であり、プロフィットセンターと位置づけられる。スタッフ部門は利益を生まない「非採算部門」であり、コストセンターである。

② 次にライン部門が製造部と営業部とに分離される。それらはそれぞれ製造アメーバと営業アメーバと呼ばれるが、もちろん両者はともに利益を生み出す「採算部門」であり、プロフィットセンターで

ある。他方、スタッフ部門は利益を生まない「非採算部門」であり、コストセンターであるが、必要に応じて、経営管理部や研究開発部などに分離される。

③　さらに製造部や営業部が採算可能な範囲で、より小さなプロフィットセンターである下位アメーバに分割される。逆にアメーバが統合されることもある。

ここで、①と②はアメーバ組織の組織編成原理であり、③はその分割統合原理である。第一の組織編成原理とは、基軸ライン部門である製造部と営業部はそれぞれ採算部門として編成されるというものである。この原理のもとで、アメーバ組織はライン採算制組織（line profitable organization：LPO）として編成される。第二の分割統合原理とは、すべてのライン部門が連続プロフィットセンターとして分割または統合されるというものである。図３は、アメーバ組織を例示したものである。

この図では、製造部と営業部がそれぞれ採算部門であり、経営管理部と研究開発部が非採算部門である。製造部には、製造アメーバＰ１から製造アメーバＰ４までの四つの下位アメーバが、営業部には営業アメーバＳ１とＳ２という二つの

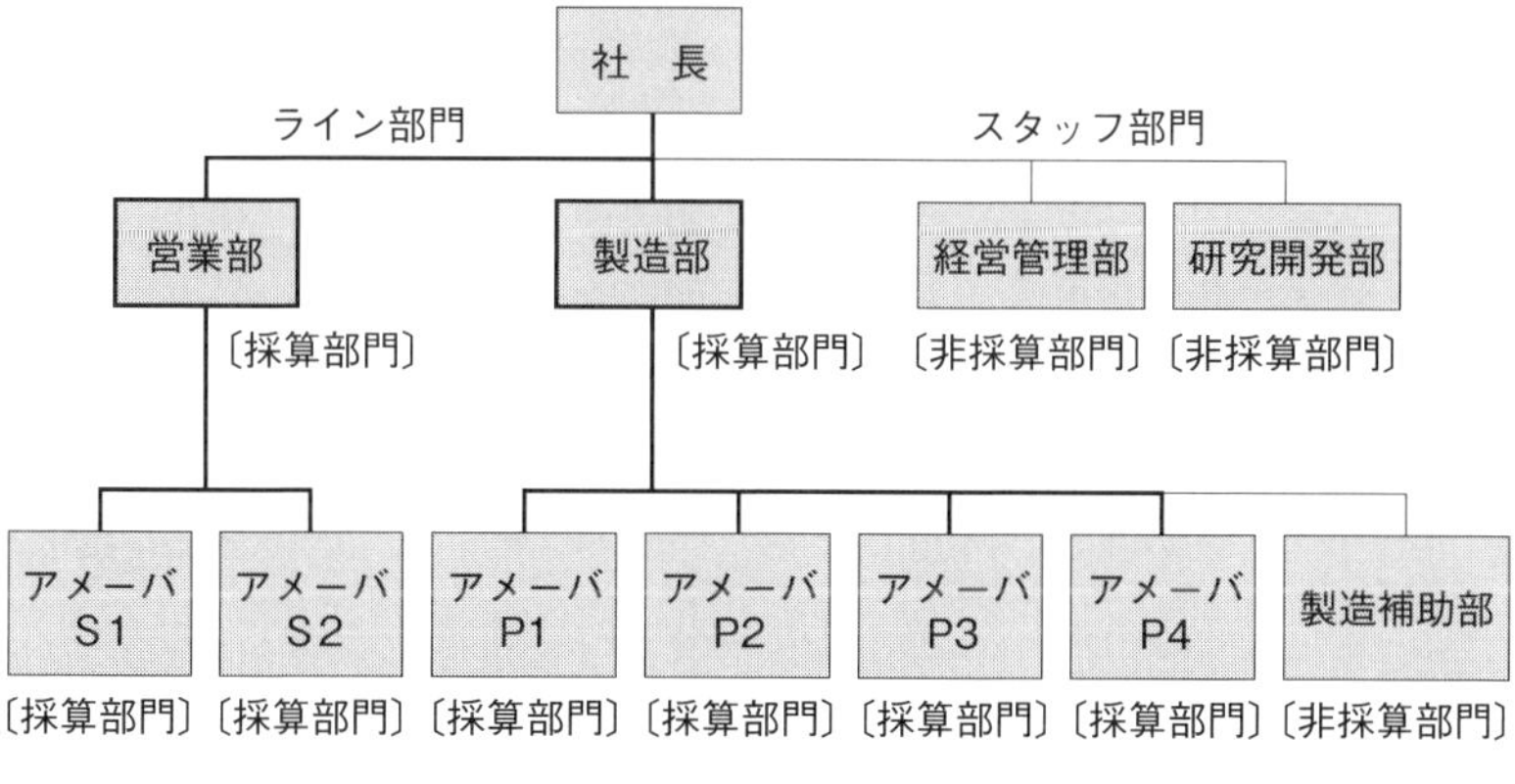

図３　ライン採算制組織としてのアメーバ組織

出所：上總・澤邉［2006］p.170、一部加筆。

下位アメーバがそれぞれ組織されている。

一般的には、アメーバ組織の「状況に応じて臨機応変に変化する」という特徴に注目が集まっている。しかし、それは第二の分割統合原理である。アメーバ組織の最も重要かつ基本的な原理は、第一の組織編成原理である。

3-2 チャンドラーの組織発展モデルとは異なるアメーバ組織

京セラのアメーバ経営に強い関心を示したのは、キャプランとともに活動基準原価計算（ABC）を提唱したあのクーパーであった。彼は組織の最小単位が生産量に応じて自在に伸縮するアメーバ組織をミニ・プロフィットセンター（microprofit center：MPC）として捉えて、アメーバ経営を研究した（Cooper［1994, 1995］）。クーパーは、次のように指摘している。

「京セラは通常よりも非常に早く（すなわち会社がまだ比較的小さい時に）、事業部制組織を採用した。……企業が拡大するとともに、事業部制組織はあまりにも集合的であると見なされた。かくして、アメーバ組織が開発された。」（Cooper［1994］p.3）

ここでは、明らかにチャンドラーが主張した大企業の組織発展モデル、すなわち集権的な職能部門別組織から分権的な事業部制組織へ発展するというモデルに従って京セラの組織改革が行われ、さらに事業部制組織の下でアメーバ組織が開発されたと指摘されている（上總・澤邉［二〇〇五］九八頁）。三矢裕氏もまた玉著『アメーバ経営』（二〇〇三年）の中で、クーパーと同様の見解に立った上で、アメーバ経営について、独自の「分権化二軸モデル」を提唱されている（三矢［二〇〇三］一二五―一二七頁）。しかしながら、歴史的事実としても、また論理的にも、アメーバ組織は職能部門別組織を基礎として編成されるのであって、決して事業部制組織を基礎としているのではない。

以上の議論を踏まえて、チャンドラーが提示した組織発展モデルと京セラのアメーバ組織を図解すれば、図4のようになる。

図4によれば、縦軸に職能部門別組織か事業部制組織かという組織編成を、横軸には分権化の程度を示している。チャンドラーの組織発展モデルは、左上から右下へ向けた矢印で示される。しかし、京セラは、この流れの外に、右上に独立して示される。かくして、我々は、クーパーのように、アメーバ組織を事業部制組織との関連で位置づけるのは適切ではなく、むしろ職能部門別組織との関連で位置づけるべきであると考える（上總・澤邉［二〇〇五］九九頁）。

4 アメーバ管理会計

4-1 アメーバ利益を意味する部門別採算

通常、売上高は営業部門で認識されるが、アメーバ経営では、売上高は製造部門で認識される．これは、「値

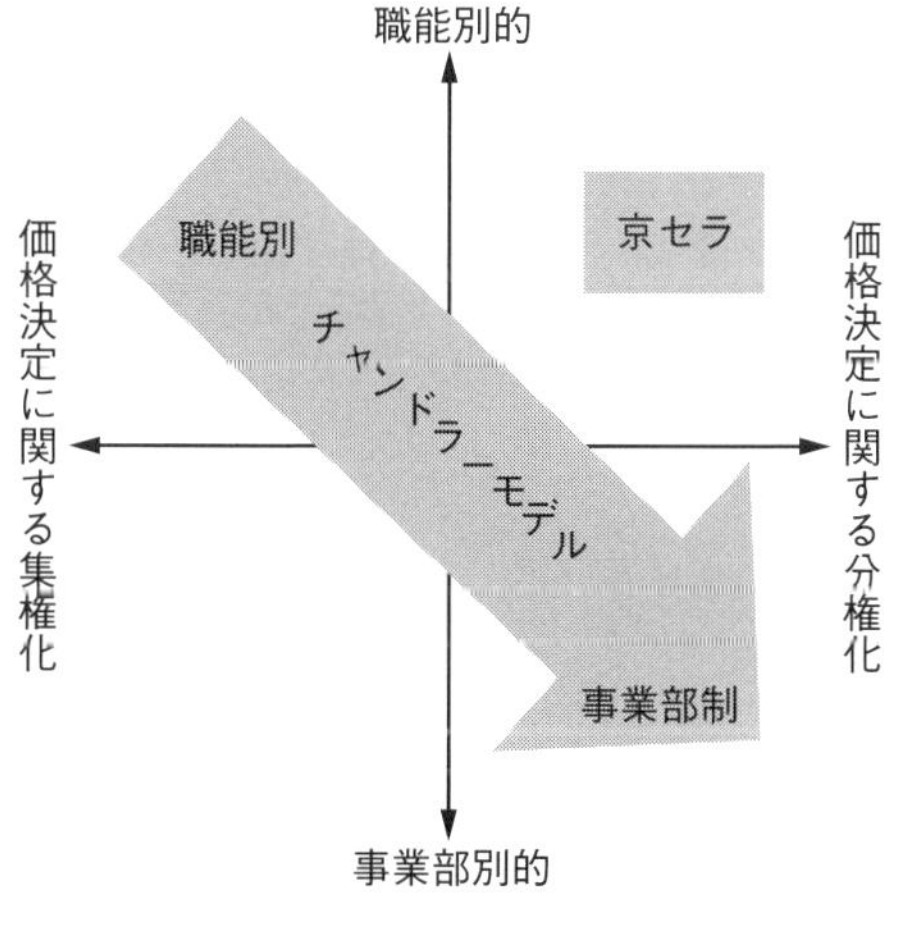

図4　チャンドラーの組織発展モデルと京セラのアメーバ組織

出所：上總・澤邉［2005］p.99

段は市場で決まり、利益は製造で生まれる」（KCCS［2004］p.67）という京セラの独自の認識に基づくものであり、「常に市場を意識して生産を行なう体制にする」（KCCS［2004］p.67）ためである。製造で生まれた利益のうちから、営業部門へは営業口銭（営業手数料＝売上高×口銭率）として利益の一部が分配される。

アメーバ経営では、各アメーバの利益が計算されるが、京セラではこのアメーバ利益のことを特に「部門別採算」と呼んでいる（KCCS［2004］p.60）。

〔製造部門〕　製造アメーバ利益＝売上高－製造経費－営業口銭　……①

〔営業部門〕　営業アメーバ利益＝営業口銭－営業経費　……②

〔会社全体〕　全社利益＝製造アメーバ利益＋営業アメーバ利益　……③

＝（売上高－製造経費－営業口銭）＋（営業口銭－営業経費）

＝売上高－製造経費－営業経費　……④

アメーバ経営では、製造部門が営業部門に対して営業口銭を支払うことになるが、このことは、商品の委託販売と同じ原理で部門別採算が計算されているのである。また、特に重要なことであるが、製造経費および営業経費には労務費が含まれていない。

ここから、「部門別採算」は、一般に付加価値と呼ばれる会計概念と同じであり、企業活動の社会全体に対する貢献を表す指標である（水野［一九九九］三〇八―三〇九、三二〇―三二一頁）。京セラでは、「現場の人たちが自らの活動結果を計算できる指標を持ち込むことで、どれだけの付加価値を生んでいるかを実感でき、創造的な活動を促す」（KCCS［2004］p.57）とされている。

右に指摘した製造経費には、次のような三つの経費が含まれている（KCCS［2004］p.58）。

直接経費　原材料費、金具・仕入商品費、外注加工費等

間接経費　　修繕費、電力費等
振替経費　　金利償却費、内部諸経費、部内共通費、工場経費、本社経費等

これらの経費は「独自ルール」に従って製造経費に振り替られるが、営業経費に関しても、同様の方法で振り替えられる。

通常、会計は専門的な知識を持った人でないと理解が難しいとされている。しかし、それでは、全員参加経営を目指し、会計数値を利用するアメーバ経営は成功しない。そこで、京セラでは、「売上や経費……を、現場で働く人たちが容易に把握できるようにする」（KCCS［2004］p.55）ことができる会計方法が工夫された。それが、「家庭の『家計簿』のように、シンプルに数字を捉える」（KCCS［2004］p.55）ために、通常の企業会計のような発生主義ではなく、現金主義に基づいてアメーバ利益を計算する部門別採算である（稲盛［二〇〇六］一六四—一六五頁）。

アメーバ利益は、具体的には、三つの「独自計算ルール」に基づいて計算される。第一は管理可能性の視点からアメーバ費用が計算されるので、アメーバ利益はアメーバリーダーにとって管理可能利益となる。第二は製造経費や営業経費の中には労務費が含まれていないことである。じつは労務費はアメーバ利益の中に含まれている。その理由は、労務費がアメーバリーダーの管理可能費ではないこと、そして「経営の本質」である「売上最大、経費最小」の追求は、労務費の抑制ではなく、従業員の創意工夫によって経営効率を向上することにあるとされている（KCCS［2004］p.62）。

第三は製造経費や営業経費の中に「金利償却費」が含まれていることである。京セラでは、「資産には金利がかかる」との認識から、明確な負担ルールに基づいて、各アメーバは自分が管理する資産に対して社内金利を負担しなければならない。聞取調査によれば、アメーバ経営では、各アメーバ組織が保有するすべて

の資産（流動資産および固定資産）について年率六％の金利償却費を負担しなければならない。かかる金利償却費は総資産にかかる資本コストの一種である。

4-2　資本コストを考慮した部門別採算

各アメーバにとって「経費」の一種である金利償却費を資本コストであると解釈すれば、部門別採算はいかなる意味を持つだろうか。金利償却費を資本コストとして解釈すれば、部門別採算は次のように展開できる。

部門別採算＝売上高－製造経費－営業経費 ………⑤
＝売上高－（直接経費＋間接経費＋金利償却費＋本社経費他）
＝売上高－（直接経費＋間接経費＋本社経費他）－金利償却費
＝売上高－（総原価－労務費）－資本コスト
＝売上高－総原価－資本コスト＋労務費
＝残余利益＋労務費 ………⑥

ここから、部門別採算は、資本コストを差し引いて会社に残される残余利益（residualincome: RI, Solomons［1965］pp.64-65）と労務費とを加算したものとなる。なお、議論を単純にするため、法人税等はゼロであると仮定した。

かくして、京セラの部門別採算は、残余利益を計算する計算構造とまったく同じである。さらに言えば、京セラフィロソフィでは、「自分の食い扶持は自分で稼ぐ」ことが強調されていたが、それは、次のように示すことができる。

残余利益（RI）＝営業利益－資本コスト
＝部門別採算－労務費　……⑦

従業員が自分の食い扶持（労務費）を自分で稼いだ残りは、疑いもなく残余利益である。一九九〇年代以降、市場における企業評価を強く意識した外部評価基準として、スターン・スチュワート社（Stern Stewart Co.）によって提唱された経済的付加価値（economic added value：EVA）が注目されている。一時ほどの勢いが無くなったとはいえ、EVAを標榜して企業価値の最大化を目指す企業価値経営が推奨されている（上總［二〇〇一］一一三頁）。

残余利益と経済的付加価値とは、計算構造が基本的に同じであるので、「資本コストが合理的に計算されていれば」という条件付きではあるが、京セラでは、部門別採算を通じて、かなり古くから経済的付加価値が計算されていたことになる（上總［二〇〇八］一四頁）。

4-3　大家族主義的経営と時間当り採算

アメーバ組織では、「全員参加経営」（KCCS［2004］p.4）の下で人に重点を置き、アメーバ組織の運営を通じて経営者意識を醸成し、つねに時代に則した新しいリーダーを育てているということが強調されている。とりわけ、創業以来京セラでは、全従業員の信頼関係に基づく「大家族主義」が貫かれている（KCCS［2004］p.38）。それは「機能体」ではなく、「共同体」としての組織が全面的に強調され、強烈な企業文化を作り出している。

大家族主義が強調される理由の一つは、細分化したアメーバ組織の自己利益のみを追求する部分最適化ではなく、あくまでも会社全体の利益を最大化する全体最適化を目指しているからである。とりわけアメーバ間の「値決め」交渉では、大家族主義にみられる「アメーバの枠を越えて全体を理解する」(KCCS [2004] p.38) ことが強く求められている(上總・澤邉[二〇〇五]一〇一頁)。

かくして、京セラでは、大家族主義の下で、「会社の経営数字をオープンにして、全従業員で経営状態を共有し合いパートナーシップで経営する」(KCCS [2004] p.4) という全員参加経営が貫かれている。そこで、改めて部門別採算の内訳を見てみよう。

部門別採算＝労務費＋残余利益
＝従業員給与＋経営者報酬＋内部留保 ………⑧

右記⑧式によれば、部門別採算(アメーバ利益)は、従業員給与、経営者報酬、そして内部留保から構成されている。将来の投資とリスクに備えて一定額の内部留保を確保すれば、残りの利益は従業員と経営者で分配できることになる。この利益分配の仕組みは、全員参加経営を目指すアメーバ経営の真髄である。

さらに、アメーバ経営では、アメーバリーダーが「原価管理ではなく、付加価値の創出を目指す」ために、時間当り採算がアメーバの業績評価基準として採用される(KCCS [2004] p.56)。時間当り採算は、次のように計算される(KCCS [2004] pp.58-59)。

〔製造部門〕 時間当り採算＝製造アメーバ利益／総時間 ………⑨
〔営業部門〕 時間当り採算＝営業アメーバ利益／総時間 ………⑩

⑨式と⑩式における総時間は労働時間を意味している。具体的には、「『総時間』とは、各アメーバに所属する従業員の一ケ月間の『定時間』と『残業時間』、間接部門からの『共通時間』、他アメーバからの『振替時間』を合計したものである。アメーバ間で応援などが発生した場合には、実績時間の振り替えを行い、また、間接部門の総時間についても応分に割り振る」(KCCS [2004] p.105) とされている。

時間当り採算は、アメーバ経営のための中軸的利益概念であるが、京セラでは、「時間当り付加価値」とも理解されている。時間当り労務費は時給を意味しているので、自分の食い扶持である時給を越える時間当り採算を稼ぐことの必要性はだれにも容易に理解できる。まさに全員参加経営を可能にする管理会計の仕組みである。

5 利益連鎖管理と機会損失の創出

5-1 時間当り採算の含意

アメリカでは、「ＲＯＩ公式は、投資中心点の業績評価のための鍵尺度として現在広く使われている」(Garrison and Noreen［1997］p.529) ので、資本利益率は管理会計実務ではいまなお最も重要な目標利益である。日本では、資本利益率を目標利益とする企業は比較的少なく、売上高利益率、利益、さらには売上高などが目標利益として使われている（上總［二〇〇三］九頁）。その理由は、資本利益率＝売上高利益率×資本回転率　として示されることから、例えば、「売上高利益率を目標利益とする場合には、資本回転率に影響を及ぼす日本的経営に支えられて、全体としては資本利益率による管理を実現できる」（上總［二〇〇三］一一頁）からである。日本では、「日本的経営との間に相互補完関係をもつことにより、ハイブリッド型日本的管理会計が発展してきたのである」（上總［二〇〇三］一一頁）。

かかる目標利益に関する日米事情からすれば、京セラが中軸的利益概念として採用している時間当り採算はかなり独自的なものである。潮清孝氏の主張にしたがって、資本利益率と時間当り採算の公式を対比して示せば、次のとおりである（潮［二〇〇八］一五四頁）。

$$資本利益率=\frac{利益}{資本}=\frac{利益}{売上高}\times\frac{売上高}{資本} \quad \cdots\cdots⑪$$

$$時間当り採算=\frac{利益}{時間}=\frac{利益}{売上高}\times\frac{売上高}{資本}\times\frac{資本}{時間} \quad \cdots\cdots⑫$$

いま、⑪式を⑫式に代入すれば、次の⑬式がえられる。

$$時間当り採算=資本利益率\times\frac{資本}{時間}=資本利益率\times時間当り投資額 \quad \cdots\cdots⑬$$

⑬式によれば、「時間当り採算とは、ＲＯＩをその構成要素のひとつとし、それに時間当り投資額を乗じたものである」（潮［二〇〇八］一五四―一五五頁）。時間当り採算を大きくするためには、資本利益率の構成要素である売上高利益率と資本回転率を改善することのみならず、さらに時間当り投資額を改善すること、したがって各アメーバに帰属する総労働時間をできるだけ短縮することが求められる。

さらに⑫式は、次のように変形できる。

$$時間当り採算=\frac{利益}{時間}=\frac{利益}{売上高}\times\frac{売上高}{時間} \quad \cdots\cdots⑭$$

$$=売上高利益率\times時間当り売上高 \quad \cdots\cdots⑮$$

この⑮式から、時間当り採算とは、売上高に時間当り売上高を乗じたものであると言うこともできる。この場合には、売上高利益率を一定とすれば、売上高を増大するか、あるいは時間を短縮すれば、時間当り採算を大きくすることができる。

かくして、時間当り採算は 資本利益率×時間当り投資額 あるいは売上高利益率×時間当り売上高 という二つの側面（機能）を持っていることになる。いずれの場合にも、アメーバで費やされる「時間」、つまり総労働時間を短縮することが有効となる。総労働時間には、定時間、残業時間、間接部門からの共通時間、他アメーバとの振替時間が含まれているので（KCCS［2004］p.105）、アメーバ経営では、これらの労働時間を削減する「スピード経営」が追求されることになる。

5-2 機会損失を回避する利益連鎖管理

アメーバ経営では、かかる時間当り採算を管理基準として、京セラフィロソフィの教育→強烈な願望と高い持続的目標→生産スピードアップ→時間当り採算の向上→余剰生産能力の創出→機会損失の創出→追加注文による余剰生産能力の解消→機会損失の回避→全社利益の増大という一連の連鎖プロセスを通じて利益連鎖管理（profit chain management：PCM）が展開されることになる（上總［二〇〇七］一三頁）。この利益連鎖管理には、発生した機会損失を回避する方法として、①速度連鎖効果と②余剰生産能力の他部門利用が含まれている。

①速度連鎖効果――利益連鎖管理には、一つのアメーバのスピードアップが他のアメーバのスピードアップを連鎖的に引き起こしていくメカニズムが内包されている。それは、個別アメーバの努力によって崩れた同期化状態を利用して、緊張状態を生み出し、それを契機としてより高いレベルで新たに同期化をはかる仕組みである。時間当り採算を介してアメーバ間で生じるこの経営改善のダイナミズムは、余剰生産能力の全社最適化を促す「速度連鎖効果」（Speed Linkage Effect：SLE）に他ならない（上總・澤邉［二〇〇五］一〇三頁）。そして、このアメーバ間で生じる速度連鎖効果こそがアメーバ組織が職能部門別組織の下で

編成されなければならない基本的な理由である。

いま、アメーバ組織には、製造アメーバと営業アメーバがそれぞれ一つずつ含まれており、受注残：六〇個、生産能力：一個／時間であると仮定しよう（上總［二〇〇八］二〇―二二頁、なお数値は潮［二〇〇八］一五六―一五八頁に統一した）。この条件では、六〇個の受注残を生産するのに六〇時間必要となる。ここで、京セラフィロソフィの教育を受けた製造アメーバリーダーが生産スピードアップに成功して、生産能力が二倍となり、一時間当り二個となったとしよう。受注残六〇個の生産時間は三〇時間に半減する。製造アメーバの時間当り採算は二倍になるが、アメーバ利益そのものは不変である。全社利益も変わらない。それだけに終わるならば、生産能力に余剰が生じるだけである（上總［二〇〇〇］一〇〇―一〇一頁）。重要なことは、明らかに三〇時間の余剰生産能力が存在しており、したがって機会損失が発生しているという認識である。

かかる状況において、営業アメーバリーダーは朝礼等を通じて余剰生産能力＝機会損失が発生していることを知らされる。彼もまた京セラフィロソフィの教育を受けているので、同じく強烈な願望と高い持続的目標を持って、製造アメーバで生じた余剰生産能力を解消するため、営業活動のスピードアップによる追加注文の獲得に努力することになる。追加注文六〇個が獲得できれば、生産能力の余剰をすべて解消される。したがってまた機会損失も回避される。この結果、製造アメーバの時間当り採算は当初の二倍となる。それればかりではない。製造アメーバと営業アメーバの利益もそれぞれ二倍となり、全社利益の増大に大きく貢献する。営業アメーバの活動による追加受注によって機会損失が回避されることになる。

②余剰生産能力の他部門利用――他方、あるアメーバのスピードアップによって生じた余剰生産能力（余剰人員）の一部を他のアメーバに貸し出すことにより、崩れた同期化状態をもとに戻すことができる。つ

まり、時間当り採算の分母である「総時間」には「振替時間」が含まれるため、余剰人員を他のアメーバに貸し出し、振替時間をマイナスにして総労働時間を減少させることにより機会損失が回避され、時間当り採算を向上させることができる（潮［二〇〇七］一五六頁）。

①の速度連鎖効果と同一条件の下で、製造アメーバで二〇時間の余剰生産能力が生じたので、これを営業アメーバへ貸し出すと仮定する。営業部隊が強化されたので、二〇個の追加注文を実現した。その結果、余剰生産能力＝機会損失は回避され、製造アメーバは時間当り採算一万円を実現し、会社全体も六六六七円に増加した（潮［二〇〇八］一五七―一五八頁）。かくして、各アメーバの個別最適化とともに会社全体の最適化も実現される。

最近の経営戦略論や管理会計論の研究では、競争優位性を確保する有力な手段としてスピードが強調されることが多くなった（上總［二〇〇〇］一〇〇―一〇一頁）。京セラでは、創業間もないころから、時間当り採算がアメーバ組織の業績評価に使われてきた。それは京セラ自身が「スピード経営」を時代に先んじて実践してきたことを意味している。

6 アメーバ経営のフィードフォワード型予算管理

6-1 市場の変化に連動したアメーバ利益管理

各アメーバリーダーは「時間当り採算」の達成を目指してアメーバ活動を経済的に管理しようと努める。しかし企業活動が市場を通じて展開される限り、いつも良好な状況が続くとは限らない。例えば、市場競争の結果、当初予定した価格よりも低い価格で受注せざるを得ないことが生じる。売上高が下がれば、当然ア

表3　売価の変化と時間当り採算

	変化前	変化後	差額	改善後	改善差額
売上高	100万円	90万円	▲10万円	90万円	
営業口銭（10%）	10万円	9万円		9万円	
製造経費	60万円	60万円		54万円	▲6万円
アメーバ利益	30万円	21万円	▲9万円	27万円	6万円
総時間	60h	60h		54h	▲6h
時間当り採算	5,000円	3,500円	▲1,500円	5,000円	1,500円

出所：KCCS［2004］p.68. 一部加筆。

メーバの部門別採算も下がる。アメーバ経営では、製造アメーバにも利益責任が課せられているので、これを放置するわけにはいかない。売上高の変化が「ダイレクトに採算に影響するため、コストダウンに対する意識が醸成される」（KCCS［2004］p.68）のである。アメーバ経営では、市場の変化に対応して、アメーバリーダーがアメーバ活動の部分最適化を目指して一層の努力を続けることになる。

他方、製造部門に原価責任しか課せられていない通常の場合には、市場の変化には営業部門が対応することであって、製造部門では予定した原価を達成していれば、差し当たり、それ以上努力する必要はない。もちろん、受注価格が製造原価を下回るような事態になれば、製造部門にも市場の変化に対応して原価引下げが要求されることになる。

このように、京セラの「売価を意識し、より多くの付加価値を創出する」（KCCS［2004］p.56）という考え方は、通常の製造部門に課せられる「原価引下げ」とは対極の考え方である。表3は売価の変化がアメーバ採算へ及ぼす影響を具体的に示したものである。

「変化前」の欄で、アメーバ利益は30万円（＝100万円－10万円－60万円）、時間当り採算は5,000円（＝30万円／60時間）としてそれぞれ計算される。しかし、「変化後」の欄で、競争激化により売値が九〇万円に下がったとすれば、アメーバ利益二一万円、時間当り採算三五〇〇円としてそれぞれ計算される。アメーバリーダーにとっては、「差額」の欄で、売値▲一〇万円を回復することは不可能である。

そこで、アメーバリーダーは、二つの選択肢によって時間当り採算を改善することになる。それは①アメーバ利益（部門別採算）を増加するか、それとも②総時間を減少するかである。もちろん①と②を同時に実現することも可能である。

①アメーバ利益の増加に関しては、受注価格が決定しているので、アメーバの製造経費を減らす工夫となる。もちろん関連アメーバ間の値決め交渉は残されている。各種提案、工程改善、自製品の新しい用途の開拓、新製品開発なども許されている。

②時間の減少は作業のスピードアップを意味している。具体的には、ごく単純には習熟による作業スピードの向上、歩留率の向上や不良品の減少による作業スピードの向上、作業方法や工程配置、段取りなどの改善などである。

これらの方法により、アメーバの時間当り採算は改善されることになる。再び表3の「改善後」欄と「改善差額」欄を見ていただきたい。いまアメーバリーダーが作業改善を進めて製造費用が六〇万円から五四万円に六万円（一〇％）の原価引下げと同時に、総時間が六〇時間から五四時間に六時間（一〇％）のスピードアップが可能になったとしよう。この場合の時間当り採算は五〇〇〇円となる。かくして、競争激化による売価下落から生じた時間当り採算の減少分が見事に補填されることになる。

それればかりではない。いったん製造経費の削減とスピードアップが実現されたならば、そこには、紛れもなく「機会損失」が発生することになる。この機会損失を回避するための営業活動がさらに展開され、全社利益の最大化が目指されることになる。

6-2　責任会計論に基づく徹底した予実管理

通常、責任会計論では、管理組織を形成するすべての管理者に対して、管理可能性の見地から会計数値を収集・編集して実績、予算、予算差異を記載した会計報告書を管理組織の最下層に位置する職長（foreman）を会計報告基点として、順次上位の管理者へ報告する階層的会計システムが強調される（上總［一九九三］一五六頁）。

アメーバ経営では、まず「時間当り採算を算出するためには、各部門の『収入』『経費』『時間』の実績を正しく捉えることが大変重要です」（KCCS［2004］p.63）、さらには「自分たちの活動と関係ない実績数字が計上されると、アメーバの経営状態が正しく掴めないばかりか、実感のわかない管理資料となってしまいます。あらゆる実績数字は、どのアメーバの活動によって、どれだけ発生したかが仕組みの上で明確になっていることが大切です」（KCCS［2004］p.63）とされており、責任会計論の要件の一つである管理可能性の見地から会計数値が捉えられている。

次に「各アメーバの時間当り採算表の数字は、その上位組織（課、部）の数字となり、最終的には会社全体の経営実績として集計されます」（KCCS［2004］p.62）とされ、組織最下層のアメーバリーダーから順次上位の管理者に向けて時間当り採算表が作成されている。さらに、「予定と実績の採算表を対比して、数字の差異理由を分析します。表面的な数字の差異だけではなく、差異が生じた真の要因を掴むことが重要です」（KCCS［2004］p.111）とされている。

いま便宜的に「予定」を予算と読み替えるならば、京セラの予実管理はまさに責任会計論の思考の下で展開されている。そればかりではない。「予定」にはもっと深い意味が含まれていた。稲盛和夫名誉会長は、このことに関連して、次のように指摘されている。

「予定を立案した後、アメーバリーダーは予定達成のため、メンバーに対して予定の内容を伝え、目標を周知徹底させなければならない。

目標を周知徹底させるということは、その目標が自分たちのものになるということである。どのメンバーに聞いても、受注、生産、売上、時間当りなどの今月の予定が、即座に口をついて出てくるまで共有化すべきである。そのうえで、予定達成のための具体的なアクションプランをメンバー個人までブレークダウンし、ひとりひとりがその目標を達成することが部門の予定達成につながるのだと実感させることが大切である。」（稲盛［二〇〇六］二二〇頁）

責任会計論では、予算とともに行動計画を設定することが暗黙の前提とされているので、管理可能性の見地から予算を組織単位に一致させること、つまり責任予算を作成することが強調されている。このため、行動計画がことさら強調されることはない。京セラの予実管理では、この責任予算に行動計画（アクションプラン）を結合したものが「予定」として作成されていたのである。その意味では、京セラの予実管理は、責任会計論よりも実行可能性が高く、より進化した管理会計である。

6-3　京セラの予実管理システム

予算管理では、予算が編成・実行された後に、「予算－実績＝予算差異」が把握され、この予算差異の原因を突き止めて、その原因を排除する対策を実行する。毎月、実績を把握し、予算差異がゼロになるまで繰り返される。通常の予算管理は、結果が起こってから行動するというフィードバック型予算管理であり、それは事後管理である。しかし、アメーバ経営では、フィードフォワード型予算管理が行われており、それは事後管理とは似て非なる事前管理に重点を置いている。

京セラのフィードフォワード型予算管理は、三カ年ローリングプランの策定、予定策定、予実管理という三つのプロセスから構成されている。図5は、京セラの予実管理システムの仕組みを示したものである。

この図によれば、マスタープラン策定では、三カ年ローリングプラン（RP）と呼ばれる中期経営計画が設定され、その第一年度がマスタープラン（MP）の基礎となる（KCMC［2010］）。次に社長方針と経営方針が経営者の「思い」として発表され、これを実現するため、各アメーバでは、次年度のマスタープランが策定されるが、ローリングプランとマスタープランとの差異がマスタープラン差異（MP差異）として認識され、このMP差異がゼロになるまで、何度もマスタープランが検討される。社長ヒアリングを経て必要な修正を施した上で全社のマスタープランが確定され、同時にそれが三カ年ローリングプランの第一年度分となる。マスタープランは経営者とアメーバリーダーの「共通の思い」であり、次年度の必達目標である。このマスタープラン策定はもちろん事前管理である。通常、マスタープランの数値は前年度をかなり大きく上回っている。聞取調査によれば、ある部門では前年度比で二〇％を超えるとされている（KCMC［2010］）。

次に、各アメーバリーダーはこのマスタープランを達成するため、一年間を通じてアメーバを管理することになるが、その際に必達目標である予定が毎月

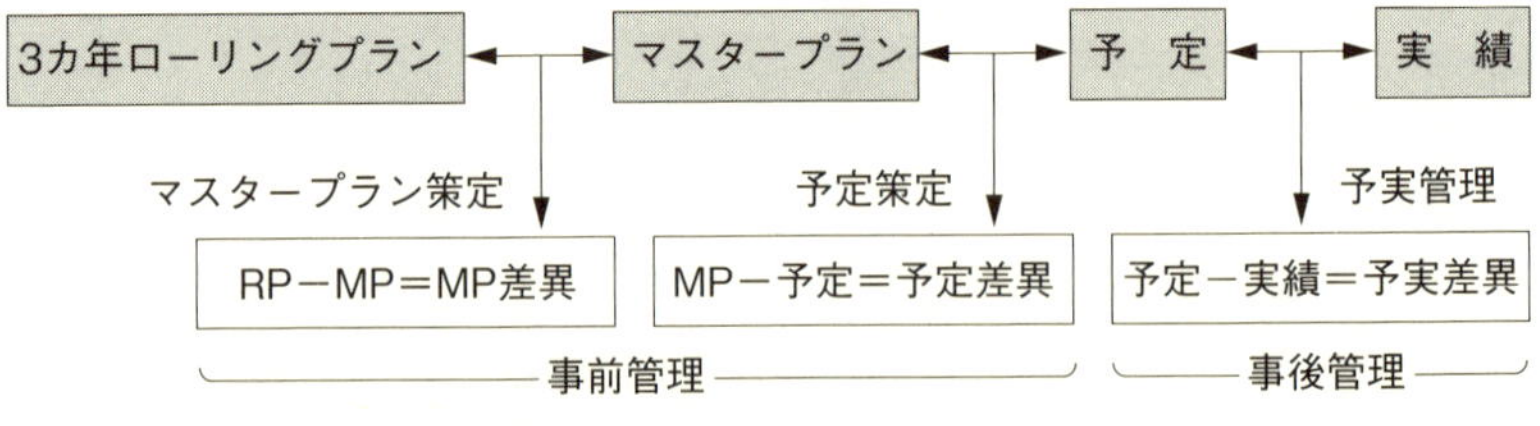

図5　京セラの予実管理システムの仕組み

策定される。この予定策定では、マスタープランと予定との差異が予定差異として認識され、この予定差異がゼロになるまで、何度も予定が策定される。ここでも経営者の思いがアメーバリーダーの思いとして予定に浸透するまで繰り返されるのである。この予定策定は、結果を知ってから行動する事後管理ではなく、明らかに将来起こりうる結果を予測して行動するフィードフォワード型予算管理、つまり事前管理である（丸田［二〇〇五］第5章参照）。

予定が確定されると、この予定の必達を目指して月次さらには毎日のアメーバ管理が行われることになる。月末には、予定と実績とが把握され、予実差異が認識される。同様に各年度の予定累積額、実績累積額、さらに予実差異累積額も把握される。予実差異がゼロになるまで、日次管理の積み重ねを通じて、原因の究明、対策の検討、実行という月次の予実管理が繰り返される。同時に、原因を除去する行動計画を検討する次月の予定策定も行われる。ここから、予実管理は事後管理ではあるが、事前管理である予定策定も同時に進行するので、外見的には両者を区分することはかなり難しい。しかも京セラでは、事後管理ではなく、事前管理を重視している（KCMC［2010］）。その結果、予実管理は事前管理の様相を強く持つことになる。

7 日本を代表する独自の優れた管理会計システム

周知のように、日本的経営は終身雇用制度、年功序列賃金、企業内組合のいわゆる「三種の神器」に特徴づけられる雇用関係として注目されてきた。「この中でも終身雇用制度は日本型経営の中核として位置づけられている」（吉田［一九九六］一七頁）。日本的経営の下では、人件費は変動費ではなく、固定費とみなされている。このため、従業員に対する「費用対効果」の視点は「費用」を所与として、むしろ「効果」に向

表4　GMと京セラの管理会計の比較

要素＼会社名	ゼネラル・モーターズ	京セラ
経営形態	分権的経営	大家族主義経営
組織構造	事業部制組織	アメーバ組織
中軸的利益概念	資本利益率	時間当り採算
管理方式	事後管理	事前管理
管理会計システム	チャート・システム	予実管理システム

けられており、全員参加経営を実践する中で従業員の創意工夫による絶大な成果が期待されている。企業では、教育・訓練、研究開発、製造技術の習熟、生産性の向上を通じて、従業員に対してより大きな将来収益力を創出することが期待される（吉田［一九九六］三六頁）。京セラでは、基本的には、余剰人員を解雇しない。むしろ余剰人員を積極的に活用することによって将来収益力を増強していた。管理会計的な視点で見れば、時間当り採算を利用して機会損失を創出し、この機会損失を回避するプロセスを通じて全員参加経営の下で経営改革が行われ、将来を注意深く予測するＦＦ型予実管理システムを駆使しながら、結果として、高収益企業となったのである。

以上、本稿では、京セラの管理会計実践を比較検討してきたが、これらの検討結果をＧＭのそれと比較すれば、表４のとおりである。

かつてＧＭでは、資本利益率を中軸的利益概念として、投資決定、価格戦略、予算管理の展開を可能にする管理会計システムがチャート・システムとして利用された。それが世界一の巨大企業としてのＧＭの発展を支えてきた大きな要因の一つであった。他方、京セラでは、時間当り採算を中軸的利益概念として、細分化したアメーバ組織の部分最適化と全体最適化を同時に可能にするＰＣＭ（利益連鎖管理）が予実管理システムの下で展開されている。京セラはこのＰＣＭにより大躍進を遂げ、日本を代表する超優良企業となった。時代と国籍を超えて、京セラの管理会計システムは、ＧＭの管理会計システムと比べても全く遜色ない。京セラの管理会計システムは、激しい国際競争時代に十分耐えうる純国産の優れた管理会計システムの一つに他ならない（上總・澤邉［二〇〇六］一八八―一八九頁）。

引用文献

Briers, M. and W.F.Chua [2001] "The Role of Actor-Networks and Boundary Objects in Management Accounting Change: A field Study of an Implementation of Activity-Based Costing," AOS, Vol.26, No.3, pp.237-269.

Chandler, A. D., Jr. [1962] *Strategy and Structure: Chapters in The History of The Industrial Enterprise*, Cambridge, Massachusetts: MIT Press.

Cooper, R. [1994] *Kyocera Corporation: The Amoeba Management System*, Boston, Masachusetts: Harvard Business School.

―― [1995] *When Lean Enterprises Collide: Competing Through Confrontation*, Boston, Massachusetts: Harvard Business School Press.

Garrison R.and E.W.Norreen [1997] *Managerial Accounting*, 8th ed., Chicago,Ricard D. Irwin.

Solomons, D. [1965] Divisional Performance: Measurement and Control, Homewood, Illinois: Dow Jones-Irwin. 櫻井通晴・鳥居宏史監訳［二〇〇五］『事業部制の業績評価』東洋経済新報社。

稲盛和夫［一九九八］『稲盛和夫の実学――経営と会計――』日本経済新聞社。

――［二〇〇六］『アメーバ経営――ひとりひとりの社員が主役――』日本経済新聞社。

潮清孝［二〇〇八］「京セラ・アメーバ経営の時間当たり採算公式と利益連鎖管理」『企業会計』第六〇巻第三号、一五一―一五九頁。

上總康行［二〇〇〇］「原価計算はスピードにいかに対応してきたか」『企業会計』第五二巻第八号、一〇〇―一〇一頁。

――［二〇〇二］「企業価値創造経営のための管理会計システム―EVA評価法の登場―」『経営研究』（大阪市立大学）第五一巻第四号、一―一九頁。

――［二〇〇三］「日本的経営にビルトインされた管理会計技法―ハイブリッド型日本的管理会計―」『企業会計』第五五巻

第四号、五―一二頁。

――［二〇〇七］「京セラの大家族主義経営と管理会計―アメーバ経営と時間当たり採算―」『管理会計学』第一五巻第二号、三―一七頁。

――［二〇〇八］「GMと京セラの管理会計比較研究」『立教経済学研究』第六一巻第四号、一―二五頁。

――［二〇一〇］「機会損失の創出と管理会計―― 京セラとキヤノン電子の事例研究から――」『企業会計』第六二巻第三号、四―一三頁。

――・澤邉紀生［二〇〇五］「京セラのアメーバ経営と利益連鎖管理（PCM）」『企業会計』第五七巻第七号、九七―一〇五頁。

――・――［二〇〇六］「次世代管理会計のフレームワーク」上總・澤邉編著『次世代管理管理会計の構想』第1章、中央経済社。

京セラ［二〇〇九］『CSR報告書二〇〇九』京セラ。

――［二〇一〇］公式HP「社是・経営理念」http://www.kyocera.co.jp/company/philosophy/index.html
京セラコミュニケーションシステム（KCCS）［二〇〇四］『京セラアメーバ経営ゼミナール』配布資料、第9版、二〇〇四年一〇月一一日。

KCCSマネジメントコンサルティング（KCMC）［二〇一〇］「聞取調査」代表取締役副会長藤井敏輝氏、二〇一〇年六月一日、京都支社（京都市下京区）。

櫻井通晴［一九九一］『CIM構築――企業環境の変化と管理会計』同文舘出版。

丸田起大［二〇〇五］『フィードフォワード・コントロールと管理会計』同文舘出版。

水野一郎［一九九九］「付加価値管理会計とスループット会計」『関西大学商学論集』第四四巻第四号、三〇七―三二五頁。

三矢裕［二〇〇三］『アメーバ経営―ミニ・プロフィットセンターのメカニズムと導入―』東洋経済新報社。

吉田和男［一九九六］『解明　日本型経営システム』東洋経済新報社。

3

澤邉紀生

賢慮を生み出すアメーバ経営
──経営理念を体現した管理会計の仕組み

1 はじめに

管理会計の役割は、具体的な経営目標を達成するために財務的な観点から計画を策定し、行動を統制し、成果を評価することにある。経営理念は、企業の存在意義や基本的な価値観を示すことで、経営目的を明らかにし、具体的な経営目標設定の前提となる枠組みを与えている。この意味で、経営理念を前提として管理会計の役割は理解することができるはずである。

そこで、本章では、京セラのアメーバ経営における経営理念と管理会計の関係を分析することで、経営理念を管理会計がどのように体現しているのか、また、経営理念を体現することでどのような役割を管理会計は果たしているのか、を明らかにしたい(1)。

その際に、アリストテレスの述べた三つの知のあり方、すなわち科学知（エピステーメー）、技術知（テクネー）、賢慮（フロネーシス）を手がかりに分析を進めていく(2)。というのも、具体的な目標を達成するための手段として位置づけられる管理会計は技術的な性格を色濃く持っており、それに対して経営理念は価値判断に関わるものであり、単純な技術的問題に還元することはできないからである。さらに、個別具体的な問題を扱う技術的な世界を分析することを通じて、一般抽象的な世界の視点である科学知への貢献を目指そうというのが本章の立場である。

本章の構成は次のようになっている。まず、本章の分析の基礎であるアリストテレスの賢慮という概念について説明する。続いて、京セラの経営理念である京セラフィロソフィーの特徴を整理し、それが管理会計にどのように体現されているかを明らかにする。その上で、京セラフィロソフィーを体現したアメーバ経営の管理会計が、アリストテレスのいう賢慮の観点からどのような働きをもっているのか分析する。最後に、京セラにおける経営理念と管理会計の関係が、管理会計理論にとってどのような含意をもっているのかを述べてまとめにかえる。

2 科学知・技術知・賢慮

近年、組織論や政治学の分野でアリストテレスの三つの知の概念のひとつである賢慮（phronesis）を分析視角としてもちいた研究が行われ始めている。例えば、政治学の分野ではFlyvbjerg［2003］が『社会科学を有用にする』（*Making Social Science Matter*）という著書において、社会科学それ自体の課題と特徴を活かす形でその有用性を高めるために「賢慮」を中心に据えた研究を行う必要性を主張している。また、組織論においては、Nonaka& Toyama［2007］などが戦略の生成を「賢慮」概念に基づいて分析する一連の研究を行っている。

古代ギリシャでは、知識には三種類あると考えられていた。「科学知」「技術知」「賢慮」である。科学知とは、一般抽象的なレベルにおいて、理論的に「なぜ」（WHY?）を説明する知のあり方である。ある出来事がなぜ生じるのかを一般抽象的に説明するのが科学知である。科学知は、個別具体的な文脈に関わりなく常に成立するような抽象的な知識の体系であり、普遍性を重視する。

技術知とは、現実において具体的に「どのように」（HOW?）すれば何ができるのかを示すような知のあり方である。技術知は、技術的なノウハウを教える具体的な知識の体系であり、技術知を適用することで対象を操作し実際に何かができることを重視する。

「賢慮」は、技術知でもなければ科学知でもない第三の知として、アリストテレスがその重要性を強調した知のあり方である。

> 賢慮とは、「人間的な諸般の善に関しての、ことわりがあってその真を失わない実践可能の状態」である（アリストテレス［一九七一］二二四―二二六頁）。

アリストテレスによれば、賢慮とは、徳によって定められる正しい目的を実現するために、個別具体的な状況に応じて適切なてだてをとり、「よく生きる」ための知のあり方である。このような賢慮という知識のあり方からすると、科学知の持つ普遍的真理は具体的な現実と結びつかないかぎり意味がなく、技術知の持つ技術的能力は倫理的な価値の実現と結びつけられないかぎり有用とはなり得ない。科学知の普遍的真理と技術知の技術的能力に人間社会における意味と有用性を与えるのは人間であり、その人間が持つべき知のあり方が賢慮である。自らをもその一部とする社会の正しい目的のために、自分がおかれた現実の状況（コンテキスト）のなかで科学知や技術知を適切に利用する知のあり方が賢慮である。

賢慮という知のあり方は、科学知や技術知とは異なる作法で、普遍性と具体性を結びつけている。科学知は、普遍性を理論的な因果関係のレベルで求めているのに対して、賢慮は「正しさ」という倫理的なレベルで普遍性と結びついている。技術知は、技術的なノウハウのレベルで具体性を持っているのに対して、賢慮は状況に応じて知識を活用する「適切さ」のレベルで具体的な現実と関わっている。技術知は、技術的ノウハウを通じて具体的な現実に影響するのに対して、賢慮は知識を「適切」に活用することを通じて、現実の一部を構成する。賢慮という知のあり方において、個別具体的な状況の理解は出発点としてきわめて重要ではあるが、状況は与えられるものではなく作り出すものなのである。

以下では、賢慮を鍵概念として、京セラのアメーバ経営における管理会計実践の分析を行う。京セラのアメーバ経営における経営理念と管理会計の関係を明らかにすることを通じて、個別具体的な状況のなかでの管理会計実践が、どのように倫理的な意味で普遍性と結びつきつつ、具体的現実を作り出しているのか理解することを目指す。

3 京セラフィロソフィーの特徴

京セラのアメーバ経営の大きな特徴は、京セラフィロソフィーとして知られる経営理念が重視されていることである。創業者の稲盛名誉会長が強調しているように、京セラフィロソフィーは経営の根幹として位置づけられている（稲盛［二〇〇六］）。京セラにおける経営理念の重要性は、徹底した経営理念教育にも見て取れる。京セラでは、公式な社員教育の一環としてフィロソフィー教育が幅広く行われており、朝礼などを通じて組織の末端にいたるまで日常的に京セラフィロソフィーを意識する機会が設けられている[(3)]。

また、後述のように、京セラフィロソフィーは、単に理念として強調されるだけでなく、アメーバ経営のメカニズムのなかに組み込まれており、具体的な経営実践の様々な局面における意思決定や反復的行動に反映されている[(4)]。本節では、京セラフィロソフィーと管理会計の関係を理解するために、まず京セラフィロソフィーの内容を概観し、次節以降の検討の準備を行う[(5)]。

管理会計との関連から捉えた場合、京セラフィロソフィーは「大家族主義」「市場基準競争主義」「理想主義」「現実主義」としてまとめることのできる四つの基本的な考え方から特徴づけられる。この四つの基本的な考え方は、社是、経営理念、京セラ経営一二か条を中心とする明文化された京セラフィロソフィーを特徴づけるとともに、管理会計実践のなかに色濃く反映されている。

「大家族主義」は、京セラフィロソフィーを最も鮮明に特徴づけている考え方である。「大家族主義」は、経営理念に明示されている有名な文言「全従業員の物心両面の幸福の追求」に象徴されている考え方で、従業員を家族の一員であるかのように大事にするという価値観を示している。京セラという組織の存在意義を「従業員」という仲間の幸福においているのが「大家族主義」である。また、経営一二か条にある「思いやりの心で誠実に」（第一一条）といった文言も「大家族主義」を示していると理解できる[(6)]。

日本企業の多くが「顧客」を自社の存在意義として経営理念の中心に位置づけているのに対して、京セラフィロソフィーでは「従業員」を中心におき、価値判断の基礎としている[(7)]。また、創業間もない時点での労働争議を経て確立され、それ以降は揺らぎなく京セラの経営理念の根幹を支え続けた考え方となっているという意味でも「大家族主義」は京セラフィロソフィーを特徴づけている。

「市場基準競争主義」は、組織内部における競争を重視するという考え方であり、具体的にはアメーバ同士の競争を奨励するものである。ここで、「市場」は市場価格を媒介として、アメーバ同士の健全な競争の基準を提供している。市場基準競争主義は、京セラの経営一二か条にある「値決めは経営」（第六条）や「売上を最大限に伸ばし、経費を最少限に抑える」（第五条）、さらには「誰にも負けない努力をする」（第四条）や「燃える闘魂」（第八条）といった文言に象徴されている考え方である。

「理想主義」は、現状に満足することなく常に前向きに高い理想を掲げるべきであるという考え方であり、また気持ちを大事にすることで現実を変えていくことができると信じる考え方である。京セラフィロソフィーをみると、人の心や感情・気持ちを重視するロマン主義的な傾向が強くうかがえる。理想主義は、経営一二か条にある「強烈な願望を心に抱く」（第三条）、「経営は強い意志で決まる」（第七条）、「勇気をもって事に当たる」（第九条）、「常に創造的な仕事をする」（第一〇条）などに見られる考え方であるが、「常に明るく前向きに、夢と希望を抱いて素直な心で」（第一二条）に最も明確に示されている考え方である。

「現実主義」は、現実にしっかり根ざして目的を明確にして具体的な成果をあげていくべきであるという考え方である。これは、経営一二か条の「事業の目的、意義を明確にする」（第一条）や「具体的な目標を立てる」（第二条）といった文言に象徴されており、現実の意味を考えつつ仕事に取り組むことで具体的な目標を実現していかねばならないとする考え方である。

京セラフィロソフィーを特徴づける四つの考え方は、それぞれが明確な価値規範を提供する内容になっている。「大家族主義」は家族の一員のように同僚や部下あるいは上司を大事にすること、「市場基準競争主義」

はアメーバ間の健全な競争の促進、「理想主義」は前向きに夢をもって創造的な仕事をすること、「現実主義」は仕事の目的を明確にして具体的な目標を実現すること、というように、それぞれの考え方ひとつひとつは抽象的でありながらも理解しやすいものとなっている。

しかし、これら四つの考え方の相互の関係を考えると、京セラフィロソフィーは必ずしも簡単に理解できるようなものではなさそうだということが予想される。というのも、ひとつひとつの考え方は理解しやすく納得しやすいものであっても、それらを同時に追求しなければならないとすると現実には両立することが難しいような状況があると考えられるからである。例えば、大家族主義と市場基準競争主義の間や、理想主義と現実主義の間に、潜在的な緊張関係が存在することは容易に想像できる。この点について検討する前に、京セラフィロソフィーのこれら四つの基本的考え方が管理会計にどのように反映されているのかについて次節で確認する。

4 京セラフィロソフィーを反映した管理会計

本節では、前節で確認した京セラフィロソフィーの四つの特徴が、管理会計にどのように反映されているのかを検討する。

4-1 管理会計システムに反映された大家族主義：アメーバ利益の計算構造

社員を家族の一員のように大事にするという「大家族主義」の考え方は、アメーバ経営の業績評価指標であるアメーバ利益の計算構造に反映されている。(8) 本書の上總論文のなかで説明されているように、アメーバ経営の根幹はアメーバ利益を主軸とした予算管理にある[9]。

アメーバ利益の計算構造は次のようなものである。

アメーバ利益＝付加価値[10]－（他人資本利子＋自己資本利子）
＝残余利益＋経営者報酬＋労働者賃金

付加価値＝売上高－（原材料費＋外注加工費＋水道光熱費＋消耗品費＋当期商品仕入高）±
棚卸資産に含まれる前給付原価の修正

この計算構造から明らかなように、アメーバ利益の計算において、経営者の報酬や労働者の賃金は、費用ではなくアメーバ利益の一部となっている。それに対して、通常の純利益の計算では費用には含まれない自己資本利子がアメーバ利益の計算では費用として控除されている。

アメーバ利益の計算構造の理解を深めるために、通常の日本の株式会社における純利益の計算構造を示すことにする。

純利益＝付加価値－（他人資本利子＋経営者報酬＋労働者賃金）
＝残余利益＋自己資本利子

通常の純利益の計算において、経営者報酬や労働者賃金は他人資本利子とともに費用として扱われている。それに対して、株主の取り分である自己資本利子は利益の一部となっている。このような利益計算構造をとることで、株式会社の利益は株主に帰属するものであることが明確となっている。

株式会社の純利益の計算構造とのアナロジーをさらに進めると、アメーバ利益の計算構造は、アメーバ利益が経営者と労働者に帰属することを示していると考えられる。経営者と労働者の取り分が費用ではなく、利益の一部である以上、その利益は経営者と労働者に帰属すると考えるのが自然だからである。

アメーバ利益は、ひとつひとつのアメーバの業績評価指標であるが、その単純和は会社全体をひとつのアメーバとしてみた場合のアメーバ利益と一致するという特徴を持っている[11]。アメーバ利益の単純和が会社全体の利益と一致するということから、ひとつひとつのアメーバにおけるアメーバ利益の計算構造の持つ意味は、会社全体をひとつのアメーバとみなした場合にも成立する。したがって、会社全体のレベルでもアメーバ利益は経営者と労働者に帰属すると考えてよい。つまり、アメーバ利益を業績評価指標とするかぎりにおいて、会社の利益は社員（経営者と労働者）のものなのである。

このような特徴を持つアメーバ利益の計算構造が「大家族主義」の考え方と合致していることは明らかである。ここではさらに、業績評価指標としてのアメーバ利益のインセンティブを検討することで、アメーバ利益の計算構造が「大家族主義」の考え方を反映していることを確認する。

アメーバ経営における最小の会計責任単位であるアメーバは、アメーバ利益の最大化を目指して行動計画と予定を作りこみ、その実現を目指して努力することになる。ここで、アメーバ利益の計算構造では、人件費が費用ではなく利益の一部であるため、人件費を抑制しようとするインセンティブは働かない[12]。つまり、通常の業績評価指標を利用している企業ならば、リストラなどによって人件費の抑制をはかろうとするような状況であったとしても、アメーバ利益を業績評価指標とする限りにおいて、「大家族主義」に反するような社員のリストラを行おうとするインセンティブはアメーバに働かないのである。

このようなアメーバ利益の持つインセンティブについては、聴き取り調査においても確認されている。例えば、KCCSのトップマネジメントの一人は、「京セラでは人件費は最小化の対象とせずに、事業の拡大により付加価値を創出し、利益を増大させることで、より多くの給与を与えたい」（二〇〇四年七月二七日の経営管理部門経験者への聴き取り調査より）と述べている。これは人件費を圧縮することで業績を向上させようとするインセンティブや考え方が、アメーバのレベルだけでなく、その上位のレベルにおいても認められていないことを示している。

4-2 管理会計に反映された市場基準競争主義：時間当りアメーバ利益をめぐるアメーバ間の競争

市場の動向を常に意識しつつアメーバに競争意識を持たせるという「市場基準競争主義」の考え方は、アメーバ利益と「時間当りアメーバ利益」という二つの業績指標をあたかもゲームの得点表のように扱う業績評価システムの運用方法に反映されている。[13] ここで、時間当りアメーバ利益とは、先述のアメーバ利益をアメーバの総労働時間で除したものである。

時間当りアメーバ利益＝アメーバ利益／総労働時間
（ただし、総労働時間は当該アメーバの当該会計期間における総労働時間）

時間当りアメーバ利益を向上させるためには、アメーバ利益を増大させるか、総労働時間を削減するかしかない。アメーバ利益を増大させるためには、売上を伸ばし、経費を削減することで付加価値を増やすか、金融コストを圧縮する他ない。そこで、市場環境の変化を読んで適切な「値決め」をすることがアメーバにとっては死活問題となり、「売上最大、経費最小」に向けてアメーバは様々な工夫をすることになる。この効果は、通常は市場とは全く関わりのない製造部門のような社内部門が、市場の動向を意識して努力し、創意工夫を行うよう方向付けることにある。また、総労働時間は、能率を改善することで減少することができるため、時間当りアメーバ利益を業績評価指標とすることで、それぞれのアメーバは能率の向上をはかるよう意識付けられる。これらの効果は、アメーバ利益と時間当りアメーバ利益がアメーバに対して持っている効果である。

アメーバ経営における市場基準競争主義のユニークさは、これら二つの業績評価指標をゲームの得点表のように扱い、アメーバ間の競争を促進していることにある。アメーバ経営における業績評価指標は、上位の管理者がアメーバの業務の進捗状況を把握するためだけに用いられているのではなく、かといってそれぞれのアメーバが自分たちの業績を確認するためにだけでもなく、ライバル関係にあるアメーバ同士がそれぞれの得点の推移をみるためにも活用されているのである。そのために、京セラでは、アメーバの業績をはじめとする内部管理指標が社内的に公表され、自分たちの得点がライバルと比較することができるようになっている。経営管理部門の重要な役割のひとつは、アメーバ同士の健全な競争環境を整え、とくに業績情報を遅滞なく公表することにある。

アメーバ同士の競争意識を重視するこのような考え方については、われわれが製造現場においてアメーバリーダーに聴き取りを行った際にも確認されている。「生産活動というのは非常にパワーがいるところですので、お互いのアメーバは競争せんといけない。手は出してはいけないけども口げんか口論するくらいはないといけない」(二〇〇四年九月二一日アメーバリーダーに対する聴き取り調査より)。これは市場基準競争主義の考え方が、経営管理層だけでなく、現場レベルのアメーバリーダーにも浸透していることを示している。

4-3　管理会計に反映された理想主義：高い目標の設定

現状に満足することなく常に前向きに高い理想を掲げ、強い意志をもって理想に現実を近づけていくことができるという「理想主義」の考え方は、アメーバが自らの目標を設定する局面に鮮明に反映されている。

アメーバ経営では年度レベルのマスタープランに対応した月次レベルの予定をアメーバ単位で策定してい

る[14]。アメーバの月次予定では、アメーバ利益と時間当りアメーバ利益について具体的な数値目標が設定される。アメーバリーダーを中心としてそれぞれのアメーバは自らの月次予定の目標を設定する。自ら設定した目標は、アメーバにとって会社に対する約束となり、その実現へ向けて自らを鼓舞していくことになる。この意味で、アメーバの月次予定は、「自己管理に基づく目標管理」（Drucker［1973］）を体現しているといえる。

アメーバが自らの目標を設定する際に求められるのが、「理想主義」に基づいた高い目標である。自ら設定する目標といえども、その目標は簡単に実現できるようなものではだめで、努力に努力を重ねた上でどうにか達成できるかどうかといった高い水準であることが求められている。アメーバリーダーが設定する目標は、アメーバリーダーが自らの責任を正しく理解したうえで、自分の創意工夫と努力によって達成すべき目標である。だからこそ、その目標は簡単に実現できるようなものであってはいけない。このような理想主義的な考え方が、フィロソフィー教育を通じて、またアメーバ会議などの日常業務のなかでアメーバリーダーに浸透していっている。

われわれの聴き取り調査でも、自己管理の基本となる目標の意味について、現場レベルのアメーバリーダーから、中間管理層、さらにはトップマネジメントまで共通した理解がもたれていることが確認できている。例えば、経営管理部門責任者の表現では、「目標についても高い目標を持とう、予定を組むときにも手の届くものではだめ、高い目標に挑戦することが重要、と会議を通じて教えられる」（二〇〇四年九月一三日経営管理部門経験者に対する聴き取り調査より）と述べられている。製造現場のアメーバリーダーは、「受注の絡みもありますが………、高い目標を立てて高い目標に向かっていくというのが名誉会長の言われているフィロソフィーで、………、常に高い目標を立てて取り組むようにしています」（二〇〇四年九月二一日製造アメーバリーダーに対する聴き取り調査より）と説明している。そのアメーバリーダーの上司に当たる課責任者は、「目一杯高い目標を組んでそれにしがみついていくというスタンス」（二〇〇四年九月二一日製造アメーバリーダーの上司に対する聴き取り調査より）が基本と話す。アメーバの目標設定は現場が自主的に行うべきであるが、それと同時に、現場の責任者には付与された自主性に見合った高い理想を要求するという「理想主義」的な考え方がここには見られる。

4-4 管理会計に反映された現実主義：具体的行動計画を織り込んだ予定の作り込み

現実にしっかり根ざして目的を明確にして具体的な成果をあげていくべきであるという「現実主義」の考え方は、アメーバの月次予定の組み方に見られる。月次予定は、アメーバが目標を達成するために策定する財務数値を中心とする計画である。アメーバ経営では、月次予定の策定にあたって、その月次予定を構成する各種の数値のひとつひとつについて、現実的な根拠が要求される。数値の根拠は、堅実な現実認識と細部にわたって詰められた行動計画である。つまり、月次予定の数値が絵に描いた餅にならないように、現実にしっかり根ざして具体的な行動を通じて実現される見通しをたてることがアメーバリーダーには求められているのである。

アメーバ経営では、月次予定の策定・実行・検討・修正行動というＰＤＣＡの各段階のうち、計画の作り込みを特に重視する。実績が目標を達成しているかどうかはもちろん重要であるが、目標と実績が乖離することそのものが問題なのではなく、目標と実績がなぜ乖離してしまったのか、計画策定の段階で事前に対応することがなぜできなかったのかが、担当者と上司の間で厳しく検討されるのである。「普通世間一般で言うたら実績ですから数字が良ければ評価されるんですよね。………我々の場合は計画がものすごい重要なんです。………いかに計画を精度良くやるかということですよね」（二〇〇四年九月二一日アメーバリーダーに対する聴き取り調査より）。また経営管理部門経験者によれば「予定の作り込みで、数字と行動計画が一体化させることが重要」（二〇〇六年七月四日聴き取り調査より）であり、上司は部下の予定にある数字の裏付けを細部まで要求する。

計画策定局面の重視は、伝統的な管理会計がフィードバック型のコントロールであるのに対してアメーバ経営がフィードフォワード型のコントロール（丸田［二〇〇五］）となっていることを示すとともに、アメーバリーダーを中心とする現場におけるダブルループ型の学習能力を促進する効果を持っていることを示唆している。その出発点にあるのが、堅実な現実認識であり、また、簡単には実現できない高い目標を達成するために錬られた具体的な行動計画を伴う予定なのである。

アメーバ経営において、管理会計はわれわれが四つの考え方として捉えた京セラフィロソフィーを忠実に反映している。アメーバ経営では、業績評価指標の計算構造や管理会計情報の組織内公開を進める情報システムといったシステムデザインのレベルから、目標の立て方や月次予定の組み方といった管理会計システムの運用にかかわるレベルまで、京セラフィロソフィーが組み込まれて管理会計実践が作り上げられているのである。京セラのアメーバ経営において、経営理念と管理会計は不可分となっており、この点こそがアメーバ経営における管理会計を特徴づけている。

5 根源的な矛盾とアメーバリーダーの挑戦

第2節において京セラフィロソフィーを四つの考え方として捉えた際に問題提起しておいたように、われわれの京セラフィロソフィーの捉え方が正しいならば、四つの基本的な考え方が相互に衝突するような状況が生じうる。「大家族主義」「市場基準競争主義」「理想主義」「現実主義」という四つの考え方ひとつひとつは、組織レベルでみても個人レベルで見ても多くのひとが納得できる価値規範を示している。しかし、現実の問題として、複数の基本的な考え方を同時に追求することが根本的に矛盾しているように思われる状況が考えられるのである。

もちろん、四つの基本的な考え方のどれひとつをとってみても、その考え方に基づいて現実に意思決定を行い行動し成果を出していくことは簡単ではない。経営理念を実現していくためには、しっかりした心構えと不断の努力が必要とされる。このような困難さは、いわば「正しい（とわかっている）ことを行うこと」の難しさである。それに対して、本節においてとりあげる根源的な矛盾とは、基本的な考え方同士が具体的な局面で衝突するような状況であり、そのような局面では、ひとつひとつの考え方を大事にすればするほど両立が難しくなるような問題状況となっている。

単純に考えると、このような状況はトレードオフ関係にある複数の目的を同時に追求しているために生じていると理解できる。トレードオフ関係にある目的を同時に追求する場合、通常の経済学的な解決策は、バランスをとることである。別の言い方をすれば、ふたつ以上の目的の間で現実的な妥協を行い、お互いに少しずつ我慢し、そうでなければもっと高い水準で実現できたはずである目的をもうひとつの目的のために犠牲にするということを相互に行うことである。

しかし、このような現実的な妥協による解決は、経営理念の基本的な考え方にたって考え行動するという立場からすると、妥協によって問題を処理（あるいは先送り）したに過ぎないことになる。理念に基づく経営は、単なる妥協以上のものである。状況を所与として自分のおかれた状況においてトレードオフ関係が避け得ないのであれば、自分が主体的に行動することで状況そのもののダイナミズムに影響を与え、トレードオフ関係が顕在化させない状況を作ったり、あるいはトレードオフ関係自体を止揚して新しい状況の構築をはかる。状況を変化させることは簡単ではないし、矛盾を止揚することも容易ではない。このような困難さは、いわば「何が正しいことかを明らかにすること」の難しさである。これは、ドラッカーのいう経営者にしかできない仕事に他ならない（Drucker［1973］)。

以下では、具体的に「大家族主義」と「市場基準競争主義」が対立する局面と、「理想主義」と「現実主義」が衝突する局面をとりあげる。そのなかで、抽象的な経営理念が管理会計によって現実の具体的な状況に反映されることで、根源的な矛盾が顕在化し現実の衝突となることを示すとともに、顕在化した根源的な矛盾に立ち向かうアメーバリーダーたちがアメーバ経営の現実の状況をどのように変えていくことができるのか明らかにする。

5-1 「大家族主義」と「市場基準競争主義」の緊張をばねとした成長

「大家族主義」と「市場基準競争主義」の間の緊張は、製造アメーバなどが生産能率改善を継続的に実現しているような状況において顕在化することがある。この種の緊張は、アメーバが、京セラフィロソフィーの実現に失敗しているために生じるのではなく、その反対に、京セラフィロソフィーの実現に成功している場合に見られるものであるということに、まずは注意していただきたい。

前述のようにアメーバの主要な業績評価指標は時間当りアメーバ利益である。「市場基準競争主義」の考え方を反映したアメーバ間の競争のなかで、アメーバリーダーはどうにかして時間当りアメーバ利益を向上させようと努めている。

時間当りアメーバ利益は、分子であるアメーバ利益を増大するか、分母である総労働時間を削減するかによって増大することができる。そこで、製造アメーバが、生産能率を改善することによって時間当り生産量を拡大することができれば、後工程から要求される生産高を達成するために必要な総労働時間をそれだけ削減することができる。継続的に生産能率の改善に成功しているアメーバは、後工程からの注文高をこなした後は仕事がないアイドル状態の時間を抱えてしまうことになる。あるいは、前工程からのインプットが不足する場合にも同じようにアイドル状態を抱えることになる。

生産能率の改善は、第一に時間当り生産量の増大による生産高の増大を通じて付加価値ひいてはアメーバ利益の増大をもたらす。第二に生産能率の増大は、残業時間の減少として総労働時間の削減に反映される。しかし、所定の労働時間（人・時間）以下に計算上は総労働時間を削減することができない以上、生産能率の改善はある段階からアイドル時間の発生をもたらすことになる。つまり、生産能率の改善は、当該アメーバにおける余剰人員時間をもたらすことになるのである。

「大家家族主義」の考え方は、社員を家族のように大事にすることにある。家族のように大事にするということの本義は、やりがいのある仕事を通じて物心両面の幸福を追求することにある。このような大家族主義の下でのリーダーの役割のひとつは、メンバーにやりがいのある仕事を与えることにある。余剰人員時間の発生は、リーダーがメンバーにやりがいのある仕事を与えることができない状態を意味している。

このように「市場基準競争主義」を反映した業績評価指標の活用によってもたらされる生産能率の改善は、リーダーが「大家族主義」を実現することが難しい状況を生み出すことになる。余剰人員時間の問題に対する単純な解答は、余剰人員の削減、つまりリストラである。しかし、「大家族主義」の考え方にたつ限り、リストラは選択肢の一つではない。かといって、受注残の推移をみながらバランスのとれた水準で生産能率改善努力をはかっていくような、現実的な妥協は問題の先送りにしか過ぎない。

一見すると袋小路のように見える「市場基準競争主義」と「大家族主義」の間の緊張は、逆に、アメーバリーダーに絶好の成長の機会を与えることになる。[15] 確かにリストラという単純な解決策は選択肢のなかにはなく、また計算できるトレードオフ関係の均衡点という妥協を選択することもできない。「市場基準競争主義」と「大家族主義」の間に生じた緊張状態は、そのアメーバが生産能率の改善に成功した高い能力を持ったアメーバだからこそ直面している問題である。成功しているアメーバが直面する問題状況というポジティブな意味で、この緊張関係はとらえられなければならず、またそのようにポジティブに問題状況に取り組むことのできるアメーバは、さらに高い次元に状況を変えていくことができる。

このような問題状況に直面したアメーバのなかには、自分たちのアメーバの範囲を超えて行動することで自分たちのおかれた状況そのものを変えていくアメーバが現れている。状況を所与とするのではなく、自ら主体的に行動することで状況が変わりうるものと捉えるアメーバは、問題の根幹を自分たちが生産能率の改善に成功したことにではなく、自分たちが生産能率の改善に成功したことによって明らかになった組織的なボトルネックに見いだす場合があるのである。具体的には、前後の工程からのどこにボトルネックがあるのかを探し、そのボトルネックの解消に自ら取り組むアメーバが登場している。

例えば、営業アメーバの受注獲得が芳しくないために、ある製造アメーバにおける生産能率の改善がアイドル時間を生み出してしまっているような場合、余剰人員を抱えた製造アメーバからボトルネックとなっている営業リーダーへメンバーが出向き営業活動を支援するような場合がある。これは、上位の監督者によって人員配置が見直されるということではなく、同じレベルのアメーバの間で自律的に人員の貸借が行われるということである。このような場合、ボトルネックとなっているアメーバに出向くのはアメーバリーダー自身であることが多い[16]。リーダーは、自らのメンバーにやりがいがある仕事を与えるため、率先してボトルネックの解消を他のアメーバではかろうとするのである。

成功しているアメーバが、ボトルネックとなっているアメーバをサポートすることで、「市場基準競争主義」と「大家族主義」の間から生じた緊張関係を解消し、さらに組織全体としてより高い次元で仕事を進めることが可能となる。これは、ボトルネックの解消によるラインの「上方同期化」ということができる[17]。

このようなアメーバ間の人員貸借による上方同期化は、一見すると、生産能率改善に成功したアメーバのリーダーによる利他的行動として理解されかねないが、業績評価指標に及ぼす影響をみると、利他的行動が利己的な利益と合致していることが理解できる。つまり、製造アメーバからボトルネックとなっている営業アメーバに人員が派遣されることで受注残が増大するならば、製造アメーバは向上した生産能力を活用することで売上高を伸ばしアメーバ利益を増やすことができる。営業アメーバの方は、生産高の増大に応じた営業口銭の増大によってアメーバ利益を向上することができる。さらに、製造アメーバから営業アメーバに労働時間の振替が行われるならば、それに応じて、製造アメーバでは時間当りアメーバ利益も増大することになる。自律的な人員の貸借によってボトルネックを解消することは、利他的な行動であると同時に製造アメーバにとっても望ましい行動なのである。

「大家族主義」と「市場基準競争主義」に源流をもつ緊張関係に直面して、あらゆるアメーバがこのような行動をとれるわけではなく、また常にボトルネックの解消に成功するわけでもない。アメーバリーダーが主体的に問題を捉え行動する意志と能力を持っていることが必要であり、ボトルネックの解消は確率的な問題でもある。しかし、われわれの聴き取り調査においても、このような自律的な人員貸借がアメーバ間で生じていることが確認できており、京セラのアメーバ経営においてかなり広範にみられる自律的な活動であると考えられる。

5-2 「理想主義」と「現実主義」の葛藤から止揚へ

「理想主義」と「現実主義」の間の葛藤は、アメーバ経営を特徴づけるアメーバ自身による目標の設定と月次予定の編成において顕在化することがある。この葛藤もやはり、アメーバが「理想主義」や「現実主義」の実現に失敗したことによってではなく、その実現に成功することによって生じる種類の葛藤である。

アメーバ経営では、アメーバが自らの具体的な目標を設定する。月次予定などにおける目標を設定するのはアメーバ自身であるが、目標の設定には「理想主義」が反映されていなければならない。アメーバリーダーを中心として、「理想主義」の考え方に基づきそれぞれのアメーバは強い願望を持って、高い目標を設定することが求められている。高い目標とは「簡単に手の届くような」水準ではなく、努力を重ねてどうにか達成できる水準であり、また、先月や前年度といった時系列上のトレンドを上回るような水準である必要がある。とくにマスタープランにおいては、すべてのアメーバがベストを尽くした場合を想定した高い水準の目標が設定されている。

目標水準の設定が「理想主義」的に行われるのに対して、月次予定の編成は「現実主義」的に行われる。前述したように、「現実主義」の考え方は、予定上の数値の裏付けを要求する。堅実な現実認識のうえにたって、具体的な行動計画をたてることで、月次予定の高い数値が実現可能であることをアメーバリーダーは論証しなければならない。

目標水準の妥当性が時系列的に判断されることは、高い目標の実現に成功したアメーバはさらに高い目標を設定する立場になることを意味している。高い水準の目標実現に成功したアメーバが、さらに高い水準の目標に挑戦するのは、不自然なことではない。また、より高い水準の目標の達成が困難になるのも不思議なことではない。しかし、アメーバ経営の特徴は、このプロセスにおいて計画策定を重視し「現実主義的」な説得力のある計画の策定をアメーバに求めることである。結果としての実績が目標を達成するかどうかではなく、その前の段階で計画が目標を達成できるような計画になっているかどうかが「現実主義」的な見地から厳しく問われることになる。つまり、目標実現そのものが困難になることにではなく、目標達成のために説得力のある計画を策定することが困難になっていくのがアメーバ経営における「理想主義」と「現実主義」の葛藤である。

このような状況において、アメーバのなかには、通常のアメーバの活動の範囲を超えて行動し情報を集め協力体制を作ることで、高い水準の目標実現に向けて説得力のある月次予定を編成できるアメーバが登場することがある。これは相互作用領域の拡張ということができる。相互作用領域の拡張に取り組むことのできるアメーバのリーダーは、アメーバの活動範囲を与えられたものと捉えるのではなく、自らが行動した結果として事後的に決まるものと主体的に捉えることができている。「理想主義」と「現実主義」の葛藤は、アメーバリーダーが自分の活動領域を拡張することで止揚することができる。もちろん、すべてのアメーバリーダーがこのように主体的に状況を変えていくことができるわけではなく、リーダーとしての十分な力量が必要とされる。しかし、その力量を引き出しているのは、京セラフィロソフィーに源流を持ち、管理会計実践を通じて現実化している問題状況なのである。京セラフィロソフィーは管理会計実践と一体化して、アメーバリーダーに経営者として挑戦しなければならない根源的な矛盾としての課題を提示しているのである。

6 まとめにかえて：賢慮を生み出すアメーバ経営

本章では、まず管理会計実践と京セラフィロソフィーの関係を理解するために、京セラフィロソフィーの特徴を四つの基本的な考え方、すなわち「大家族主義」「市場基準競争主義」「理想主義」「現実主義」として整理し、それらの基本的な考え方がアメーバ経営の管理会計の中に明確に組み込まれていることを確認した。さらに、管理会計実践を通じて、京セラフィロソフィーのなかの普遍的な理念が、アメーバリーダーの経験する現実のなかで具体的な姿を現すことになるメカニズムを明らかにした。

アメーバ経営において、管理会計実践はアメーバリーダーが正面から向き合い乗り越えていかねばならない具体的な課題を提示することになる。これが本章の分析が示すアメーバ経営における管理会計の役割である。ここでの管理会計の役割は、アメーバリーダーに本質的な問題が何であるのかを示すことにある。その本質は、京セラフィロソフィーの基本的な考え方を現実の行動に反映していくことであり、それが問題となるのは、複数の基本的な考え方を同時に高い水準で実現することが容易ではないからである。管理会計実践が京セラフィロソフィーを組み込んでいるからこそ、また、アメーバが京セラフィロソフィーの実現に真摯に取り組んでいるからこそ、管理会計はアメーバリーダーに根源的な矛盾を反映した現実的な課題を提示することになる。

このような根源的な矛盾を具現化した課題に対しては、いかに広範な科学的知識も、また、いかに優れた技術的なノウハウも十分ではない。このような課題を科学的に解決したり、技術的に処理したりすることはできない。そこで必要なのは、個別具体的な状況において正しい目的を実現するために適切なてだてをとり

「よく生きる」ための知、つまり「賢慮」という知のあり方である。「賢慮」という知のあり方が示唆的であるのは、このような状況における主体の認識についてである。「科学知」は一般論として普遍的に成立する法則性を教え、「技術知」は技術論としてのノウハウを教える。科学知において個別具体的な状況は捨象されており、技術知において個別具体的な状況は所与のものである。それに対して、「賢慮」という知のあり方は、状況を与えられたものとしてではなく、自分もその一部として変わりうるものとして捉え、そのダイナミズムを理解し望ましい方向へと変えていくことを目指す知のあり方である。

本章では、優れたアメーバリーダーは、根源的な矛盾を反映した困難な問題状況の下で、自分のおかれた状況のダイナミズムを理解し、自らの行動によって状況を望ましい方向に変えようとしていることを示した。このような問題状況では、教科書的な答えは望むべくもない。そこでのアメーバリーダーは、自分のおかれた状況に応じて科学知や技術知を活用し、状況そのものを望ましい方向へと変えていく賢慮を持たねばならない。アメーバ経営は、根源的な矛盾を反映した問題状況にアメーバリーダーを曝すことで、賢慮を引き出す仕組みとなっている。日常的な業務活動の中で、また月次レベルの計画策定において、アメーバ経営の仕組みによって根源的な矛盾と対峙させられることで、アメーバリーダーには賢慮を培う機会を与えられている。賢慮は、科学知や技術知を学ぶことからではなく、過去の延長線上では簡単に答えがでないような課題と真摯に取り組むことによって育まれるのであり、アメーバ経営の経営理念を組み込んだ管理会計実践はアメーバリーダーが「経営者」として取り組むべき根源的な課題を可視化することで賢慮を生み育む仕組みとなっている。

●本章は科学研究費（基礎研究（C）：課題番号21530461）の研究成果の一部である。

注

（1）本章の論述の多くは、Sawabe & Ushio［2009］に負っているが、本章に残された問題は執筆者の責任である。インタビューデータの詳細などについては、Sawabe & Ushio［2009］を参照のこと。

（2）アリストテレスはニコマコス倫理学において、真を認識するところのものとして、科学知・技術知・賢慮に加えて、智慧（ソフィア）と直知（ヌース）をあげている。ここで、智慧（ソフィア）は、科学知（エピステーメー）と直知（ヌース）からなるものであることと、現代の知識観が科学知を中心とするものになっていることを考慮し、本章では科学知・技術知・賢慮という三つの知として分類している。なお、本章におけるニコマコス倫理学からの引用は高田三郎訳『ニコマコス倫理学』（上）（下）岩波文庫により、また、引用にあたっては訳書の参照頁を記している。

（3）二〇〇八年度には、九万人あまりの社員が京セラフィロソフィー教育プログラムに参加している（京セラ［二〇〇九］四二頁）。

（4）アメーバ経営という仕組みにとって、一般的に、京セラフィロソフィーのような経営理念が必要不可欠であるかどうか、言い換えるならば、経営理念と切り離してアメーバ経営を適用することが可能なのかどうかについては、議論の余地がある。経営理念という概念の定義によっても左右されるが、われわれは、アメーバ経営が継続的に実践を生み出していくところでは、経営理念に相当する価値規範が組織内部の現実の一部になっていると理解している。詳細な議論は別の機会に行うこととして、本章では、京セラのアメーバ経営における京セラフィロソフィーと管理会計の関係を整理する。

（5）本章での京セラフィロソフィーの捉え方は、管理会計との関わりという観点から行ったものであることに注意されたい。

（6）「大家族主義」「市場基準競争主義」「理想主義」「現実主義」という四つの基本的な考え方は、明文化された京セラフィロソフィーの分析に加え、われわれが実施してきた定性的な調査を通じて得られた知見である。紙幅の関係で、本章では明文化された京セラフィロソフィーと関連付けることを中心に、四つの基本的考え方をできるだけ簡潔に説明する。その際に、京セラフィロソフィーの文言と四つの基本的考え方は一対一対応しているわけではなく、複合的に関連しあっている部分があることに注意されたい。

（7）われわれが行った日本企業の経営理念に関する実態調査では、約八割の企業が「顧客のため」に企業は存在すると経営理念に示しており、「人類・社会のため」がそれに続き、「従業員のため」は四割弱で三番目、「株主のため」は四番目であった。詳細については、澤邉他［二〇〇七］を参照のこと。

(8) アメーバ利益は、「採算」や「差引売上」などといった様々な名称を持つが、ここではアメーバの業績評価指標という意味でアメーバ利益という名称をあてることとする。

(9) 京セラでは予算のことを「予定」と表現しているが、その中身は予算に他ならないため、ここでは予算管理という用語を用いることとする。

(10) ここで、付加価値はアメーバの創出した価値であり、控除法であれば、アメーバのアウトプットである売上から原材料費、外注加工費、修繕費、水道光熱費等のアメーバ外部からのインプットを差し引くことで計算される価値である。

(11) アメーバ利益の単純和が会社全体の期間業績と一致することについては、本書の上總論文を参照のこと。

(12) アメーバ経営におけるもう一つの業績評価指標である時間当り採算（アメーバ利益を総労働時間で除した業績評価指標）の下では、総労働時間の最小化を目指すインセンティブが働くため、間接的に人件費の抑制につながることがある。

(13) 時間当りアメーバ利益は「時間当り採算」や「時間当り付加価値」などと社内的には呼ばれることがある。

(14) マスタープランの策定過程については本書の上總論文を参照のこと。

(15) これは、Simons［1995］のダイナミック・テンションの一例と理解されかねないが、Simons［1995］がマネジメントコントロールシステム間に生じるダイナミック・テンションを念頭に置いているのに対して、ここでの議論は、マネジメントコントロール内での緊張を対象としている。アメーバ経営では、経営理念を源流に持つ根源的な矛盾を、個別具体的な状況においてマネジメントコントロールシステムを通じて、行為主体が挑戦すべき課題として提示することで、創造性を生み出している。

(16) この点については、アメーバ経営学術会議シンポジウムに参加したフロアーの京セラ関係者の方々からご教示いただいた。記して謝意を表明したい。

(17) このようなアメーバ間の上方同期化は、後述するマスタープランにおける高水準の目標設定を介した個別アメーバの予定の編成方針のすりあわせが行われていることによっても促進される。マスタープランと予定編成との関係については本書上總論文を参照のこと。

引用文献

Aristotele, Ethica Nicomahea, 高田三郎訳『ニコマコス倫理学』（上）岩波文庫、一九七一年。

Drucker, P. F.［1966］*The Effective Executive*, New York: Harper Collins. 上田惇生訳『経営者の条件』ダイヤモンド社、二〇〇六年。

Flyvbjerg, Bent［2001］*Making Social Science Matter: Why social inquiry fails and how it can succeed again*, Cambridge: Cambridge University Press.

Nonaka, I. & Toyama, R.［2007］"Strategic Management as Distributed Practical Wisdom (Phronesis)". *Industrial and Corporate Change*, 16 (3): 371-394.

Simons, R.［1995］*Levers of Control: How Managers Use Innovative Control Systems to Drive Strategic Renewal*, Harvard Business School Press, 中村元一他訳『ハーバード流「21世紀経営」四つのコントロール・レバー』産能大学出版部、一九九八年。

Sawabe, N. & S. Ushio［2009］"Studying the dialectics between and within management credo and management accounting" *Kyoto Economic Review*, 78 (2): 127-156.

稲盛和夫［二〇〇六］『アメーバ経営』日本経済新聞社。

京セラ［二〇〇九］アニュアルレポート。

澤邉ゼミナール［二〇〇七］「日本企業のマネジメントコントロール実態調査」『メルコ管理会計研究』1: 81-94.

4

潮　清孝

京セラ・アメーバ経営における時間当り採算の歴史的形成過程についての研究
――時間当り採算の「年輪」を読む

1 はじめに

本稿は、京セラ株式会社（以下「京セラ」）における時間当り採算についての生成および歴史的変遷過程についての研究である。時間当り採算は京セラ・アメーバ経営における中軸利益概念として知られている（例えば、谷・加護野・三矢［一九九九］、上總・澤邉［二〇〇五］、廣本［二〇〇六］、潮［二〇〇六、二〇〇八]、挽[二〇〇七]、Sawabe & Ushio [2010])。中でも潮[二〇〇六]およびSawabe & Ushio [2010]は、京セラにおける経営理念としての京セラフィロソフィと時間当り採算の間における関係性について検証している。そこでは、「大家族主義」や「値決めは経営」、「キャッシュベースの経営」をはじめとした京セラフィロソフィが、時間当り採算の計算構造に具体的な形で反映されているとともに、それらが時間当り採算を中心としたPDCAサイクルの中で、各アメーバの構成員によって日々実践されていく様子が明らかにされている。

このような、京セラフィロソフィが染み込んだ時間当り採算はどのようにして形成されてきたのであろうか。後述するように、一時の流行で取り入れられすぐさま捨て去られるようないくつかの会計指標とは異なり、京セラの歴史のなかでじっくりと熟成されて形成された時間当り採算には、稲盛氏をはじめとした様々な「京セラマン」(1)の想いや、その時々の歴史的・社会的な背景などが「年輪」として刻み込まれている。(2) 本稿では、当時の社内報や経営管理通達、社史などを用いながら、このような時間当り採算の歴史的な形成過程についての足跡を追う。(3)

2 調査方法

筆者は、KCCSマネジメントコンサルティング株式会社(KCMC)および京セラ経営研究所の協力のもと、京セラの社内報(4)(一九六四年二月の創刊号から一九七九年一一月の第六七号までの合計一四二〇頁)、本社経営管理通達(一九七一年四月の第一号から一九八一年八月の第一七一号までの合計三一一頁)、二代目社長・青山政次氏による『心の京セラ二十年』、京セラ四〇周年社史編纂委員会による『果てしない未来への挑戦

―京セラ　心の経営四〇年』などを収集・分析した。

創業（一九五九年四月）から社内報が創刊される一九六四年二月までについては主に『心の京セラ二十年』を、それ以降については、主に社内報および経営管理通達に基づいて分析を行った。社内報については収集したすべてのページについて光学式読み取り装置（Optical Character Reader: OCR）による文字認識を行い、用語についての頻度分析等に利用した。

またこれらの資料の調査・分析に先立ち、京セラ、KCMC、およびアメーバ経営導入企業に対して延べ六二時間の聞き取り調査を実施しており、京セラおよびアメーバ経営に関する多方面にわたる情報を得ることができた。

3 時間当り採算の歴史的形成過程

3-1　京セラの設立

京セラは、稲盛氏が京都の碍子メーカーである松風工業を退職後、七名の同志らとともに、技術を世に問う場として、一九五九年四月に「京都セラミツク株式会社」として設立された。

大学卒業と同時に就職した松風工業において、稲盛氏はまず、フォルステライトと呼ばれる特殊磁器の研究を命ぜられた。当時からの上司であった青山氏は、当時の稲盛氏に対して以下のように述べている。

「稲盛は、当時まだ研究課の一員であり、特殊磁器の製造を担当していた。しかし、主任でもないのに同僚を従え指揮命令し着々と実績を上げた。稲盛の力を思う存分発揮させるためには、稲盛の上に、人を置く必要はなくかえって邪魔になるだけだと知り、また、研究課ののんびりムードに影響されないように切り離すべきだと考え（た）。」（青山［一九八七］九頁）

そこで青山氏は経営陣と相談して研究課から特殊磁器を切り離し、独立の組織（特磁課）とするなど、稲盛氏の力を発揮させる方法を探っていった。

ほどなく特殊磁器研究の成果が実り、稲盛氏が入社後してから一年三カ月後の一九五六年七月には、自社製造のフォルステライト製U字ケルシマを受注することができるようになった。特磁課の受注は次第に増加し人手不足となる一方、主力部門であった碍子部門は受注が減り、人余り状態が続いていた。経営陣はこれをみて、碍子部門の余っている従業員を特磁課で使うように指示するものの、碍子部門ではいわゆる「残業稼ぎ」が日常化しているなど、士気の低い状態が続いていた。これをみた稲盛氏は、作業能率の低下を懸念して、経営陣との話し合いの結果、「気質の良い者」のみを選び取って受け入れることとした（青山［一九八七］一〇―一一三頁）。

このような稲盛氏の作業能率へのこだわりは、後述するような、後の京セラにおける時間当り採算の用いられ方や、さらには会社全体の経営のあり方にもみられる。現在のアメーバ経営においては、「経験が浅い若者であっても、それぞれの分野を任されれば、自部門の商売の仕方を工夫する」（稲盛［二〇〇六］一〇八頁）、「（各リーダーが）中小企業の社長のように責任感と使命感を持って……経営を行っていく」（稲盛［二〇〇六］一一五―一一六頁）、というような、個人の能力を最大限に引き出そうとすることが重視されているが、このような考え方は、当時の稲盛氏の行動にも既にみることができる。

しかしながら、その後新たに配属された上司への反発から稲盛氏は退職を決意し、松風工業時代の部下らとともに京セラの設立へと歩みだす。だが、当時主任になったばかりの稲盛氏には資金的余裕はなかった。そこで青山氏の学友であった西枝一江氏と交川有氏、そして交川氏と交流があった宮木電機社長の宮木男也氏らからの資金的な援助を得ることとし、宮木氏、西枝氏、交川氏らによる現金出資二〇〇万円、稲盛氏および青山氏による技術出資一〇〇万円の資本金合計三〇〇万円として京セラが設立された。このような経緯から、初代の取締役社長には宮木氏が、取締役専務には青山氏（一九六四年四月に宮木氏に代わり社長に就任する）が、取締役技術部長には稲盛氏が、取締役には西枝氏がそれぞれ就任した。稲盛氏はこの時二七歳であった（青山［一九八七］一九―三一頁）。

図表1　設立当時の京都セラミツク本社　出所：青山［1987］p.32

新会社は宮木電機本社の道路を隔てて向い側にある二階建ての建物であった（図表1）。一階は、中央部にある宮木電機の従業員食堂を除いた両側を借り、ほとんどそのまま使用した。二階は、戦時中に宮木電機の青年学校の教室であったものを、間仕切りを直す程度で済ませた。設備に関しては、すべて稲盛氏の設計により、機械や焼成用トンネル窯の購入から、材料の仕入れの手配をした（青山［一九八七］三一―三二頁）。

3-2　時間当り採算の起源：生産効率指標としての「時間当り差引売上高」の誕生

京セラは、稲盛氏が松風工業時代に受注していた松下電子の購買主任に協力を呼びかけていたことから、会社設立の段階からブラウン管部品ケルシマ二〇万本の受注を確保していた。その後テレビの急速な普及により毎月受注が伸びた。設立後一年の一九六〇年四月には宮木電機の東京出張所に机を一つ置かせてもらう形で、東京出張所を開設した（青山［一九八七］三三―三四頁、六五頁）。

その後、会社を伸ばしていくためには受注を増やすことが重要であったことから、東京出張所開設後から月一回本社で製販会議と呼ばれる会議を開くこととなった。当時は第一製造（製造責任者は青山（令）氏）と第二製造（製造責任者は樋渡氏）と呼ばれる二つの製造部門があり、会議資料として、受注実績とその遂行率、生産予定、生産実績とその遂行率、月末受注残、納期遅延表、製品歩留表などの資料が提出され、個々について厳しく追及・検討された（青山［一九八七］二〇四頁）。

その後も順調に受注が増加し、一九六三年五月には滋賀工場が設立された。製造課長として滋賀工場に赴任した樋渡氏は、同年七月の製販会議に、生産状況把握の指針となるようにという目的から、前記の資料のほかに、その月の稼働日数、従業員数、稼働延べ時間、および一人当りの生産高、時間当りの生産高を計算した資料を提出した。一九六四年四月からは本社工場の青山（令）氏もこれにならい、一人当り、および時間当りの生産高を計算し、製販会議に提出した。これらの資料により、本社および滋賀工場が、毎月の会議で比較検討されるようになった。ところが高い材料費を用いれば高い生産高が計上されることなどから、本社工場側は、単に生産高だけで比較されてはたまらないと主張した。代わりに、生産高から原材料費、諸経費を引いた差引売上高と、その一人当り額、および時間当り額を計算し、一九六五年一月の製販会議に図表2の資料を提出した（青山［一九八七］二〇四―二〇五頁）。

ここでの計算は、経費の項目が少ないこと、また「金利償却」と呼ばれる各アメーバの保有資産に対する資本コスト負担額[5]がないこと、時間振替などがないことなど、現在の様式とはいくつか異なる点があるものの、時間当り採算の原型といえよう。

図表2　1965年1月時点の時間当り差引売上高

1965年1月　製販会議資料

(本社) 第一製造			第二製造	
総売上高		4,123千円	総売上高	2,931千円
原材料		125	磁管購入費	2,057
工場消耗費		255	金具治具購入費	250
経費	電気	166	工場消耗費	254
	ガス	68	工場経費(動)	31
外注費		270	外注費	75
計		884	計	2,667
差引売上高		3,239	差引売上高	265
員数		36人	員数	22人
延時間		7,787時	延時間	4,542時
1人当り差引売上高		89,972円	1人当り差引売上高	12,045円
時間当り差引売上高		416円	時間当り差引売上高	58円

出所：青山［1987］p.205

この資料は翌月、翌々月と引き続き本社工場から提出された。稲盛氏は三カ月にわたるこの資料を見たのち、一九六五年四月から滋賀工場に対して、本社と同様の計算をして、一人当り差引売上高と時間当り差引売上高を計算して出すことを命じた。すなわち時間当り採算の原型としての時間当り差引売上高が全製造部門に対して計算されるようになったのは、一九六五年の四月からである。その後部門間比較の観点から、一人当り額は有効でないと判断され、時間当り差引売上高が重要視されるようになった(青山［一九八七］二〇五頁)。

この段階における時間当り差引売上高は、経営指標というよりは、現場の生産能率を表す指標であったといえよう。会社設立直後には、製造部門が製販会議において、稲盛氏等の経営陣にそれぞれの現場の生産状況を伝えることを目的として、受注実績や生産状況に関する七つの指標を製販会議に提出した。その後滋賀工場が設立され、本社工場との比較の観点から、時間当り生産高を含む一連の指標が提示された。さらに稲盛氏によって、滋賀工場にもこの計算が広められることにより、全製造部門において、時間当り差引売上高、すなわち「時間当り」が計算されることとなったものの、依然、現場の生産能率を表すことが主たる目的であった。

しかしその後、稲盛氏の社長就任を契機として、営業部門や管理部門へと時間当り採算の計算対象が拡大されるとともに、全社的な経営指標として用いられるようになる。青山氏は、当時のことをこう振り返る。

「時間当たり差引売上高、すなわち時間当たり付加価値の計算なんて、どこの会社でも計算されていて、いまさら取り上げて問題にするほどのことでもなさそうに思われるが、これを稲盛が素晴らしいものにまで活用した所に、活用の妙というか、重大な意義がある。」（青山［一九八七］二〇六頁）

3-3　営業部門への拡大と営業口銭の追加

一九六六年五月、稲盛氏は青山氏に代わって社長に就任し、翌年度の経営方針を発表した。そこで稲盛氏は中堅企業への脱皮を図るための具体的な考えとして以下の七つを示した。

①京セラ精神の復興運動とその徹底
②中堅企業の幹部はどうあるべきか
③組織の強化
④信用の回復合理化
⑤各部門独立採算制の確立と、帳票管理の徹底
⑥社員の評価の徹底

⑦設備計画の推進と生産の増強

さらに「今年一二月度の生産目標を2億と定め、各部門共通の時間当りを一五〇〇円とします」と、時間当り採算に基づく具体的な経営目標を掲げた（『敬天愛人』第一三号）。

時間当り採算はここで一つの転換期を迎える。それまでは、例えば前年の一九六五年[6]の経営目標は「年額六億円月産五千万円」という形で、生産高ベースで掲げられていた。ところが、稲盛氏の社長就任を契機に、それまで現場における生産能率の指標だった時間当り採算が、会社全体の経営目標として掲げられるようになったのである。以後毎年の経営方針において、時間当り採算に基づく全社的な経営目標が示されることとなる。

さらに一九六七年までに、時間当り差引売上高の評価対象が営業部門に対しても拡張されている。これは、同年一一月発行の『敬天愛人』第一四号に、「昭和四二年（一九六七年）五月及六月度に於て、全所員一致協力して時間当り附加価値一〇〇〇円以上の実績を継続し、当社の生産性向上に貢献したことを認めます」として、関西営業所（六名）および関東営業所（八名）が表彰されている様子が掲載されていることからわかる[7]。

営業部門の収益についてはこの時から既に、製造部門の売上高から一定の手数料を受け取る、いわゆる口銭方式が採用されていたと考えられる。この点について稲盛氏は以下のように述べている。

「私は創業当初から、『お客様が値段を決める』という市場価格を前提として経営を行ってきた。したがって、原価を積み上げて製品の売値を決めていくのではなく、まず市場価格ありきと考え、その価格で十分な利益があがるように徹底的にコストダウンするようにしてきた。………私は、実際にモノをつくる製造部門こそが利益の源泉であると考えており、製造部門が市場情報をダイレクトに受け取り、それを生産活動にすぐ反映させるべきだと考えている。そこで、市場価格の動きが社内の製造部門のアメーバの収入に相当する生産金額となるようにした。一方、製造部門とお客様の仲介をおこなう営業部門は、売上に対する一定率を口銭（手数料）として製造部門から受け取り、それを収入としてとらえるようにした。」（稲盛［二〇〇六］一七四―一七六頁）

すなわち、時間当り採算の計算範囲を営業部門にまで拡大するに際して、「お客様が値段を決める」「製造部門こそが利益の源泉である」といった稲盛氏の経営哲学を、京セラの中軸利益概念である時間当り採算の計算構造の中に反映させたのである。

また、この頃から稲盛氏は優秀な時間当り採算の実績を達成した各部門を積極的に表彰し、社内報にもその様子がたびたび掲載されるようになる(8)（図表3）。このように稲盛氏の社長就任により、時間当り採算が全社的な経営指標として用いられると同時に、その対象範囲が製造部門から営業部門へと広げられた。さらに表彰制度を設けるなど、この頃から時間当り採算を積極的に社内に浸透させようとした様子が窺える。

図表4は、社内報の発刊以来の各号の頁数およびその中に登場する「時間当り」という文字の頻度である(9)。稲盛氏が社長に就任した一九六六年までの間は一度も登場しなかった「時間当り」の文字が、翌年以降、頻繁に登場していることが分かる。

時間当り付加価値の表彰

八月三日、朝礼時に四十三年一月より六月までの期間に目標を達成した職場の表彰が行なわれた。今回は前回に比べ、さらに表彰された職場が増えた。朝のすがすがしい大気を胸一杯に吸い、次の目標に向かって、たゆまぬ努力を全員で誓い合った。

一〇〇〇円達成職場
P5A、P6A、特品2、MIC、MIE、MID、関東営業2。

一五〇〇円達成職場
P2、P3、P4、P5A、P6B、機械加工研削、MIA、MID、関西営業、関東営業1。

図表3　表彰式の様子（『敬天愛人)』1968年9月号）

図表4　社内報における「時間当り」の登場頻度

発行年（暦年）	1964	1965	1966※	1967	1968	1969	1970	1971
号数	No.1-4	5-9	10-11	12-15	16-19	20-25	26-30	31-34
総頁数（a）	16	24	14	16	24	50	50	28
「時間当り」の登場回数（b）	0	0	0	9	6	20	26	11
頁数当たりの登場回数（b/a）	0.00	0.00	0.00	0.56	0.25	0.40	0.52	0.39

発行年	1972	1973	1974	1975	1976	1977	1978	1979
号数	35-39	40-45	46-50	51-53	54-56	57-61	62-64	65-67
総頁数（a）	46	128	148	144	116	260	156	188
「時間当り」の登場回数（b）	23	24	25	27	16	12	36	24
頁数当たりの登場回数（b/a）	0.50	0.19	0.17	0.19	0.14	0.05	0.23	0.13

注：1966年5月に稲盛氏が社長就任

3-4　賃金の源泉としての時間当り採算への注目と全員参加型経営の確立

一九六〇年代後半は日本全体が高度経済成長の真っただ中にあった時代であり、また一九五〇年代から一九六〇年代前半にかけての労使紛争が陰りを見せ、企業別労働組合による労使協調路線が形成されつつある時代でもあった。京セラにおいても、一九六八年には社内の労働法規が整備され、翌一九六九年には週休二日制の部分的導入および労働組合の結成がなされた。また一九六七年一二月発行の『敬天愛人』第一五号において、

「年々給与は増加しまた国民すべての人が高い文化的な生活を営もうとし、高い賃金を希望いたします。それを年々出さねばならないのが我々の任務であり、払う賃金も我々皆で稼ぎださねばなりません」

と、稲盛氏が従業員に対して呼びかけていることからも、従業員の権利や賃金の上昇が当時の京セラにおいて、大きな話題であったことがわかる。

この頃、賃金の上昇という観点から、全社的な経営指標としての時間当り採算に、さらなる関心が集まるようになる。例えば一九六八年九月発行の『敬天愛人』第一八号において、稲盛氏は従業員に対して、「次に給与を増加することに触れたいと思います」という書き出しから以下のように述べている。

「これまで賃金を欧米並みにアップすることについては、毎々話題にしたことですが、これは京セラのみではなく、日本として当然目標にしなければならないわけですが、京セラは他社に先んじて実施できるよう目標をしっかり立てていこうと思います。給与を欧米並にするためには、生産性を五割～六割

アップすることが必要であり生産性の向上に向かって、幹部諸氏はさらに高い目標を目指してどうすればよいかを徹底的に追及することが必要です。したがって、時間当りを最低二〇〇〇円にすることをここで決めたいと思います。」

また一九七一年七月の『敬天愛人』第三四号では、当年度の昇給昇格及び夏季賞与に関連して、

「わが国の賃金も将来欧米並みの高賃金に移行してゆくことが自明の理であるならば、………この未来像を先取りして上げるものは上げ、然るのちそれを吸収し得る企業体制の確立を協力して急ごうではないか。そこで、これが吸収が今後の急務であるが、帰するところ時間当りの向上、就中（1）受注の増大、（2）合理化の徹底→生産性の向上、（3）返品の撲滅、（4）歩留りの引き上げ、（5）あらゆるムダを省くこと、以外に策はない。」（原文ママ）

と述べるなど、会社全体としての賃金の上昇や賞与の支給に関連付けて時間当り採算が議論されるようになった。

京セラには創業当初から、入社二年目の新入社員らと稲盛氏との三日三晩にわたる話し合い[10]を契機として、「会社が、ひとつの大家族であるかのような運命共同体となり、経営者と従業員が家族のごとくお互いに理解し、励まし合い、助け合う」ような「大家族主義」（稲盛［二〇〇六］五三頁）と呼ばれる経営理念があった。一方、時間当り採算は、これまでみてきたように、当初、現場の生産効率の指標として誕生したものであった。やがてそれが営業部門にも拡大され、全社的な経営指標として位置づけられていった。そして高度

経済成長や労使協調といった社会的な背景のもとで、従業員の賃金の源泉として時間当り採算に着目することで、経営理念としての大家族主義と利益概念としての時間当り採算の融合が図られたと考えられる。

この際、時間当り採算が付加価値をベースとした計算構造であったことが重要であったと考えられる。すなわち、人件費をコストとしてとらえない構造であったために、従業員への賃金を単なる労働行為についての対価と捉えるのではなく、全従業員を共同経営者と考え、会社の利益処分の一形態としての報酬と位置づけることができたのである。そうすることで、全従業員が「『一定時間を働けば、一定の報酬がもらえる』という立場から、一八〇度変わって、今度は、メンバーの報酬を払うために自らが稼ぐ立場になる。そのため、自己犠牲を払ってでも、経営をよくしていこうと思う」（稲盛［二〇〇六］四七頁）ような全員参加型の経営が確立されたと考えられる[11]。

3-5 不況時の苦悩と時間当り採算に残る爪痕

一九六六年から一九七〇年前半までは京セラの黄金期と呼ばれるほどの成長を遂げた。図表5は京セラの業績の推移を示している。一九六九年七月には鹿児島川内工場が竣工し、一九七〇年度には、創業初年度の二六一倍の七〇億円の売上高（純利益率は一九・三％）にまで成長した。一九七〇年度末のアメーバ[12]数は八〇にまで増加していた。ところがその後、二度にわたる経済不況に京セラは苦しむこととなる。

一九六九年秋以来の金融引き締めやアメリカの景気後退、対日輸入制限の強化に伴う対米輸出の伸び悩み等の内外需要の減退で、一九七〇年の後半には京セラの受注は半減した（青山［一九八七］三七五頁）。まだ川内工場が竣工して間もない翌一九七一年度には、初めての減収（前年比マイナス二％）となった。翌年度には持ち直すものの、一九七四年度にはオイルショックの影響で、再び減収（マイナス一三％）となった。

図表5　京セラの業績推移

会計年度	期数	売上高		純利益		時間当り採算（円）	従業員数（a）	アメーバ数（b）	アメーバ当りの従業員数（単純平均：a/b）	備考
		金額（百万円）	対前期増減率（%）	金額（百万円）	対売上高利益率（%）					
1959-60	1	26	—	2	7.1	212	36	2	18.0	創業
1960-61	2	50	90	4	7.7	235	56	2	28.0	
1961-62	3	81	62	5	5.9	260	87	2	43.5	
1962-63	4	119	48	11	9.5	300	105	2	52.5	
1963-64	5	161	35	11	6.5	340	160	2	80.0	滋賀工場設立 一人当り売上高、時間当り売上高を計算
1964-65	6	248	53	17	6.9	386	185	2	92.5	本社工場で時間当り差引売上高を計算
1965-66	7	298	20	20	6.6	446	223	5	44.6	滋賀工場で時間当り差引売上高を計算
1966-67	8	644	116	102	15.9	499	341	8	42.6	
1967-68	9	1,044	62	114	10.9	690	462	14	33.0	時間当り採算が全社の経営指標になる
1968-69	10	1,921	84	302	15.7	1,073	535	17	31.5	時間当り採算が賃金上昇と合わせて議論されるようになる。
1969-70	11	4,419	130	1,061	24.0	1,238	855	21	40.7	川内工場設立
1970-71	12	7,002	58	1,353	19.3	1,268	1,265	80	15.8	
1971-72	13	6,852	－2	1,142	16.7	1,105	1,303	78	16.7	初のマイナス成長（売上高ベース）
1972-73	14	11,256	64	1,949	17.3	1,488	2,073	115	18.0	国分工場設立
1973-74	15	23,882	112	4,359	18.3	2,335	2,670	130	20.5	
1974-75	16	20,805	－13	3,228	15.5	1,433	2,316	126	18.4	二度目のマイナス成長（売上高ベース）
1975-76	17	29,633	42	5,225	17.6	2,379	2,785	137	20.3	
1976-77	18	40,190	36	7,461	17.8	2,802	3,033	151	20.1	
1977-78	19	38,683	－4	6,563	17.0	2,817	3,144	175	18.0	
1978-79	20	50,343	30	6,865	13.6	3,168	3,712	216	17.2	
1979-80	21	81,905	63	13,035	14.7	3,436	4,554	269	16.9	

出所：青山（1987, p.214）に加筆・修正

一九七二年の一〇月には国分工場が完成し、大幅な人員の増強がなされた直後でもあったことから、京セラは急激な人余り状態に陥った。ここで京セラは、人員整理を行わずにこの難局を切り抜けることを選択する。当時稲盛氏は、社内報の中で従業員に対し以下のように述べている。

「私は社長の私自身を含めて部課長迄の賃金の一部カットを実施して、この難局を乗り切りたいと思います。

……欧米の場合は不景気になりますと、簡単に従業員のレイオフをやりますが、日本の場合ですと、日本的な労使関係があって、このようには割り切れない風潮が密着しております。……一部の財界人の中では『欧米なみのレイオフの制度を日本も取り入れるべきである。そうしなければ日本の企業経営は成立しない』という声も上がっておりますが、私はこういうさるまねではなくて、日本には伝統的なすばらしい人間関係に裏打ちされた労使関係があるわけですから、それをくずしてはならないと思うのです。……日本の労使関係を維持していくとすれば苦しいときには企業の全てが苦しいことを、同時に分担しあっていくという精神、つまり、悪い時には、悪いなりに皆で苦難をしのんで分担しあい、犠牲を払いあって、皆で手をつないでいくような気もちがなければ、日本経済日本の企業は、今後大きな問題に遭遇するのではなかろうかという気がします。……(そのためには)末端の一社員までが、この方向に進みうる思想を持ち理解しあえるような企業でなければ、今後繁栄していけなくなるのではなかろうかという気がします。」(『敬天愛人』第四九号、一九七四年一一月、原文ママ)

図表6は、一九七四年度から一九七五年前期にかけての月次売上高と従業員数を示したものである。一九七四年四月には二八億円以上あった売り上げが、翌年一月には一一億円弱にまで減少している。従業員数も一九七四年四月の二八二二名から翌年六月には二二八九名へと減少しているが、これは採用を抑えたことなどによる「自然減」(青山[一九八七]四八五頁)によるものであるという。

しかしこのような急速な売上高の減少の中で全員参加経営を維持するのは容易ではなく、いくつかの試行錯誤が繰り返された。そのひとつは、一定の時間当り採算を達成できなかったアメーバに対しての罰則制度の導入である。まず『敬天愛人』第三二号(一九七一年二月発行)では今後の時間当り採算の目標値として

図表6　1974年度から1975年度前期にかけての売上高と従業員数の推移

1974	4月	5月	6月	7月	8月	9月	10月	11月	12月
売上高（百万円）	2,822	2,577	1,800	1,770	1,529	1,578	1,387	1,227	1,120
従業員数	2,671	2,676	2,656	2,595	2,535	2,490	2,455	2,429	2,407

1975	1月	2月	3月	4月	5月	6月	7月	8月	9月
売上高（百万円）	1,098	1,167	2,731	1,476	1,684	1,824	2,329	2,262	3,948
従業員数	2,369	2,347	2,321	2,309	2,290	2,289	2,319	2,342	2,386

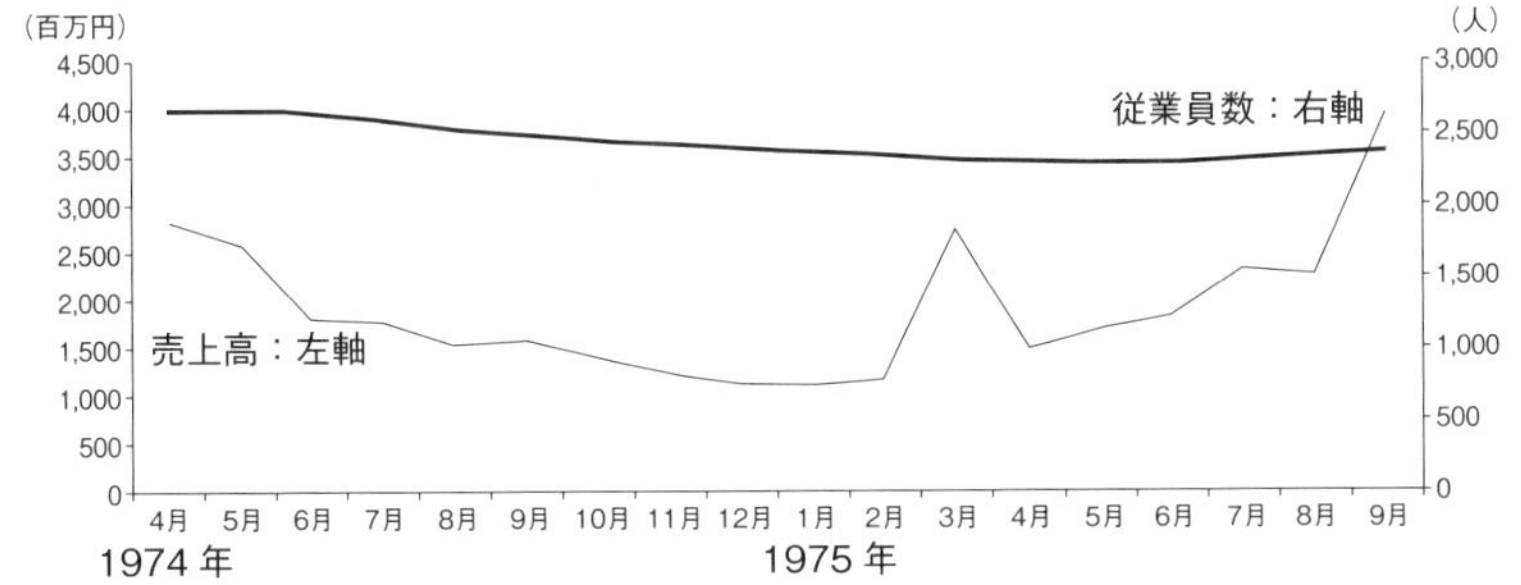

出所：青山（［1986］p.481）より筆者作成

以下のように設定された。

「時間当り　最低二千円
但し、従来の表彰制度は廃止し、最低額を下回った部門に対しては、個別に十分検討した上で罰として賞与に若干の差をつける。」

またその直後の一九七一年六月には、本社経営管理通達第2号において以下のように記されている（図表7）。

「時間当リ表彰ハ、時間当リ向上ニ寄与シタ部門ニ対シ、ソノ成績ニヨッテ、達成賞、努力賞、敢闘賞ヲ与エル、又、反面時間当リノ低下シタ部門ニ対シテハ罰則ヲ与エル。[13]」

しかし、これらの罰則規定は業績が

回復し始めた一九七一年の一〇月には改定され、罰則制度は廃止された。

さらに二度目のマイナス成長（売上高ベース）となった一九七四年度から翌年度にかけて、稲盛氏は一九七四年（暦年ベース）の目標であった時間当り採算二七〇〇円という数字の達成に強いこだわりを見せた。一九七五年二月発行の社内報には従業員に向けて、稲盛氏は以下のように述べている。

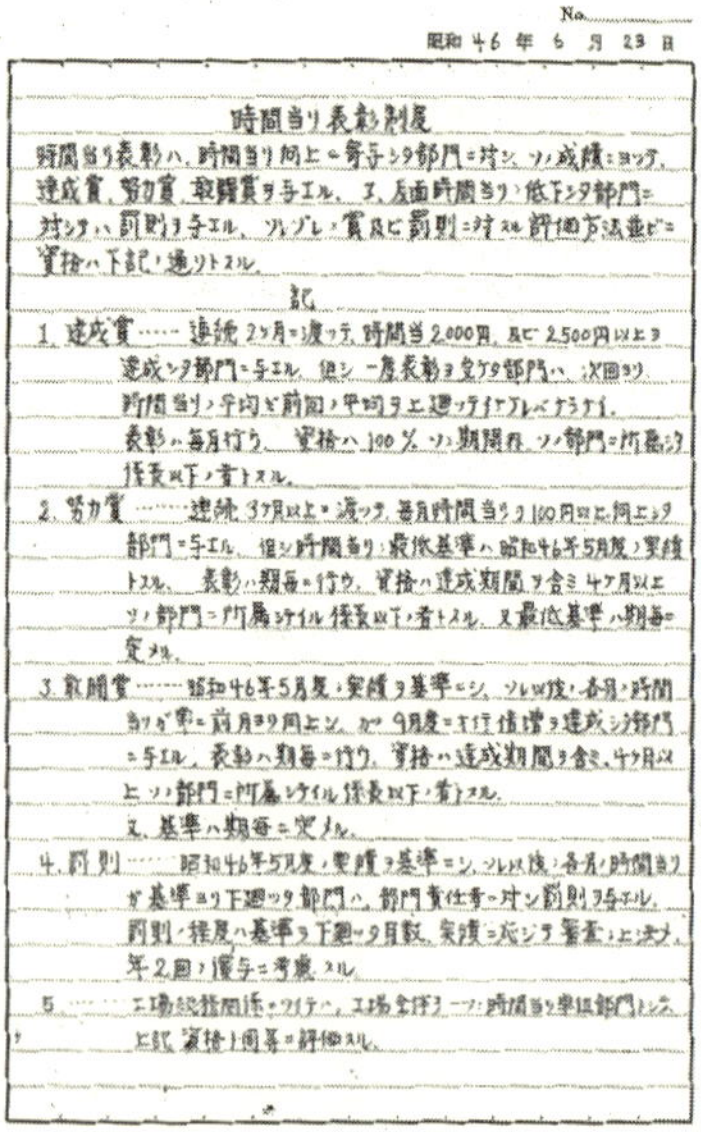

No.

昭和46年6月23日

時間当り表彰制度

時間当り表彰ハ、時間当り向上ニ寄与シタ部門ニ対シ、ソノ成績ニヨッテ、達成賞、努力賞、敢闘賞ヲ与エル。又、反面時間当リノ低下シタ部門ニ対シテハ罰則ヲ与エル。ソレゾレノ賞及ビ罰則ニ対スル評価方法並ビニ賞授ハ下記ノ通リトスル。

記

1. 達成賞……連続2ヶ月ニ渡ッテ、時間当2,000円、及ビ2,500円以上ヲ達成シタ部門ニ与エル。但シ一度表彰ヲ受ケタ部門ハ、次回ヨリ時間当リノ平均ト前回ノ平均ヲ上廻ッテイナケレバナラナイ。表彰ハ毎月行ウ。賞授ハ100%ソノ期間程ソノ部門ニ所属シタ係長以下ノ者トスル。

2. 努力賞……連続3ヶ月以上ニ渡ッテ、毎月時間当リヲ100円以上向上シタ部門ニ与エル。但シ時間当リノ最低基準ハ昭和46年5月度ノ実績トスル。表彰ハ期毎ニ行ウ。賞授ハ達成期間ヲ含ミ4ヶ月以上ソノ部門ニ所属シテイル係長以下ノ者トスル。又最低基準ハ期毎ニ定メル。

3. 敢闘賞……昭和46年5月度ノ実績ヲ基準ニシ、ソレ以後ノ毎月ノ時間当リガ常ニ前月ヨリ向上シ、且ツ9月度ニオイテ倍増ヲ達成シタ部門ニ与エル。表彰ハ期毎ニ行ウ。賞授ハ達成期間ヲ含ミ、4ヶ月以上ソノ部門ニ所属シテイル係長以下ノ者トスル。
又、基準ハ期毎ニ定メル。

4. 罰則……昭和46年5月度ノ実績ヲ基準ニシ、ソレ以後ノ毎月ノ時間当リガ基準ヨリ下廻ッタ部門ハ、部門責任者ニ対シ罰則ヲ与エル。罰則ノ程度ハ基準ヲ下廻ッタ月数、実績ニ応ジテ審査ノ上決メ、年2回ノ賞与ニ考慮スル。

5. ……工場総務関係ニツイテハ、工場全体ヲ一ツノ時間当リ単位部門トシテ上記賞授ト同等ニ評価スル。

図表７　本社経営管理通達第２号（抜粋）

「昨年の時間当り目標でありました二七〇〇円を今年は、どうしても確保せねばならないと考えております。現在、仕事が非常になくなっておりますから、人が余っておりますし、当社の場合にはレイオフその他をやっておりませんから時間当り二七〇〇円というのは、実は大変な問題でありましょう。そこで、この一月から、製造、営業を含めて、あらゆる時間当りの部門は現実にその仕事にかゝる人員と余剰人員とを完全に分けていたゞくことにします。」

具体的には、

「『実質』人員ノ算出ハ昭和四八年（一九七三年）七月ヨリ昭和四九年三月迄ノ九ヶ月間ノ平均一人当

リ生産高ヲ基準ニ、現在ノ生産予定額デ基準ノ一人当リ生産高ヲ計上出来ルニ必要ナ人員ヲ『実質』トスル．『余剰』人員トハ事業部在籍者数ヨリ『実質』ヲ除イタ者ヲ全テ『余剰』トスル」（本社経営管理通達第五三号）

と定められた。すなわち余剰人員を抱えたままでは、作業能率の低下を招くこととなり、受注が回復した時への悪影響を考慮し、あえて必要最小限の人員で業務を行わせようという意図である。したがって各アメーバの時間当り採算は「実質人員」のみよって計算され、余剰人員については、「事業部企画係」という名称のもと、各工場の工場業務課（総務課）や経営管理課の管轄下に入り、製造現場に一切立ち入らず、朝礼後直ちに工場敷地内の清掃や、研修会や技術関係の勉強会などに出席した。この規定は一九七五年一月度から実施されたが、業績の回復に伴って、同年七月に廃止された（本社経営管理通達第五三号、青山［一九八七］四八四―四八五頁）

さらに既に導入されていた金利償却費(14)の計上方法についても以下のように変更した。

「私（稲盛氏）は実際の姿をはっきりさせる為に、どうしても実際必要人員での二七〇〇〇円を達成するように、今月から計算方法を若干変えようと思っております。それには、私は今まで、や丶誤った考え方をしておりましたが、現在やっております金利償却につきまして、取得価格に対する金利償却という ことで、通常の償却よりは高い。そして、一定の金額を毎期負担することを提案し、そのま丶やってもらっておるわけである。これは、日本の経済界でも今問題になっていることなんですが、これだけインフレが進んでまいりますと、我々が五年前に買った設備、建物を今取得しようとしますと、当時に比べて三倍も四倍もかゝるわけであります。

ですから、本当は実際に買った価格の三倍四倍の償却負担をしなければならない程でして、過去に買い取った時の取得価格で償却を負担して、尚且つ採算が合うぐらいでなければ、事業をやる意味がないという考え方を私はしておりました。実は私はそうして企業体質をつけようと思ったわけであります。この考え方は正しい、論理的には非常に正しい考えであります。ところが、これが実は大きな過ちであったと今感じておるわけであります。それは何かと申しますと、今述べたような考え方で、従業員が奮い起ってくれるならいゝのですが、もともとは償却が少なかったのに高い償却を背負わされた為に時間当りがでなくてもしょうがないじゃないかというムードが多分にあるのではないかという気がしてきたわけです。」（『敬天愛人』第五〇号、一九七五年二月発行）

として、一九七五年の一月から、取得価額ではなく、各期の減価償却による価値の目減り分を考慮した簿価を基準として、金利償却費の計算を行うこととした。[15] この計算ルールは現在の京セラでも維持されており、各アメーバが保有する設備などについて、毎期首の簿価の六％の金額を、各アメーバが負担している。

そしてこの金利償却計算の変更と先ほどの実質人員のみによる時間当り採算の計算と合わせて、「この方式での時間当りを全事業部が、真に二七〇〇円を達成するよう、どうしてももっていきたと思っておるわけです」（社内報、一九七五年二月発行）と締めくくっている。

この二七〇〇円という基準は、一度目の不況を乗り越えて全社平均二三三五円を達成した一九七三年度中の一九七四年一月からの一年間の目標として設定されたものであった。しかし実際には、一九七四年度（一九七五年三月期）の全社平均は一四三三円へと大きく落ち込んだ。したがって時間当り採算に関連する一連の動きは、何としても前年度に達成できなかった二七〇〇円という時間当り採算の目標を達成しようとする稲盛氏の強い意思の表れであると同時に、目標値と実績値の乖離による従業員の時間当り採算離れを危惧するなかで、一旦設定した目標を下げることなく、再度従業員を鼓舞しようとするなかでの懸命の手立てであったと考えられる。

3-6 京セラおよび時間当り採算のその後

京セラの業績は一九七五年夏頃には回復し、翌一九七六年度には全社平均で二八〇二円の時間当り採算を達成した。一九七七年度には再び売上高の伸び率がマイナスを記録したものの、その後も京セラは順調に業績を伸ばしていく。一九九五年には本社の経営情報システム事業部が京セラコミュニケーションシステム株式会社（KCCS）として独立し、さらに二〇〇六年にはKCCSのコンサルティング事業部がKCMCとして独立し、事業としてのアメーバ経営のコンサルティング業務を行っている。

先述のとおり時間当り採算は、今日のアメーバ経営においても、中軸利益概念として重要な役割を担っている。しかしながら、例えば「なぜ付加価値を時間で割るのか」「なぜ人件費が費用に含まれていないのか」といった基本的な内容に対しても、現在いくつかの解釈が存在する。例えば「アメーバ同士の業績を比較しやすくするため」「各自の会社への貢献を数値化して示すため」「各々に経営者としての意識を植え付けるため」「人件費を最小化の対象とはしないため」「アメーバ間の人員の貸し借りを促すため」といった答えが代表的であろう。

まず「アメーバ同士の業績を比較しやすくするため」という点については、滋賀工場が設立された直後、本社工場との生産性の比較を目的として、製販会議において時間当り差引売上高が提出されるようになったことに由来すると考えられる。

一方でこの時点においては、京セラの設立直後からの経営理念であった大家族主義と利益概念としての時間当り採算（時間当り差引売上高）は、必ずしも関連していなかったと考えられる。両者が一体化するのは、高度経済成長期において京セラが急速な発展をしていくなかで、全社員が一丸となって会社業績の向上に参画し、その成果を経営者と従業員を含めた全社員（パートナー）で分かち合おうとする共同経営の考え方をより具体的な形で示すべく、人件費をコストとして捉えない付加価値をベースとした時間当り採算の計算構造を、稲盛氏が「活用」するようになった頃であると考えられる。したがって、「各自の会社への貢献を数値化して示すため」「各々に経営者としての意識を植え付けるため」「人件費を最小化の対象とはしないため」といった考え方には、これらの歴史的経緯に由来するものであると思われる。

また「人員の貸し借り」については、松風工業時代や一九七〇年代前半の不況期における「実質人員」による対応にみられるように、「能率」を重視し、各部門が不要な人員を抱え込まないように、という稲盛氏の考え方とその歴史的経緯に由来するものであると思われる。

すなわち、このような時間当り採算に対するいくつかの解釈はいずれも相反するものではなく、それぞれの時代背景や京セラ自身の発展段階のなかで、これらの経緯や意図を積み重ねるようにその計算構造に反映しながら、時間当り採算が形成されてきたことに由来していることがわかる。

4 「年輪」の刻み込まれた時間当り採算

以上、時間当り採算の形成および歴史的変遷過程について、当時の社内報や青山氏および稲盛氏の著作、および社内の経営管理通達などをもとに、その足跡をたどってみた。

近年では様々な目的のもとで、新たな指標や計算構造がいくつか生み出され、企業経営に大きなインパクトを与えてきた。例えば株主価値や企業価値の最大化を合言葉とした経済的付加価値（Economic Value Added: EVA）や、戦略の可視化や非財務指標の重視のためのバランスト・スコアカード（Balanced Scorecard: BSC）、間接費の正確な配賦や非付加価値活動の排除を目的とした活動基準原価計算・管理（Activity Based Costing/Management: ABC/M）などは記憶に新しい。しかしこれらの計算技法は、取り入れられた企業において「比較的短期間の王者」（Law［1991］; Briers & Chua［2001］）にしかなりえなかった事例も数多く報告されている。

一方で京セラにおける時間当り採算が特徴的なのは、それぞれの時代背景において期待される役割が変化するなかで、時として形を変えながら、しかし時間当りの付加価値を追求するという基本的な計算構造を維持しながら存続してきた点である。

時間当り採算は、生産状況把握を目的として製造現場のリーダーによって作り出された指標であった。当初は時間当り生産高が製販会議に提出されたものの、部門間の比較の観点から、生産高の代わりに付加価値としての差引売上高が用いられるようになると同時に、稲盛氏が全社的な経営指標として活用した。営業部門への適用に際しては、「製造部門こそが利益の源泉である」という理念のもと、製品の売上高は製造部門に引き続き計上し、かわりに営業部門には口銭と呼ばれる手数料収入が計上されるようになった。高度成長期には、従業員の賃金を共同経営のものでの利益処分の一形態として位置づけながら、全員参加経営による時間当り採算の向上が図られた。しかしその後、度重なる不況に苦しむようになり、稲盛氏は、時間当り採算に基づく表彰制度の廃止や罰則規定の制定、余剰人員への対応や金利償却の計算方法の変更など、さまざまな試行錯誤を繰り返しながら従業員を鼓舞し続けた。

このように、京セラの歴史の中で熟成された時間当り採算の柔軟かつ頑強な計算構造には、稲盛氏をはじめとする京セラマン達の数々の創意工夫や苦悩、またそれらを取り巻く様々な時代背景が、深く幾層にもわたって年輪として刻み込まれているのである。

付記

調査を行うに際して、KCCSマネジメントコンサルティング株式会社の原田拓郎氏および京セラ株式会社の木谷重幸氏には、多大なるご協力をいただいた。ここに記して感謝する次第である。なお、本稿は、平成二二年度科学研究費補助金若手研究者（B）課題番号22730370による研究成果の一部である。

注

（1）今日的な表現としては「京セラパーソン」であろうが、創業直後に、当時実際に京セラで用いられていた表現を優先している。

（2）「銘刻（inscription）」としての会計の特徴については、Latour［1987］やRobson［1992］などを参照のこと。

（3）本稿はラトゥールらによって提示されるアクターネットワーク理論の考え方に基づきながら、客観的な資料やデータなどによって裏付けられる「アクターの足跡」を追っていく。これら方法論についての詳細な議論については、Latour［2005］や潮・足立［二〇一〇］などを参照のこと。

（4）創刊号から一九六六年五月の第一一号までは『京セラ社内報』。以降は『敬天愛人』という名称になっている。

（5）詳細は潮［二〇〇六］（二一四―二一五頁）を参照。

（6）当時は京セラの会計年度単位（四月から三月）でなく、暦年単位（一月から一二月）での目標が掲げられることが多く、これも暦年単位での目標である。

(7) さらに、京セラコミュニケーションシステム株式会社会長の森田直行氏は、神戸大学大学院教授の加護野忠男氏との対談の中で、「営業部門の採算表を作った一五年後くらいして、管理部門でも採算表を作るようになった」と述べている。

(8) 社内報において初めて時間当り採算の数値にもとづく部門表彰の様子が掲載されたのは、稲盛氏が社長に就任した直後の一九六七年一一月であり、その時の基準は一〇〇〇円および一五〇〇円であった。一方青山［一九八七］（二〇八頁）には、最初の表彰では、過去数カ月の実績が五〇〇円未満の部門については五〇〇円、五〇〇円以上一〇〇〇円未満の部門については一〇〇〇円を達した部門について表彰が行われた旨が記載されている。

(9) この頃の時間当り採算は、単に「時間当り」と略して呼ばれることが多かった。なお、集計に際しては、時間当り採算を意味する場合にのみ、その対象とした。

(10) 詳細は、稲盛［二〇〇六］（二四―二七頁）を参照のこと。

(11) 鈴木［二〇〇九］は、稲盛氏が社長に就任し、一九六七年に時間当り採算が初めて全社目標として掲げられた時点を全員参加型経営の確立としている。

(12) 「アメーバ」という呼称がいつから使われ始めたかは定かではないが、社内報においてその言葉が初めて登場するのは、一九七七年一二月の社内報の中の、国分工場トリマー係松井潔氏の、「(国分工場）創業五周年によせて」への以下のような寄稿である。「京セラが発展する過程は、やはり小さいながらも独自の技術を活かした沢山の班なり、係が即ち、アメーバーの分裂現象の如く分離、独立し、それ等のすべてが世界的視野に立って将来を見通し、対応して行くことが国分工場、即京セラの発展に直結するものと確信します。」

(13) ここには「工場総務関係ニツイテハ、工場全体ヲ一ツノ時間当リ単位部門トシテ…同等ニ評価スル」とあり、総務部門については工場全体の時間当り採算に対して責任を負っていたことが分かる。

(14) 金利償却費とは京セラ独自の社内金利のようなもので、各アメーバが保有する機械設備等の価額に対し、一定の割合の金額を費用として計上するものである。詳しくは潮［二〇〇六］（二一〇、二一四頁）を参照。

(15) ただし金利償却を導入した当初（時期は不明）は、取得金額ではなく簿価を基準にしており、その後減価償却分を考慮しない取得金額ベースに変更されていた。従ってここでの変更により、当該基準は当初の方法へ戻ることとなった。

参考文献

青山政次［一九八七］『心の京セラ二十年』（非売品）。

稲盛和夫［二〇〇六］『アメーバ経営』日本経済新聞社。

潮清孝［二〇〇六］「実地調査からみた京セラのアメーバ経営：京セラフィロソフィの役割を中心に」上總康行・澤邉紀生編著『次世代管理会計の構想』第九章、中央経済社、一九三―二一六頁。

――［二〇〇八］「京セラ・アメーバ経営の時間当たり採算公式と利益連鎖管理」『企業会計』第六〇巻第三号、一五一―一五九頁。

――・足立洋［二〇一〇］「アクターネットワーク理論を用いた管理会計研究の動向」『メルコ管理会計研究』第三号、七五―八四頁。

上總康行・澤邉紀生［二〇〇五］「京セラのアメーバ経営と利益連鎖管理（PCM）」『企業会計』第五七巻第七号、九七―一〇五頁。

鈴木寛之［二〇〇九］「全員参加型経営システムの研究：京セラ経営システムの生成過程」『一橋商学論叢』第四巻第二号、二二―三六頁。

挽文子［二〇〇七］『管理会計の進化：日本企業にみる進化の過程』森山書店。

廣本敏郎［二〇〇六］「京セラのアメーバ経営：その意義と形成過程」『経済論叢』第一七八巻第四号、一―二八頁。

三矢裕・谷武幸・加護野忠男［一九九九］『アメーバ経営が会社を変える：やる気を引き出す小集団部門別採算制度』ダイヤモンド社。

Briers, M. & Chua, W. F. [2001] "The role of actor-networks and boundary objects in management accounting change: a field study of an implementation of activity-based costing", *Accounting, Organizations and Society* 26, pp. 237-269.

Latour, B. [1987], *Science in action*. *Cambridge*, Mass: Harvard University Press.

―― [2005], Reassembling the social. New York: Oxford University Press.

Law, J. [1991], "Introduction: monsters, machines and sociotechnical relations", in Law, J. (ed.), *A Sociology of Monsters: Essays on Power, Technology and Domination*. London: Routledge, pp. 1-25.

Robson, K. [1992] "Accounting numbers as inscription: action at a distance and the development of accounting",

Accounting, Organizations and Society 17(7), pp. 985-708.

Sawabe, N. & Ushio, S. [2010] "Studying the dialectics between and within management credo and management accounting", *Kyoto Economics Review* 78(2), pp. 127-156.

5

アメーバ経営と原価計算

尾畑　裕

1　はじめに

稲盛名誉会長の著書には、原価計算批判がよく登場してくる。稲盛名誉会長の著書ではたとえば、標準原価計算について以下のように述べられている。

「たとえば、通常よく使われる標準原価計算と呼ばれる方法では多岐にわたる製品を製造している場合、標準となる原価の設定だけにでも大変な作業が必要となり、さらに、つくったロットの大きさによっても原価が大きく変化してしまう。京セラの場合は、多品種少量生産を行っているので、もしこの方法を採用するとすべての品目ごとに原価計算を行うためには非常に膨大な作業が必要となるし、またわざわざ本格的な原価計算を導入しても実際的な価値や効果がなく、「時間当り採算制度」ともまったくなじまない。そのため京セラでは決算報告のためには、当社の考えに合った「売価還元原価法」という方式を用いて期末の製品と仕掛品の棚卸資産評価をしていた。上場資格審査の際も、一般的な方法とは異なるがこの方法が合理的だと考え、その旨を申し入れ、結果として審査をパスすることができた。[1]」

製造現場のコストセンター化については以下のように批判する。

「製造部門をコストセンターとして運営したのでは経営にならないのです。つまり、製造に「これだけをこの原価でつくれ」と目標原価を与えても、目標までは努力しますが、それがゴールですから、それより原価はなかなか低くはならないのです。製造現場をコストセンター化することは、製造の現場を市場から切り離してしまい、現場に市場の現実感覚を失わせ、そのやる気を阻害してしまうことになるわけです。[2]」

稲盛名誉会長の主張を整理すれば以下のようになると思われる。

① 原価計算は、経費と労力を要する

② 他人から与えられた目標原価の達成にのみ注意がむけられ、市場の現実感覚にもとづいた自主的経営が阻害される

稲盛名誉会長の原価計算にたいする否定的見解は、おもに財務会計と連動した標準原価計算を想定したも

のである。

アメーバ経営のなかにある普遍性を研究し、そのエッセンスを経営学や管理会計の基本的知識として確立し、大学の授業等においてその知識を体系的に教えることができるようにするべきと考える。しかしそのためには、アメーバ経営と原価計算の関係についても、深く検討しておく必要がある。というのは、どの大学においても「原価計算」とよばれる授業があり、そして原価計算の授業は、管理会計関係の研究者によって担当されるのが普通であるからである。大学で管理会計および原価計算を講じる教員の立場からすると、管理会計の授業でアメーバ経営をとりあげ、そのすぐれた特徴を紹介し、議論する一方で、かたや原価計算の授業では稲盛名誉会長によって批判されている伝統的な原価計算制度を中心に講じ続けるということは、矛盾した行動であり、許されないように思われる。そのため管理会計的視点からアメーバ経営を検討していくのみならず、アメーバ経営を前提に考えた場合、原価計算論の体系をどのようにかえていったらよいかという観点からの考察も必要である。本稿は、そのような立場からアメーバ経営と原価計算の問題を検討しようとするものである。

最初に注意を喚起しておかなければならないことがある。原価計算というと原価の計算だけのように誤解されることがあるが、慣習的に原価計算といっていてもその本質は原価と収益の比較計算であるということである。それでは、なぜ原価・収益計算とよばれないのかというと、もともと製品ごとの収益の把握より原価の製品ごとの帰属にこそ議論すべき問題があったからであると推測する。製品原価計算の場合、価格と一単位あたりの製造原価が比較された。価格は、過去の実績の場合、実現した価格そのものであり自明である。価格交渉の基礎資料として使う場合には、価格自体が比較の対象であり、計算の対象ではない。計算された原価と交渉の対象となっている価格が比較されているわけである。価格としての収益と原価が比較されるのである。計算の必要のない収益にたいし、原価は、間接費を各製品に配分しなければならないなど複雑な手続きを要したのである。ようするに歴史的にみると原価計算のほうに議論すべき問題があったのである。ただ、原価計算という言葉を使っているうちに、収益面の問題が本来存在していることを忘れてしまう可能性があるので、筆者は明示的に原価・収益計算とよぶほうがよいのではないかと思っている。ドイツにおいては原価計算と同じ意味で、原価・給付計算（Kosten- und Leistungsrechnung）あるいは原価・収益計算（Kosten- und Erlösrechnung）という言い方も使われているのである。以下の論考では、慣用的な用語に従い、単に原価計算というが、その意味するところは原価・収益計算であることに注意されたい。

本稿では、アメーバ経営と原価計算は二つの意味で関係すると考える。ひとつは、アメーバ経営において重要な意味をもつ「時間当り採算制度」は、広い意味で原価計算の一種であると位置づけることが可能ではないかという点である。「時間当り採算制度」は、期間損益計算の一形態として原価計算論の体系の中に位置づけることができよう。もうひとつの論点は、アメーバ経営においても製品軸の原価の計算は必要であるということである。ただし、その場合、アメーバ経営と整合性のある製品原価計算とはどのような原価計算であるのか、そしてそのような製品原価計算は原価計算論の体系のなかにどのように位置づけられるかという議論が必要である。

本稿では、まず「時間当り採算制度」をも含む原価計算論の体系を検討することからはじめ、次に、アメーバ経営と整合性のある製品軸の原価の計算について検討していくこととする。

2 原価計算論における「時間当り採算制度」の位置づけ

2-1 アメーバ経営における期間損益計算の優越

経営管理者のための計算システムとしては、期間損益計算系統の計算システムと製品原価計算系統の計算システムが存在する。両方のしくみが必要である。アメーバ経営において重視されるのは、「時間当り採算制度」という期間損益計算系統の計算であり、製品別の計算は従であり、必ずしも必須とは考えられていない。

一般的にいって、業績評価指標として考えると、製品原価は、かならずしも適切な指標とはいえない。製品軸の計算は、工程横断的に製品原価が集計されるため、責任がはっきりしなくなるからである。また、固定製造間接費があるので、その配賦の仮定によって製品原価は大きく変動するので業績評価には向かないのである。それにたいして期間損益計算は、責任区分ごとに損益を計算するので、ある責任グループの総合的な業績を判断する尺度としては、期間損益計算がベースになるのは当然のことなのである。責任グループごとの期間損益計算を行わない場合、その責任グループの総合的な業績を把握できない。なんらかの物量指標を目標指標、業績尺度指標として利用することができるかもしれないが、当該責任グループの長に大きな自由裁量の余地を与えるためには、総合的な損益尺度が理想的なのである。

ただし、販売機能と製造機能を有する事業部の損益の場合と異なり、機能的に有機的に結びついている工程を独立した利益センターと考えることには、社内売買の価格の決定、すなわち利益をどう配分するのかという問題がともない、運用がむずかしいところがある。アメーバ経営は、その問題を、運用上の工夫やフィロソフィーによりたくみに解決していると考えられる。

2-2　期間損益計算の一形態としての「時間当り採算制度」

「時間当り採算制度」は、期間損益計算の一形態であると考えられる。通常の期間損益計算と異なるのは、人件費が費用のなかにはいっていないこと、さらに損益を当該アメーバの総時間で割っていることである。「時間当り採算制度」は二つの要素の合成尺度である。一つは人件費を除く費用と収益と差としての「差引売上」というアメーバの損益であり、もうひとつはアメーバごとの総時間である。「差引売上」と総時間いずれを削減しても、「時間当り採算」は向上するのであるから、それだけアメーバリーダーの自由裁量の余地は高くなる。

「時間当り採算」を計算するさいに期末在庫を考慮しない点も通常の期間損益計算と異なっている。これについては、次の2-3でさらに考察する。

2-3　費用収益対応の原則と「時間当り採算制度」

「原価計算基準」が想定している関係は、製品原価計算により計算された売上原価を媒介に製品原価計算は期間損益計算に有機的に結合されるという関係である。標準原価計算の場合も同様であり、標準原価で計算された製品原価と原価差異が、製品軸の計算と期間損益計算をつなぐのである。

このような構造がとられる理由は、原価凝着の確保と費用収益対応の原則である。「原価計算基準」は「企業会計原則」の一環として位置づけられているので、貸借平均原理が、製品原価計算の計算構造のなかにも埋め込まれている。

複式簿記と原価計算の有機的関連は、原価計算の信頼性確保に貢献してきた面もあるが、その反面、原価計算の自由な展開を制約してきた側面もある。

また、費用収益対応の原則は、実体的に需要サイド（販売）と供給サイド（生産）の釣り合いがとれていないときに人為的・計算的に、つりあいを確保する手段であり、本来販売と生産のバランスがとれている場合には不要の考え方である。経営者としては、需要サイド（販売）と供給サイド（生産）のバランスをとることこそが責務であり、このバランスを崩した場合には、期間損益計算上それなりのペナルティを受けてしかるべきである。(3) 需要サイド（販売）と供給サイド（生産）のバランスが崩れていても計算上あたかもバランスがとれているようにみせる費用収益の対応は、本来必要ないのである。

京セラにおいては、生産と販売（社内の販売を含む）のバランスを確保するのはそれぞれのアメーバの責任であり、仕掛品を他のアメーバから受け入れ、それを計算期間内に他のアメーバに販売できなければ、生産と販売のアンバランスによる損失はそのアメーバが負う。そこでは費用収益の対応は、各アメーバが実体として確保すべきものであり、計算上の対応はあえて行わない。むしろ、費用収益の計算上の対応を行わないことにより、実体的に収益と費用を対応できなかった場合に、ペナルティを負わせるしくみとなっているといえる。もっとも、決算まぎわに他のアメーバに仕掛品を押しこむ行為は、京セラフィロソフィーに反する利己的行為として抑制されている。

「時間当り採算制度」においては、総時間で除す前の「差引売上」の計算の際に、費用収益の対応を意図的に無視しているといえる。このことは期間損益計算と製品原価計算の関係において重要な意味をもつ。ようするに期間損益計算を完結させるのに製品原価計算が不要であるということである。「企業会計原則」や「原価計算基準」で想定されているような製品原価計算と期間損益計算の関係では、製品原価計算が完結しないと期間損益計算も完結しないのである。しかし、費用収益の対応を考慮しない場合、期間損益計算は製品原価計算に依存せずに独立して行うことができる。

3 アメーバ経営と製品軸の原価の計算

3-1 アメーバ経営における製品別原価計算の意義

アメーバ経営においては、期間損益計算系の計算である「時間当り採算制度」が優先するが、製品軸の原価の計算が行われないわけではない。値決めのさいの参考資料として、また社内売買の価格決定の基礎として、製品軸の原価情報は必要であると思われる。ただ、それはいわゆる「原価計算基準」でいう原価計算ではないので、かならずしも「原価計算」と呼ばれているわけではない。アメーバ経営における「時間当り採算制度」では、すでに述べたように費用収益の対応を考慮しないのであるから、「差引売上」というアメーバ損益の算定のさいに製品原価の情報を利用する必要がないのである。製品軸の原価情報は、期間損益計算のためでなく、独自の意味をもった計算として必要となるのである。

国分工場コンデンサー統括管理部原価管理課におけるインタビュー調査では、京セラにおける製品軸の原価の算定について非常に有意義な情報を得ることができた。国分工場では、品種ごと工程ごとに原価の算出を行っている。コンデンサー統括管理部原価管理課におけるインタビューによると、製品原価計算の結果の利用目的として以下の四つがあるという(4)。

①売価見積の基礎データ
②工程ごとの完成割合の作成

③代表品種の原価内訳（費目別、工程別）

④新商品の原価計算

①の売価見積の目的が重視されている。営業からの希望単価に対して、原価はどうかを検討して、ある程度利益が取れる見積を作成するという。④にあるように新商品の原価計算も、新しい商品について、利益が確保できるかどうかを検討するのに利用される。③代表品種の原価内訳（費目別、工程別）というのは、月ごとに異常な動きをしていないかをチェックするために行っているという。

②の工程ごとの完成割合の作成は、財務会計目的の期末仕掛品の評価のための基礎として行うものである。ただ、注意すべきは、財務会計上の期末棚卸額を製品原価計算により算定しようというものではないという点である。京セラにおいては売価還元原価法により期末の製品・仕掛品を評価することは周知のところである。製品の評価額は、製品の売価に原価率を乗じて計算するわけであるが、仕掛品の評価額は、当然、製品の評価額とは異なる。仕掛品の評価額を計算するには、製品の評価額にたいして、その製品のそれぞれの工程ごとに計算された完成割合を乗ずる必要がある。工程ごとの完成割合の作成は、一定の間隔で一カ月間を定めて原価の実績を調査して行っているという。[5]

またこの調査は、期末棚卸の評価に役立つのみならず、製造責任者に製品の原価および工程を認識し、それら製造工程を見直してもらうこと、製造責任者が把握している見積原価と比較してもらうこともねらいとしている。[6]

工程ごとの完成割合の調査ではすべての品種について原価を調査するわけではなく、調査期間の前の月の末受注残明細書から調査期間に製造するものすべてについて製造工程の異なるものごとにグループ分けして、そのグループの中で生産数量の大きなもの上位一定順位までの品目を抽出する。抽出した代表的製品が

各製造工程での生産量の五〇～六〇％以上に達しないときは、さらに次点の製品をくわえていくという。(7)

3-2 アメーバ経営と整合性のある製品軸の原価の計算

コンデンサー統括管理部原価管理課におけるインタビューによれば、(8)原価計算に必要なデータの具体的ソースには以下のようなものがある。

原価の算出に必要なのは、

①採算表
②処理実績
③換算係数
④設計仕様
⑤資材品単価
⑥部材情報
⑦外注内職実績

ここで重要なのは、採算表、処理実績のように直近の実績データと、換算係数、設計仕様のような技術的標準的データが組み合わされて、原価の計算が行われていることである。なお、製品別の原価は半年ごとに更新され、そのときどきの実績状況が反映される。

このように製品軸の原価算定のための基礎資料は、実績データと技術データの組み合わせによるものであり、「原価計算基準」で想定しているような財務会計に組み込まれる製品を原価の計算とは全く異なるものである。

京セラにかぎらず、代表的品種について製品の原価を見積もるというのは、価格設定の基礎資料の提供、品種ごとの採算判断のために、一般的に行われるものである。しかしながら、このような見積原価の計算は、特殊調査的な原価の計算であるため、多くの原価計算のテキストでは、対象としていない。しかしながら、今後は、制度としての原価計算以外の原価算定のしくみについても原価計算のテキストで扱っていく必要があるであろう。

3-3 原価計算における期間損益計算と製品軸の原価の計算

我が国で出版されている原価計算のテキストは、「原価計算基準」を基礎に原価計算手続きが説明されているため原価計算制度が中心となっている。複式簿記との有機的な関連をもつ原価計算である。また、我が国の原価計算では製品別の原価計算を中心としており、短期の期間損益計算を原価計算の体系のなかに位置づけていないことが多い。期間損益計算系の計算である直接原価計算はとりあげられるが、製品原価計算と期間損益計算をあわせて原価計算と考えるような明確な体系が示されることが少ない。

我が国の「原価計算基準」では、期間損益計算の要素のひとつとして製品軸の原価計算が組み込まれている。売上原価の計算、期末製品、期末仕掛品の評価に原価計算が利用されるからである。原価計算が完結しないと期間損益計算は完結しないのである。しかしながら、本来的に期間損益計算と製品原価計算は視点の違いであり、私見によれば両者はそれぞれ独自の意味をもつ独立の計算体系であり、製品原価計算が期間損益計算に組み込まれる必然性はない。

4 アメーバ経営と整合性のある原価計算論の体系

いままでの考察から、アメーバ経営と矛盾しない原価計算論の体系についていくつかの示唆を得ることができた。なお、ここでいう原価計算は、「原価計算基準」にて想定する原価計算ではなく、特殊調査的な原価分析、原価の見積を含む概念であり、また短期の期間損益計算を含む概念として用いている。実務的には、そのような計算を原価計算とよぶことに抵抗があるかもしれない。「原価計算」という名称にこだわる必要があるのかという意見もあるかもしれない。しかし、テキストや学術的文献では、実務で使用されているよりも原価計算という用語を広義に使っているという事情がある。現在「原価計算」と銘打った本では、製品原価計算ということでは「原価計算基準」に基づいた説明がなされていることが多いが、他方、CVP分析や直接原価計算、差額原価収益分析や設備投資の意思決定など製品原価の計算や原価計算制度以外の管理会計的内容も取り上げられることが多い。そういう事情を考慮すれば、「時間当り採算制度」も特殊調査的な原価の見積計算も原価計算のテキストで取り上げることは、まったく違和感はないであろう。したがって、「原価計算」の守備範囲を広くして、そのなかで、「時間当り採算制度」も、特殊調査的な原価の算定についても、適切に位置づけて論じたほうが有効であると思われる。

また、ドイツの原価計算のテキストでは、たいてい短期成果計算（die kurzfristige Erfolgsrechnung）というような章が設けられており、原価計算の体系のなかに内部計算としての短期の期間損益計算が位置づけられているのが普通である。[9] 短期成果計算は、原価負担者期間計算（Kostenträgerzeitrechnung）[10] ともよばれる。この種の計算は、企業の経済性の経常的な監視にあるとされる。[11] ドイツの場合、短期成果計算の方法には、売上原価アプローチ（Umsatzkostenverfahren）と総原価アプローチ（Gesamtkostenverfahren）がある。売上原価アプローチは、我が国の「原価計算基準」が想定しているのと同様に、販売された製品の収益とその売上原価を対比するのにたいし、総原価アプローチは、当該期間に生産された製品がもたらす収益とその原価を対比しようとするものである[12]。ただ、いずれの場合も、在庫の変動は調整され、収益と原価が対応するようになっており、製品原価計算の結果を期間損益計算で利用するという観点では同じである。筆者が主張しようとしているような費用収益の対応関係を意図的に無視しようという議論は残念ながらでてこない。

我が国の「原価計算基準」においてもかつてのドイツの原価計算文献においても、原価の本質は、給付に関連づけられた財（用役）の消費を貨幣価値的に表現したものと定義される[13]。期間的に把握された資源消費を原価（ドイツ語でKosten）というのはおかしいのではないか、という疑問をもつひとがいるかもしれない。このようなシュマーレンバッハ以来の伝統的原価概念を所与と考えた場合でも、原価計算の対象を、一定期間に生成されたアウトプットの全体または一定期間に販売されたアウトプット全体と考えるならば、製品軸の計算のみならず短期の期間損益計算もまた原価計算の一部と考えてよいであろう。ただし、給付に関連づけられた財（用役）の消費を貨幣価値的に表現したものという伝統的定義を拡張していこうとする動きもある[14]。

ドイツにおいては、短期成果計算が原価計算の一領域として確立していることを考えてみても、短期の期間損益計算を含めて原価計算ということは、けっして突飛なことではない。

アメーバ経営と矛盾しない原価計算論の体系は、製品軸の計算である製品原価計算と、期間損益計算系の計算とをともに包含するものでなければならない。そして期間損益計算にも様々なものがある。伝統的な全部原価計算に基づく期間損益計算や直接原価計算方式の期間損益計算もある。アメーバ経営で用いられている「時間当り採算制度」もまた期間損益計算の一種として位置づけられるべきであろう。またその議論のなかで、費用収益の対応を行うのか、行わないのか、行わないとすればなぜなのかについての議論も必要である。製品軸の計算である製品原価計算と、期間損益計算系の計算とをひとつの体系の中で位置づけ議論することにより、両系統の計算の関係、それぞれの意義、メリット・ディメリットを明確にすることができよう。

アメーバ経営と矛盾しない原価計算論の体系は、製品原価の計算について、「原価計算基準」にのっとった原価計算制度としての製品原価のみならず、特殊調査的な製品ごとの原価の算定をきちんと位置づけて、その理論的な検討を深めるべきである。

複式簿記と有機的な関連をもった原価計算制度は、原価計算の結果に信頼性を与えるというメリットをもたらしたが、その信頼性は、製品ごとの原価の配分が合理的であることまでを保証するものではない。その反面、複式簿記と有機的な関連をもった原価計算制度は、原価計算の自由な発展にとっては制約となってきた側面もある。

京セラで行われているおもに売価見積のための製品別の原価算定も、原価計算制度以外の製品軸の原価算定として位置づける。この種の製品原価計算は実務的には広く見られるにも関わらず、会計学の対象外の問題と考えられていたためか、いままで理論的研究が不足していた部分である。この種の複式簿記的な制約から解放された製品軸の原価の算定は、今後さらに発展する余地をもった分野であると思われる。筆者の提唱するスナップショット・コスティングもそのような製品原価計算のひとつである。(15) スナップショット・コスティングをさらに拡張していけば、将来の予想収益とカレントなコストを比較対照する製品軸のリアルタイム原価・収益計算になる。たとえば各工程ごとのアウトプットの将来収益獲得予想値とスナップショットコストを対比するのである。そのような計算は、アメーバ経営と整合性のある計算となろう。

このように複式簿記機構との有機的関連がはずれれば、製品別計算はまだまだ理論的に研究する余地がある。資産負債アプローチのＩＦＲＳｓのアドプション、コンバージェンスの流れを踏まえると、期間損益計算の要素に製品原価計算の結果が取り込まれることを前提とした製品原価計算へのこだわりは、小さくなっていくと思われる。

こういった原価計算制度以外の見積原価の計算の場合は、従来型の製品原価計算と期間損益計算の売上原価を媒介にした関連はないが、見積原価の計算と期間損益計算とで資源消費に関する基礎データを共有するなど、あらたな関連を探求していくことが必要である。

5 まとめ

本稿では、アメーバ経営と原価計算の関係について検討した。アメーバ経営は、経営学、管理会計の領域での考察にとどまらず、原価計算の領域からみた考察が必要である。アメーバ経営を普遍性のあるシステムとして理論的に研究・教育の対象とするさい、アメーバ経営にとって重要な「時間当り採算制度」は、期間損益計算のひとつとして、原価計算論の体系のなかに位置づけることが望ましく、また、特殊調査的な製品軸の原価算定も、製品軸の原価の計算の一形態として位置づけることができる。このような観点から、原価計算論の全体的な体系を見直して、従来理論的な考察の不足していた領域、とくに見積原価の計算について今後理論的研究を深めていくと同時に、そのような見積原価の計算と期間損益計算との新たな関係についても、今後さらに研究する必要がある。

注

（1）稲盛和夫『稲盛和夫の実学：経営と会計』日本経済出版社（文庫版）、一九九八年、一三二頁。
（2）同、一八八頁。
（3）全部原価計算の場合、期末在庫を増やすと利益が過大表示されるという欠点があるが、この欠点は、直接原価計算により解消される。しかし、過大表示がされなくなるというだけであり、ペナルティが与えられるわけではない。費用収益対応の原則を無視した場合には、期末在庫の増加は、一方的な費用の増加となり、ペナルティを課すことになる。
（4）二〇〇八年二月一九日、京セラ国分工場コンデンサー統括管理部原価管理課におけるインタビュー（小川清晴コンデンサ統括管理部長、小島博史コンデンサ統括管理部原価管理課責任者、役職はインタビュー当時）による。
（5）本社経理部から製造責任各位あての通達「仕掛品完成割合算出根拠資料の作成依頼」本社通達一九九号（一九八九年一月一〇日）による。この通達によると、大多数の代表製品は、製造工程並びにその完成割合が一定してきたということで、三年ごとに仕掛品完成割合算出根拠資料を見直し作成しているという。
（6）前掲通達。
（7）前掲通達。
（8）前掲インタビュー（注４）
（9）たとえば、W. Kilger, Einführung in die Kostenrechnung, 3. Aufl., Wiesbaden, 1987, S.332ff. およびJ. Kloock, G. Sieben und Th. Schildbach, Kosten- und Leistungsrechnung, S.160ff.
（10）ドイツ文献では、原価負担者単位計算(Kostenträgerstückrechnung)と原価負担者期間計算(Kostenträgerzeitrechnung)とが対比される場合があり、製品原価計算と期間損益計算がともに原価計算であることを強く印象づける(J. Kloock, G. Sieben und Th. Schildbach, a.a.O.,S.125, S.160.)。
（11）J. Kloock, G. Sieben und Th. Schildbach, a.a.O.,S.160ff.
（12）J. Kloock, G. Sieben und Th. Schildbach, a.a.O.,S.162-166.
（13）このような定義の始まりは一九一九年のシュマーレンバッハ（E. Schmalenbach）の論文にさかのぼる。この点については拙著『ドイツ原価理論学説史』中央経済社、一九九九年、七四頁以下を参照。
（14）給付関連性のかわりに、実質的目的関連性（Sachzihlbezogenheit）があげられることがあり、原価の定義は「一期間の実質的目的に関連した評価された財の消費」というように拡張されているものもある（J. Kloock, G. Sieben und Th. Schildbach, a.a.O.,S.160ff.）。

（15） 歴史的な原価では、たとえば生産期間が三カ月の製品の場合、資源の調達価格や作業能率において三カ月前、二カ月前、一カ月前、当月の四カ月分の実績が混入する。スナップショット・コスティングの場合、すべてカレントな価格、直近の能率実績をもとに製品原価を合成するものである。スナップショット・コスティングについては、たとえば、拙稿「「原価・収益計算の提供する計算プロセス情報・非財務情報―XMLベースの原価・収益計算の可能性―」會計、一七三巻第六号、二〇〇八年六月号、四五―四六頁参照。

6

北居　明・鈴木竜太

マネジメントシステムとしてのアメーバ経営
――R・リカートによるシステム4との比較を通じて

1 はじめに

本稿は、マネジメント（あるいは経営管理）という視点から、アメーバ経営の特徴を明らかにすることが目的である。マネジメントとは、人をして何かことをならしむことである。一般にマネジメントを科学的に検討したのは、F・W・テイラーによる科学的管理法（Taylor［1911］）が最初であろう。その管理手法の焦点はタスク管理（課業管理）に当てられている。それまで労働者次第であった作業のスピードや方法に対し、科学的管理法では作業の標準化を図ることで労働者を管理し、結果として高い生産性を達成することをねらった[(1)]。この科学的管理法の実験を行っていたE・メイヨーは、大規模な実験調査から作業条件を改善することよりも、不満や苦情、集団の中の規範といった社会的な要素が生産性に強く影響をすることを示した（Mayo［1933］）。一方、炭鉱での労働を調査したE・トリストとK・W・バンフォースは、採炭方法のような技術システムの変更が労働者間の人間関係の社会システムに影響を与え、そのことが作業集団の生産性に影響することを突き止めた。つまり、作業のやり方といった技術システムと人間関係といった社会システムの双方が生産性に影響を与えると考えた（Trist & Bamforth［1951］）。

このように多くのマネジメントシステムは、組織構造や作業のやり方といった技術的な要素と人間関係やモラール、規範といった社会的な要素によって理解がなされてきた。言い換えれば、経営組織は技術システムとして理解することもできると同時に、社会システムとして理解することもできるのである。マネジメントの観点から言えば、この技術的要素と社会的要素に働きかけることによって、人をして何かこと（多くの経営組織の場合、それは高い業績）をならしむわけである。

本稿では、R・リカートによるシステム4と呼ばれる経営管理手法との①理論的検討による比較、②アメーバ経営を導入している企業に対する質問紙による比較を通して、アメーバ経営のマネジメントにおける特徴を描写していく。比較対象としてシステム4を取り上げた理由は、小集団・ボトムアップを基にしたマネジメントであること、そして原価管理と経営管理が一体化したマネジメントシステムであることが、アメーバという小集団によるマネジメントと外形的に近い特徴、すなわち技術システムとしての共通項を持っているからである。我々は一見類似する特徴を持つマネジメントシステムと比較することで、一般的なアメーバ経営の特徴だけでなく、より本質的、詳細な特徴が見いだせると考えている。その意味で、本稿の主眼は、一方の手法が他方の手法よりも優れていることを主張することではなく、違いを通してアメーバ経営のマネジメントシステムとしての特徴を見いだすことにある。

2 アメーバ経営とシステム４との比較

2-1 システム４の概観

システム４とは、リカートが数多くの行動科学的研究の成果を基に提唱した、小集団をキー・コンセプトにした経営管理システムである（Likert［1961, 1967］; Likert & Likert［1988］）。彼らは、フィールド調査に基づき従業員のモティベーションが高く、かつ生産性を上げる部門は次の三つの特徴、すなわち①支持的関係の原則、②集団による意思決定ないし管理、③高い業績目標を持つとし、こうした特徴を持つ管理システムをシステム４と呼んだ。

第一の支持的関係の原則とは、組織体の成員がお互いの相互関係を進めていく際に用いる一般原理と説明される（Likert［1961］）。すなわち自分の重要性を作業集団において確認しようとする人々が、そこで他のメンバーからサポートを受け、集団の中での信頼関係を築くことである。このことによって集団の目的を内面化し、目標達成のための協働関係を起こすよう強く動機づけられることになる。第二の集団による意思決定ないし管理とは、上司と部下がマン・ツー・マンで相互作用するのではなく、縦横のコミュニケーションを通じて情報が伝達され、意思決定されることを指す。また集団のリーダーは上階層の集団のメンバーであるという重複集団形式を取る。一般にはこのような関係を連結ピン機能と呼んでいる。このような関係を持つことで、小集団を基本単位にしながら上位の目的が下位に伝達・共有され、また下位の情報が上位に伝達されることになる。第三の高い業績目標とは、集団の成功のために必要なものである。システム4は従業員の一体感をもたらす管理方式であるが、集団の一体感は必ずしも高い成果に結びつくわけではない。なぜならもしメンバー全員が低い目標に対して一体感が出てしまえ

表1　リカートによるシステム1～システム4の特徴

主な組織特性	システム			
	システム1：独善的専制型	システム2：温情的専制型	システム3：相談型	システム4：集団参画型
動機づけ	恐怖・脅迫・懲罰・時に報酬を用いた、身体的安定や経済的欲求の活用。	報酬と若干の懲罰を用いた、主として経済的欲求の活用。	報酬、時には懲罰および若干の関与を用いた、経済的欲求と自我およびその他の欲求のかなりの活用。	参加を通じて開発された報酬制度に基づいた、経済的欲求と自我およびその他の欲求の十分な活用。
リーダーシップ	厳しい罰を課する能力がなければ、実際には適度な大きさ。	適度な大きさよりもいくぶん大きい。特に上層において。	適度な大きさから相当な大きさまである。特に上層において。	相当に大きいが、しばしば間接的。
コミュニケーション	上方から下方のみ。下方から上方および横同士は疎遠。	大部分は下方。上方ならびに横同士は限定されている。	上下に情報が流れる。横同士もかなり良好である。	上下および横に情報が流れ、その状態も極めて良好である。
意思決定	大半がトップで行われる。	方針はトップ。その枠内での意思決定は下層で行われる。	方針と意思決定はトップ。特殊な意思決定は下層で行われる。	組織全般で行われるが、重複集団の連結を通じて調整される。
目標設定	命令を通じて行われるが、抵抗も大きい。	命令が発せられ、意見具申の機会はまちまち。	部下と議論したのちに、目標が設定され命令が出される。	緊急の場合以外、目標は集団の参加によって設定される。
コントロール	トップに評価と統制の機能が集中。	比較的高度に集中するが、下位階層にも若干委譲。	かなり下層に移譲されており、下層も上層と同様に責任感がある。	評価と統制はすべての階層で行われ、時には下層の方が厳しい。

Likert［1961］より著者作成。

ば、低い成果しか望めないからである。そのため集団の成果をあげるためには高い目標が必要となる。高い目標を達成することで、成員は誇りや自信を感じ、また会社全体も発展することで報酬や昇進機会にも良い影響を与えることができる。

このような特徴をもつシステム4がシステム4と呼ばれるゆえんは、システム1から3のマネジメントを想定しているからである。表1は、システム1から4の特徴を示したものである。システム1は独善的専制型と呼ばれ、規則を決め、意思決定をリーダーに集中させ、情報も上から下へと流れ、部下からの情報は吸い上げられない。メンバーのコントロールは基本的には懲罰によってなされる。システム2は、懲罰よりは報酬をより多く使用するところにシステム1との違いがある。X理論に基づくマネジメント（MacGregor [1960]）はシステム1とシステム2によるマネジメントに近いといえるであろう。集団内の情報の流れはシステム1がリーダーとの一対一の関係であったのに対し、システム2では横の流れが生まれる。集団としてまとまりがある程度重視されるようになる。システム3では、より集団としてのマネジメントが重視される。横同士の情報も頻繁に流れ、そのため集団としての一体感や仲間意識といったものが仕事への動機付けに含まれるようになる。しかしながら、リーダーとの関係で言えば、リーダーの権限は強く、現場での意思決定もなされるが重要な意思決定はリーダーレベルで行われる。

2-2　組織形態における共通点と相違点

2-1で述べた特徴を持つシステム4だが、以下では組織形態、管理プロセス、リーダーシップの三つの点から、システム4を比較対象としてアメーバ経営(2)の特徴を明らかにしていく。組織形態における共通点としてあげられるのは二つのマネジメントプロセスとも小集団を基にした経営であることである。システム4

ではすでに述べたように、小集団の集合として組織を捉えており、集団の中では、上司と部下のマン・ツー・マンの相互作用ではなく、上司と部下および部下同士の相互作用、そして集団間では「連結ピン機能」を通じた相互作用が行われる。アメーバ経営においても、アメーバと呼ばれる小集団に組織を分割することが要諦となっている。京セラでは、組織規模が創業後数年で数百人規模に急成長したことが小集団分割のきっかけとなっている。この点について稲盛［二〇〇六］は、「従業員が一〇〇人のころまでは一人でやれたんだから、会社を小集団の組織に分けたらどうだろう。一〇〇名を管理するリーダーはまだいないかもしれないが、二〇〜三〇名の小集団を任せられるリーダーは育ってきている。そういう人に小集団のリーダーを任せて管理してもらえば良いではないか（二八頁）」という発想に由来していると述べている。

しかしながら小集団に分割して管理することはおなじでも、いくつか異なる点もある。それらは①集団の区分の基準、②小集団間の関係（小集団間の調整の仕組み）である。システム4では、集団の境界は必ずしも明確に示されているわけではない。しかしLikert［1967］では、ライン職能別のグルーピングをメインとして、そこに地域業務別のグループがかぶせられるような、いわゆるマトリクス組織に類似した集団形成が例としてあげられている。このことからは、システム4における集団設計の基本は、機能別、あるいは並行分業、そして垂直分業といった通常の分業と同様の基準をおいていることが推測されよう。より極端に言えば、システム4ではどのように小集団を区分していくのか、ということに関してはそれほど注意を払っていないと言える。また小集団間の関係について、垂直的な関係については連結ピン機能が働くことで情報共有がはかられるが、水平的な関係については上位階層によって関係が結ばれることが前提となっている。つまり調整の仕組みに関しては、より上位階層によって調整されるといった階層組織の原則に従っていると考えられる。さらに、小集団がどのように形成されるのかといった点についても、特に記述は見あたらなく、システム4ではあくまで小集団に分割してマネジメントを行うことが要諦であり、どのように小集団を分割するのか、誰がそれを行うのかといった点については所与のものとして捉えているように思われる。

一方、アメーバ経営の場合、ライン職能はさらに採算が計算できる最小単位までブレークダウンされる。またアメーバ間には取引も発生する。稲盛［二〇〇六］は、「たとえば、ファインセラミックスの製造工程は、原料、成形、焼成、加工などの工程に分けられる。この各工程を一つのユニットオペレーションとして分割し、原料部門が成形部門に原料を売るという形をとれば、原料部門には『売り』が発生し、成形部門には『買い』が発生する。つまり、各工程間で仕掛品を売買する形にすれば、各ユニットは一つの中小企業のように独立した採算単位となり、それぞれのユニットが『売上を最大に、経費を最小にする』という経営原則を実感しながら、自主的に経営していくことができる（四〇頁）」と述べ、小集団の区分の基準が小企業として成立する単位であるとしている。また稲盛［二〇〇六］は、分割の基準として「会社全体の方針、目的を遂行できるように分割すること（六四頁）」をあげている。これはたとえば、顧客第一主義という方針を持ちながら、アメーバの分割によって一貫したサービスが提供できないのであれば、分割はすべきではないということである。

しかしながら、右記のような原則はあるものの、集団の形成については絶対的な基準やルールがあるわけではない（三矢［一九九七］）。三矢［一九九七］によれば、アメーバが新しく区分される際には、リーダーの意思が重要であるとされ、多くは現状で経営状態が見えなくなり、管理が難しくなってきたときに組織が分かれる。つまり、アメーバ（小集団）は、経営状態が見えなくなったときに（基準から考えれば、経営状態が見えるように）分割がなされ、それはリーダーの意思によって現場レベルで柔軟に行われるということである。

またアメーバ間の関係の特徴として、アメーバ間に売りと買いというある種の取引関係が成立している（三矢［一九九七］）。これは言い換えれば、アメーバ間の調整の仕組みとして取引メカニズムが働いていると言うこともできよう。またこのアメーバ間の取引は、互いの交渉によって成立する。つまり、アメーバが価格や納期、品質までをも決め、他のアメーバと交渉を行う。そしてもし取引条件がアメーバ間で合意できない場合は、外部の組織と取引することも許されている（三矢［一九九七］）。

アメーバ経営におけるこうした取引を中心とした調整メカニズムは、システム4とのもう一つの相違点を浮き彫りにする。それは、環境変化に対する柔軟な対応である。システム4では、環境に対してどのように適応していくのかについて明確なメカニズムは説明されていない。一方、アメーバ経営はあくまで外部環境の変化、特に市場価格の変化に対して敏感に対応する仕組みを持っている。それが、受注生産販売方式と時間当り採算制度である。三矢［二〇〇三］によれば、営業部門が製造原価に利益を乗せて販売する方式（原価仕切り価格方式）では、市場価格の低下という情報は、営業への仕切り価格の変更がない限り製造部門まで届かない。この場合、原価の低減は通常前年比何パーセントという目標として、トップから製造現場に課せられる。すなわち、製造現場における原価低減は市場とは切り離された活動であると同時に、製造現場はコストセンターとしての役割を認識する一方で、自らをプロフィットセンターとして位置付けることは難しい。一方、アメーバ経営の受注生産販売方式では、営業が受注した金額は製造部門の生産金額として計上され、そこから営業に口銭が支払われる。製造部門の利益は、生産金額から営業口銭と製造原価を引いた金額で表され、営業部門の利益は営業口銭から販売経費を引いた金額で表される。この方式のもとでは、受注金額の低下は製造部門の利益低下に結びつき、製造原価を低減させなければならないというシグナルになる。この方式では、製造現場でまず利益が発生するため、彼らはプロフィットセンターとしての役割を認識するようになる。

時間当り採算制度では、各アメーバの収入と労務費を除く経費の差額である付加価値を、アメーバの総労働時間で割った一時間当り付加価値を各アメーバで計算する。このような方式により、各アメーバの採算を簡単に計算でき、メンバーのだれもが理解可能になる。稲盛［二〇〇六］は、時間当り採算制度の効果について「……たとえ市場価格が大幅に下がったとしても、売上の下落がアメーバ間の売買価格にすぐ反映され、各アメーバは経費を下げるなどの手を即座に打つことができる。つまり、市場のダイナミズムを、社内の隅々にまでダイレクトに伝えられるだけでなく、会社全体が市場の変化にタイムリーに対応することができる（四三頁）」と述べている。

すなわち、アメーバ間の調整を取引で行うアメーバ経営では、市場価格情報が製造現場まで浸透すると同時に、即座に対応できるような仕組みが組み込まれている。この点は、環境への適応メカニズムが不明確であったシステム４との大きな違いであると言えよう。

2-3　管理プロセスにおける共通点と相違点

次に、管理プロセスに関して、共通点と相違点を探っていくことにしよう。ここで言う管理プロセスとは、マネジメントによってもたらされる集団の行動や集団内の個人の態度や行動を指す。まず共通点としては、①活発なコミュニケーションの推進と②経済的動機以外のモティベーション、③高い目標追求があげられる。システム４では、コミュニケーションは（小集団内の）上下および横の間できわめて活発に交わされるとされている。そこで交換される情報は正確であり、上司と部下の間で正しい相互理解が形成される。

アメーバ経営においても、トップやリーダーが正確な判断を行うために、経営情報の正確かつタイムリーなフィードバックが必要とされる（三矢［一九九七］、稲盛［二〇〇六］）。谷［一九九九］は、アメーバ経営における特徴的な情報共有手段として、毎月月初にもたれるアメーバ会議をあげている。各アメーバは、全社、事業本部、事業部、部、課のレベルで、月初にアメーバ会議を行う。この会議で期待されていることの一つは、トップ・マネジメントの意思を各アメーバに伝えることである。また、事業部レベルのアメーバ会議では、部のアメーバ間の水平的情報共有が図られると考えられる（谷［一九九九］）。このような会議の構造と機能は、より上位において情報共有がなされる連結ピン構造と類似している。また、各アメーバは相互依存関係にあり、アメーバ間の取引は（先に述べたように）マーケットベースで行われる。谷［一九九九］では、アメーバ経営は、内部顧客でもある他のアメーバと常に情報共有を取りながらマネジメントを進めないと、自らの採算を確保できない仕組みを持っているとしている。このことも、コミュニケーションが活発になることを促進している。

アメーバ経営の導入とコミュニケーションの関係については、三矢［二〇〇三］が経験的に実証している。アメーバ導入企業のリーダーを対象とした質問紙調査によると、導入後の垂直的インタラクション（トップ方針の浸透の程度、現場情報の共有の程度）と水平インタラクション（他アメーバからの情報流入、他アメーバへの提案、全社的貢献度の理解）の程度は、導入前に比べて向上することが示されている。

また、経済的動機だけを従業員のモティベーションとして想定していないこともシステム4と共通する点である。システム4では、モティベーションは経済的報酬だけでなく、参加を通じて向上が図られる。メンバーは、目標設定、方法改善、目標への進度の評価などについて集団的に参加する。システム1や2では、もっぱら懲罰と報酬の組み合わせによってモティベーションを管理するが、システム4ではこのような意思決定への参加、目標の共有によって、メンバーは積極的に仕事に取り組み、内的なモティベーションが強くなる。

アメーバ経営においても、参加は重要なモティベーション向上手段である。しかしながら、その焦点は主としてアメーバ・リーダーに置かれている。谷［一九九九］や三矢［一九九七、二〇〇三］によれば、アメーバ経営においては、任せる経営によって（リーダーに対して）動機付けが図られる。アメーバ・リーダーは、採算をとるために必要な職務全体を任され、自発性と創意工夫を発揮できる。また、採算表では自部門の活動が全体業績にどのように貢献しているかが明示されるため、自部門の目標と会社全体の目標が連動していることが実感できる。KCCSの森田会長は、アメーバ経営のこのような特徴を「社員の内的動機付けを強化する部門別管理システム」と呼んでいる[3]。さらに、アメーバの業績は基本的に給与に反映されない。仕事の成果を明示的に外的報酬と連動させることは、仕事そのものの内的動機付け効果を低減する可能性がある（Deci & Flaste［1995］）。アメーバ経営では、給与と成果の明示的連動を避けることで、仕事が持つ内的動機付けの力が落ちないように工夫されている。

これら従業員のモティベーションを向上するもう一つの要因が、両者に共通する高い目標追求である。高い目標追求は、システム4の基本概念の一つでもある。リカート（Likert［1967］）は、高い目標が従業員のさまざまな欲求を満たすための「状況の要請」だと述べている。彼は「この欲求（経済的欲求や昇進や報酬、あるいは自分の会社や製品を自慢したいという欲求）は、経済的に成功している組織体で最もよく満たされているのである。………組織体なり、その部門、その成員なりが、高い業績目標を持っている場合にのみ、経済的に成功できる（邦訳五八頁）」と述べ、さらに高い業績追求は支持的関係のもとで有効に機能することを多くの実験結果をもとに明らかにしている。

アメーバ経営においても、高い目標を立てることは重要であるとされている。稲盛［二〇〇六］は、「………リーダーが高い目標を立てて、その実現に向けて、今日一日を懸命に努力することが大切である。リーダーはあらゆる可能性を追求して、詳細なシミュレーションを繰り返し、できるだけ高い目標を設定したら、後はその達成に向けて全力を尽くすべきである（二五一頁）」と述べている。アメーバ経営における高い目標とは、「時間当り採算」の絶対値というよりも、前月の実績にどれだけ上乗せした目標を約束するかにある（谷［一九九九］）。このように設定される高い目標を熱意と創意工夫で達成することで、リーダーは経営者としての能力や考え方を自然と身につけるとされている（稲盛［二〇〇六］）。このように、集団内のコミュニケーションを活発にし、高い目標を設定し、意思決定を促すことによって、小集団のモティベーションを向上していくことがその主たる対象が異なるものの、管理プロセスにおけるシステム4、アメーバ経営の共通する特徴である。

一方で、異なる点としては、情報システムとしての役割があげられよう。リカート（Likert［1967］）は、組織のトップはなかなかシステム4の効果について気づかないと述べている。彼は、原価切下げに対する一般的方法、すなわちシステム1や2による原価削減方法では、トップ・ダウンによって比較的早期に生産性や原価の改善をもたらすことができるが、数カ月後には低階層の管理者と一般従業員の間に敵対的反応が発生し始めると述べている。そのような傾向が続くと、二年目や三年目には原価切下げの圧力が高水準であるにも関わらず、実際の業績は低下し始める。しかし、経営者はこれが人的資源の消耗によって発生していることに気がつかない場合が多い。リカートはその原因として、人的資源の消耗の結果発生する怠業やストライキによって生じる費用を間接費として計上する会計上の慣行、および従業員の態度やコミュニケーションのあり方といった「媒介変数」の測定が行われないことをあげている。

このような事態を避けるために、リカートは人的資産会計を行い、従業員の能力、リーダーシップ、コミュニケーション、意思決定などの質について評価するべきだと主張している。しかし、人的資産会計の実行には多大な手間と時間というコストが発生する。また、たとえ人的資産会計を行っても、経営者はその評価をタイムリーに把握することは難しいと述べている。

一方、アメーバ経営では直接人的資産会計の評価が行われるわけではないが、毎日作成される時間当り採算表を通じて、経営者が日々の成果を即時的に把握することが可能となる。前述のように、時間当り採算は、各アメーバの売上から労務費を除く経費を引いた付加価値を総労働時間で割った値であり、各アメーバが毎日自分たちで計算を行う。この計算はきわめて単純かつ容易であり、複雑な会計知識がなくとも計算は可能である。各アメーバの付加価値を合計すれば、会社全体の付加価値となり、各アメーバは自分たちの貢献がわかると同時に、トップはどのアメーバが高い付加価値を生み出しているかを日々把握することが可能となる。(4)

時間当り採算を向上させるには、仕事の効率を向上させ、時間の使い方を工夫する必要がある。もし怠業が発生すれば、採算はたちまち悪化する。逆に、効率化によって人を余らせることができれば、他のアメーバに貸し出すことも可能である。稲盛［二〇〇六］は、「仮にあるアメーバは自分のところの仕事が少なく、隣のアメーバは人手が足りないとすれば、余っている総時間は減り、逆に応援してもらった部門の総時間が増えることになり、全体として時間を有効活用できるわけである（一五二頁）」と述べている。すなわち、仕事上の創意工夫によって時間の使い方が向上すれば、すぐに採算表によって把握可能になるばかりでなく、アメーバを超えた時間の有効利用も可能になる。したがって、アメーバ経営では、時間当り採算表を通じ、現場における人的資源の有効利用の程度をトップが即時的に把握可能であると考えることができるだろう。また、情報システムとしての効果は波及効果も持ちうる。情報が透明化され、各アメーバ経営によって各アメーバ・リーダーの貢献も透明化される結果、人事に納得性と公平性を持たせることが可能になる。(5) これらの情報システムとしての特徴は、システム4には見られない点である。

2-4　リーダーシップに関する共通点と相違点

システム4とアメーバ経営は、ともに小集団をベースとするマネジメント手法である。そのため、小集団をリードするリーダーの存在は大きい。リカート（Likert［1961］）は、システム4に先立つ研究において、支持的リーダーシップの重要性を上げ、部下に権限委譲を行うことで、高いモティベーションを維持することを強調している。また、すでに述べているように連結ピン機能として、集団を結ぶ結節点としての役割もリーダーは担っている。しかしながらシステム4はリーダーが取るべき行動やその役割について強調するのに対し、アメーバ経営は、リーダー自体を動機付け、育成することに主眼が置かれている。この点がシステム4とアメーバ経営の決定的な違いである。

アメーバ経営では、小集団は会社全体の方針、目的を遂行できるように分割することが一つの原則となっている。そのため、アメーバ経営のリーダー（アメーバ・リーダー）は、「小さな町工場や商店の社長のような立場で（三矢［二〇〇三］七六頁）」経営に参加するようになる。さらに、小集団同士の関係は取引関係となるため、アメーバ間の関係はあたかも企業間の取引のようなやり取りが行われる。システム4も参加的経営の形態と理解することができるが、両者の違いはどのような立場で参加するのかが異なる。アメーバ経営では、小集団はあたかも小企業として、アメーバ・リーダーは経営者として参加することになる。(6)また、アメーバ導入間もない企業のトップは「リーダーとトップの目線が同じになった。「前」に居たものが「横」に来たよう」と述べ、リーダーとトップが共通の問題意識を持つようになったと述べている。(7)一方、システム4では、上位集団への参加はあくまで下位集団のリーダーとして参加する。そのため、システム4の小集団リーダーには、このような自覚が生まれるかどうかは不明確である。

リーダーに関するもう一つの、そしてもっとも大きな違いは、アメーバ経営がリーダーの育成を目的の一つとしていることである。稲盛［二〇〇六］では、アメーバ経営の目的の一つとして、経営者意識を持つ人材の育成があげられている。これは、システム4では触れられていない発想である。むしろ、システム4ではリーダーがいない経営スタイルが志向されていた。リーダーはあくまで「連結ピン」であり、他の集団との調整役であることが求められる。一方、アメーバ経営におけるリーダーは、（部下をまとめ、目標を達成するといった）通常のリーダーシップを発揮する以上に経営者としての自覚が求められる。この点について稲盛［二〇〇六］では「小さなユニットであっても、その経営を任されることで、リーダーは『自分も経営者の一人だ』という意識を持つようになる。そうなると、リーダーに経営者としての責任感が生まれてくるので、業績を少しでも良くしようと努力する。つまり、従業員として『してもらう』立場からリーダーとして『してあげる』立場になる。この立場の変化こそ、経営者意識の始まりなのである（四七頁）」と述べている。小さい規模ながらも経営者として責任を持つことで、一従業員でありながら、経営者としての訓練が仕事を通じて行われる(8)。

三矢［一九九七］は、アメーバ経営に「任せて、任せっぱなしにしない」マネジメントのヒントがあるとしている。特に十分な能力を持たない人に経営を任せるための環境づくりのヒントとして、小さくて、なおかつ柔軟に分裂する組織と素早い結果のフィードバックをあげている。小さくて、柔軟に分裂する組織については すでに指摘したが、加えて時間当り採算によって素早く結果がリーダーとメンバーにフィードバックされることで、リーダーは動機づけられると同時に、自身の行動について常に自省を強いられる。またすべての採算情報が透明化されることによって、アメーバ・リーダー間には見えない競争が起こることも考えられる。単に任せるだけの育成ではなく、それを様々な形でフィードバック、公開することでもリーダーを育成していると言える。

3 質問紙調査結果の比較によるアメーバ経営の特徴

次に、質問紙による調査を元に、システム4との比較からアメーバ経営の特徴を探ることにしたい。

3-1 調査概要

調査はアメーバ経営を導入している製造業X社に所属する派遣社員を含む三〇一名を対象に行われた。正社員は一三一名、派遣社員は一三二名（欠損値三八名）、男性は二〇八名、女性は八一名（欠損値一二名）であった。

システム4との比較に用いられた項目は八項目である。これらはリカート（Likert［1967］）を元に作成された（表2）。具体的には、次のような項目と回答がセットになっている。すぐわかるように、表1に対応して、各項目の回答は1がシステム1に、2がシステム2に、3がシステム3に、4がシステム4に対応している。例えばすべての項目に4と回答されれば、システム4によるマネジメントであると捉えることができる。

3-2 調査結果

図1は、システム4に関する質問項目の各アメーバの平均値を箱ひげ図としてプロットしたものである。

表2　システム4に関する8つの質問項目

	1	2	3	4
1　上司が部下を信頼する程度	部下をまったく信頼していない	主人が召使に対するような恩着せがましい信頼を持っている	かなり信頼しているが十分とはいえない	あらゆる事柄について部下を十分信頼している
2　部下が上司に対して持つ信頼の程度	上司をまったく信頼していない	召使が上司に示すような卑屈な信頼を持っている	かなり信頼しているが十分とはいえない	十分に信頼している
3　組織や組織目標に向けられる態度	態度は通常、組織目標に対して敵対的であり反抗的である	あるときは目標に対して反抗的であり、またあるときは支持的である	通常は好意的で、組織目標を支持する行動を取る	態度はきわめて好意的で、組織目標に向けて強力に行動する
4　組織目標に対する責任感の程度	一般社員は責任をほとんど感じず、目標と逆の行動を取る機会を望んでいる	管理職は通常、責任を感じているが、一般社員レベルは少ししか感じていない	大部分の人達が責任を感じ、目標達成のために行動する	すべての階層の人が責任を感じ、目標達成のために行動する
5　組織目標達成のためのコミュニケーションの量は	まったくない	ほとんどない	少しばかりある	個人間、アメーバ間ともに多い
6　情報の流れる方向は	上から下	大部分が上から下	上下	上下および横
7　部下が自分の仕事に関係する意思決定に関連する程度は	全然ない	相談を受けることはあるが、意思決定には関与しない	通常、相談を受けるが意思決定には関与しない	自分たちの仕事に関係する意思決定すべてに十分関与する
8　上司が組織目標を成就するにあたって求めている水準は	平均的な目標を求めている	高い目標を求めている	非常に高い目標を求めている	極度に高い目標を成就しようとしている

注：問3、4、8は質問の際は逆転項目として使用されたが、ここでは他の項目にあわせて、入れ替えてある。

まず、箱ひげ図について説明を行うことにしよう。箱ひげ図は、データのばらつきを表現する方法であり、五つの基準値を元に作成されている。まず。箱ひげの両端（ひげの両端）はそれぞれ最大値と最小値を示す。図1の最初の質問項目（上司が部下を信頼する程度）の場合、最小値は三よりも少し小さい値（実際の値は二・八八）、最大値は三と四の中間の値（実際の値は三・四〇）を示している。次に、箱の両端は四分位点を示す。箱の右端は全体の二五％の位置を指し、左端は七五％の位置を指す。そして箱の中の区分線は平均値を指している[9]。

箱ひげ図からは、いくつかのアメーバ経営の特徴がわかる。一つは、ばらつきのある項目とある程度集約されている項目があることである。箱ひげ図で言えば、横長になる項目はばらつきがあり、短いレンジの箱ひげの項目は集約されているということになる。アメーバ間でばらつきがあるというのは、マネジメントによって強くコントロールされておらず、リーダーあるいは職種、組織特性などによって違いが出てくる項目であり、一方でばらつきの少ない項目は、アメーバ経営として強くコン

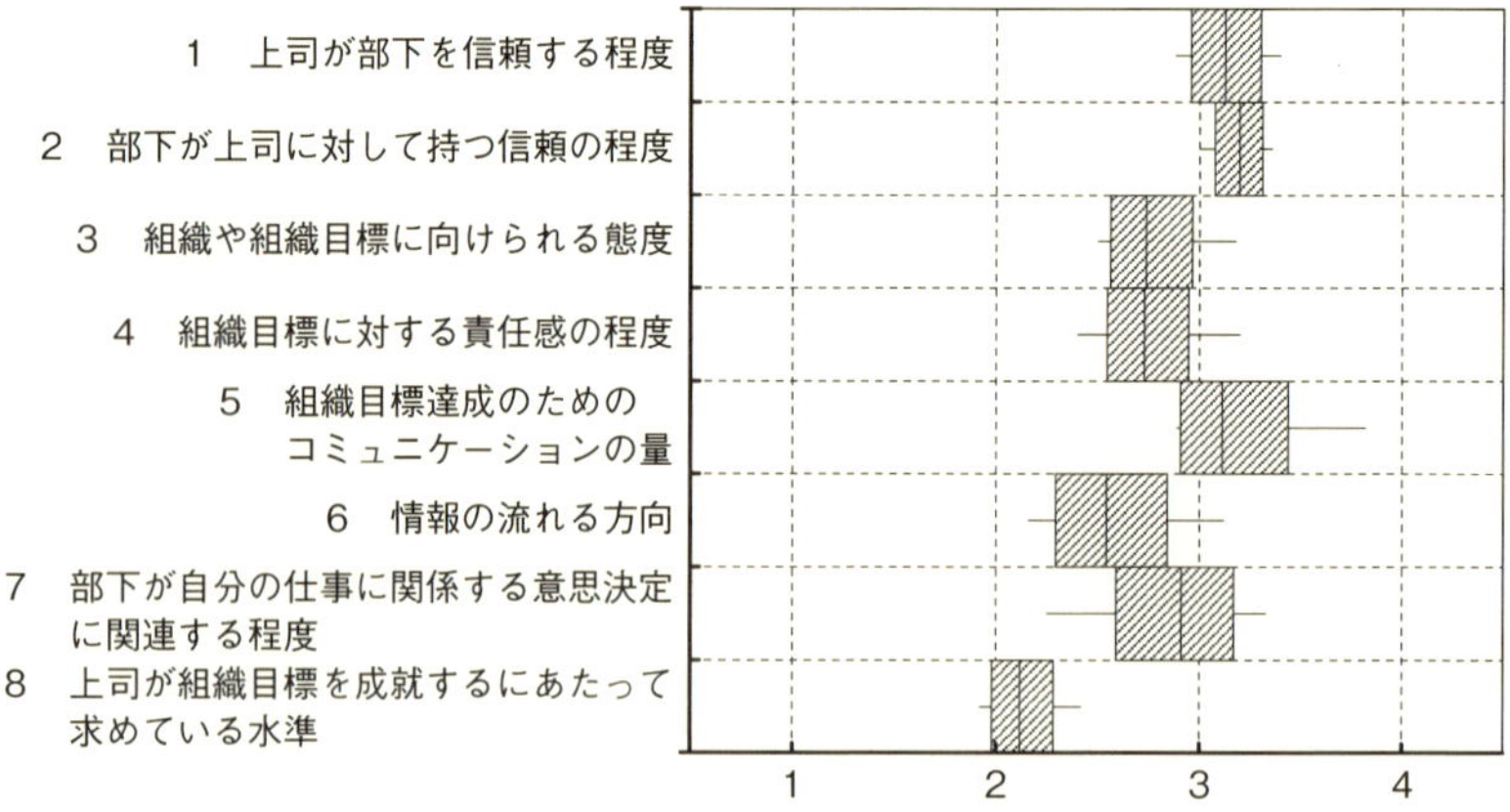

図1　システム4の項目の各アメーバの数値による箱ひげ図

注：問3、4、8の逆転項目は変換後の値。

トロールされている可能性のある項目であるといえる。具体的には、ばらつきのある項目として、部下が意思決定に関連する程度や情報の流れる方向、コミュニケーションの量などの項目があげられる。またばらつきの少ない項目としては、組織目標の要求水準や部下が上司に対して持つ信頼、上司が部下を信頼する程度などがあげられる。これらのことからは、上司と部下の関係に関しては、アメーバ経営ではかなり規定されることが考えられる。第二節で触れてきたように、アメーバ経営は、システム4と比較して、小集団のリーダーに対して強く働きかけている側面がある。リーダーとしての自覚を促したり、リーダーとしての行動を求めたりするアメーバ経営の特徴が、上司と部下の関係のあり方のばらつきを小さくしていると考えられよう。

二つめに、システム4との関連で言えば、アメーバ経営はシステム3に近いマネジメント手法であるといえる。この理由は、すでに述べているように、リーダーへの働きかけを重視するアメーバ経営から考えれば、自然な結果であろう。システム4では、リーダーは調整役的な側面が強く、集団のメンバーが意思決定や目標設定に関わることで、高く動機付けられ、自律的に行動していくことを理想としている。一方、アメーバ経営では、そこまで集団のメンバーに対しての行動を求めていない。むしろリーダーに任命し、採算という責任を担うことによって自律的に（経営者感覚で）活動を行うことを求めている。この違いが、アメーバ経営がシステム3に近いマネジメントの特徴を示している理由であると考える。

また、目標の水準はきわめて高いわけではなく、ほどほどに高い水準が要求されるというシステム2に近い結果が示されている。これは、システム4において目標が達成すべき行動目標とともに動機付けのために用いられる側面があるのに対して、アメーバ経営ではより達成すべき目標として設定されているからであろう。つまり従業員の態度や心理だけでなく、経営ということをより考えさせるアメーバ経営の仕組みから考えれば、この違いも明らかであろう。

次に、図2は各アメーバの業績を三段階にわけ、業績の違いにより八つの項目の平均値を図示したものである[10]。情報の流れる方向や部下が意思決定に関連する程度など、ばらつきの大きかった項目に関して違いを見出すことができる。情報の流れる方向に関しては、業績の良いところほどシステム3的な特徴、つまり上下だけでなく横においても情報のやり取りが行われている。また、意思決定に関連する程度は、高業績アメーバと低業績アメーバにおいては、部下に常に相談しながらもリーダーが決めるというシステム3の傾向があるが、中業績アメーバではあまり部下には相談しないがリーダーが決めるというシステム2の傾向があることが見出された。ばらつきが大きかったコミュニケーションの量に関しては、業績によってそれほど差がなく、業績には作用しないことが示唆される。また、興味深い結果としては、組織目標に向けられる責任感の程度に関して、高業績のアメーバほどその程度がシステム2の傾向、つまり部下はあまり責任を感じず、リーダーが強い責任を感じることが示された。部下が責任感を持つよりもリーダーが強い責任感を持つことが高い業績を示すことは、リーダーに強い焦点を置い

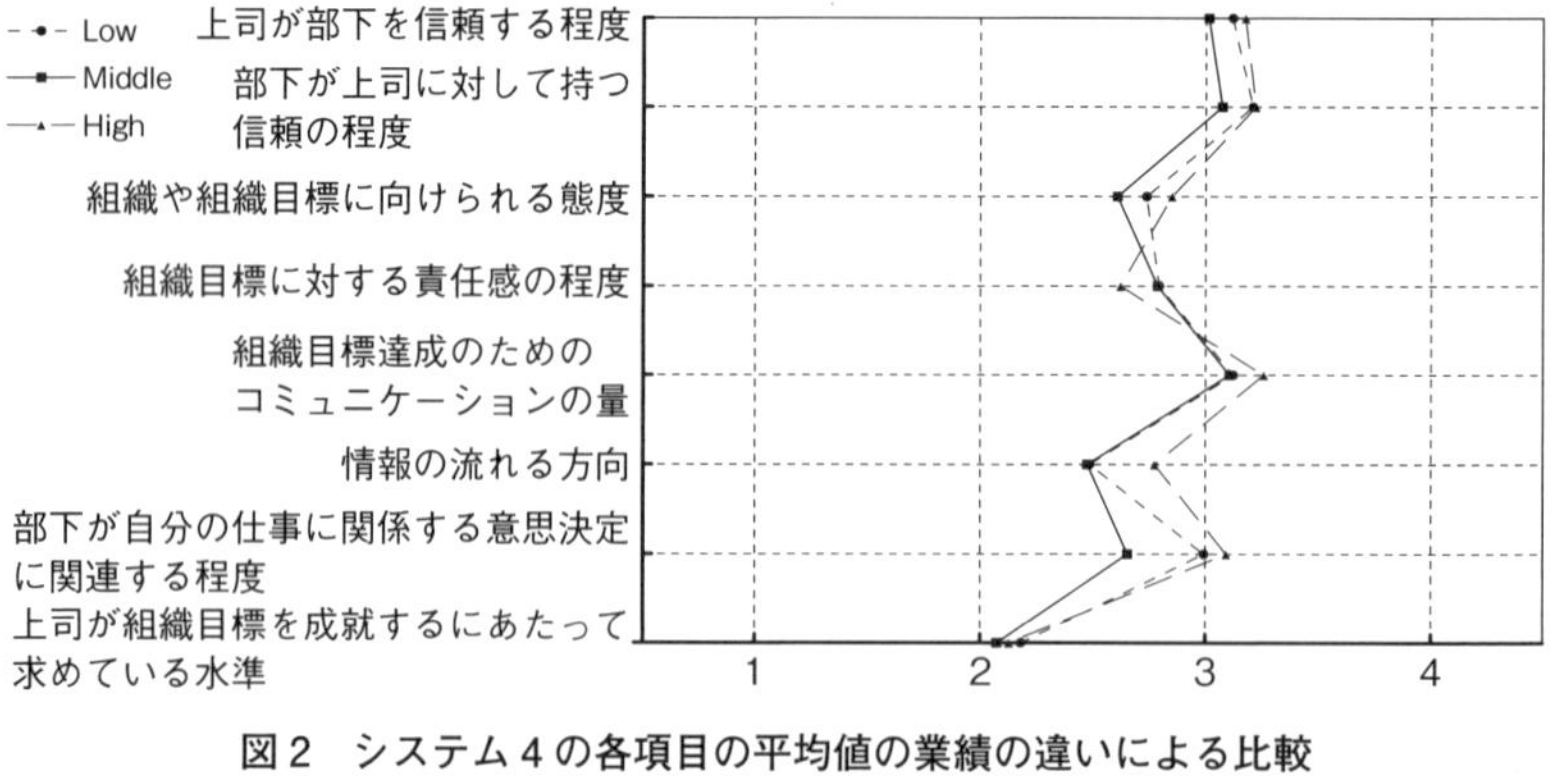

図2　システム4の各項目の平均値の業績の違いによる比較

注：問3、4、8の逆転項目は変換後の値。

ているアメーバ経営の特徴を示しているとも言える。

4 おわりに

ここまで、リカートによるシステム4との比較を通じて、アメーバ経営の特徴を探ってきた。システム4とアメーバ経営はともに小集団を基準としてマネジメントを考えている点や従業員の高い参加意識とモティベーションをもたらすマネジメントとして、共通点は多い。しかし詳細に見ていくと、似て非なるマネジメントであることがわかる。具体的な違いはここまでに述べてきたとおりであり、その違いはシステム3に近いアメーバ経営とシステム4の違いということには収まらない。そして改めて両者の違いをもたらす本質的な点、本稿の目的にかえれば、アメーバ経営の特徴は、リーダーにフォーカスを当てた、可変的で柔軟であり、動態的なマネジメントであること、と考えられる。

システム4は自律的な行動、高い動機付けをもたらすことを目的としているが、アメーバ経営はリーダーの自律的な行動、高い動機付けを目的としている。リーダーとメンバーの関係で言えば、システム4はメンバーの高い自律的な行動と動機付けを実現するために、リーダーは調整役あるいは連結ピン役として振る舞うことが求められる。一方、アメーバ経営では、リーダーが高い自律的な行動と動機付けを促し、そのことでメンバーの動機付けを高めようと想定している。小集団においてもマネジメントの対象が異なることが第一の違いであるといえよう。

また、リーダーにマネジメントの焦点を置くアメーバ経営では、リーダーに自律的な行動を促すことで、リーダーの育成をも目的としている。アメーバ経営のリーダー育成の特徴は、単に権限を与えることだけではない。徹底的に見える化された時間当り採算制度のもと強く収益をリーダーに意識させることである。また、それを促進する補完的な特徴として、アメーバ間で市場取引が行われる。アメーバ経営では、リーダーあるいは経営者を育てるために、小集団の内側に対して、リーダーとしてのマネジメントや意思決定の権限を持つだけでなく、アメーバ間あるいは組織内でもリーダーとして振る舞うことが要求される。また、目標は単にアメーバのメンバーを動機付ける目標ではなく、実現可能な計算された目標であることが求められる。このような経験によってリーダーが育成されることにより、組織はリーダー人材を継続的に用意することが可能になる。育成という要素がマネジメントに含まれることは、継続的に組織を維持することが可能にするのである。

またアメーバ経営が持つ特徴として、小集団（アメーバ）が可変的であることがあげられる。具体的には、アメーバの区分自体が現場レベルの判断で行われ、状況に適合するように随時小集団が形成されることである。システム4では、小集団の区分は所与のものであり、小集団がどのように形成されるのか、あるいはどのような区分で小集団を形成するのかといった点に関してはあまり考えられていない。

これらの違いは、大量生産の工場管理を念頭においたシステム4と柔軟な対応と対応スピードが求められる多品種少量生産のものづくりの現場を念頭においたアメーバ経営の立脚点の違いからくるものといえるかもしれない。あるいは、すでに規模の大きい組織において生み出されたシステム4と事業を拡大し規模を大きくしていく組織において生み出されたアメーバ経営の違いから来るということもできよう。

また、別の角度から見ると、会社組織に対する日本と米国の捉え方の違いから来るものかもしれない。伊藤［二〇〇九］はカイシャとカンパニーの違いをアメリカのオーナー企業の詳細なフィールドワークから浮き彫りにしている。伊藤によれば、カンパニーは、特定の専門集団である部課によって構成される集合体と認識することができる。このような編成原理にたてば、アメーバ経営のように、誰もが経営者になる仕組みという発想は生まれることはない。経営者は経営者という専門集団の中から生まれる、あるいは特定の能力やスキルのある人が選抜されるのであって、専門集団の業務の中から、将来の組織のリーダーや経営者を生み出そうという発想は生まれない。またアメーバを状況に合わせて作り変えていくような発想も同様に生まれにくい。逆に言えば、現場でのリーダー育成や状況に合わせた可変的な小集団という発想は「カイシャ」独特の思想ということもできるかもしれない。

経営管理論で議論されてきたマネジメントシステムのほとんどすべては、その時代や文化などのコンテクストを背負っている。その意味で、単に手法を導入するだけではマネジメントはうまくいかないことが多い(Jimenez, Fasci and Valdez [2009])。しかしながら、それらのシステムには、作業の標準化や分業のあり方、組織と個人の目標の同一化、組織のメンバーのモラール、内的な動機付けの喚起、といった普遍的な要素が含まれており、それがマネジメント理論として位置づけられる理由でもある。本稿は、アメーバ経営のマネジメントシステムとしての特徴をシステム4との比較から明らかにしようと試みた。いくつかの特徴を見出すことはできたが、マネジメント論における普遍的な要素を見出すまではより詳細な分析と議論が必要であろう。アメーバ経営も画一的なものではなく、導入した企業や組織においてその姿は異なる。今後、アメーバ経営を導入している複数の企業への調査などを通じて、アメーバ経営のもつマネジメントにおける普遍的な要素を明らかにすることが求められよう。

注

(1) 彼は能率的な作業を設定し生産性を上げていったが、生産性を上げ、より大きな利益を組織があげることになることが、労働者にとっても利益になることを第一に説いている。

（2）アメーバ経営システムはそもそも原価管理のための管理会計システムであり、経営管理のシステムではない。しかしながら、アメーバ経営はマネジメント的な要素も多分に含まれており、本稿ではそのマネジメントとしての特性に着目するため、ここではアメーバ経営をマネジメントプロセスとして捉えていく。

（3）第七回アメーバ経営学術研究会（二〇一〇年二月二七日）で配布された参考資料より。

（4）アメーバ経営を導入して一〇年以上になる企業の経営者は、このような効果を「会社がよく見える」と表現していた（アメーバ経営調査フィードバックミーティングより）。

（5）アメーバ経営調査フィードバックミーティングより。

（6）KCCSの藤井副会長は初めてアメーバ・リーダーを任されたとき「部下たちの生活の面倒をみるという自覚が生まれた」と述べている（京セラ創立五〇周年記念シンポジウムにて）。

（7）アメーバ経営調査フィードバックミーティングより。

（8）KCCSの藤井副会長はこの点について、アメーバ経営を「ボス猿を育てる仕組み」と表現していた。

（9）箱ひげ図では、中央値を用いることが多いが、今回は平均値を用いた。

（10）ここでの業績は、〇六年度と〇七年度の時間当り利益と時間当り経費である。その額に応じて、一〇のアメーバを高・中・低の三つの業績レベルに分類した。

参考文献

Deci, E. & R. Flaste ［1995］ *Why We Do What We Do: The Dynamics of Personal Autonomy*, Puthum's Sons.（桜井茂男訳『人をのばす力—内発と自律のすすめ』新陽社、一九九九年）

稲盛和夫［二〇〇六］『アメーバ経営—ひとりひとりの社員が主役』日本経済新聞社。

伊藤博之［二〇〇九］『アメリカン・カンパニー—異文化としてのアメリカ企業を解釈する—』白桃書房。

Jimenez, M. B., M. A. Fasci and J. Valdez ［2009］ "A Comparison of Management Style for Mexican Firms in Mexico and The United States", *International Journal of Business* Vol.14 No.3: pp. 251-263.

Likert, R. [1961], *New patterns of management*, McGraw-Hill Books Co., Inc.（三隅二不二訳『経営の行動科学─新しいマネジメントの探求』ダイヤモンド社）

Likert, R. [1967], *The human organization: Its management and value*, McGraw-Hill Books Co., Inc.（三隅二不二訳『経営の行動科学─ヒューマン・オーガニゼーションの管理と価値』ダイヤモンド社）

Likert, R. & Likert, J. G. [1988], *New ways of managing conflict*, McGraw-Hill Books Co., Inc.（三隅二不二完訳『コンフリクトの行動科学─対立管理の新しいアプローチ』ダイヤモンド社）

MacGregor, D. [1960], *The human side of enterprise*, New York: MacGraw-Hills.（高橋達男訳「企業の人間的側面」産業能率短期大学、一九六六年）

Mayo, E. [1933], *The Human Problems of an Industrial Civilization*, New York: Macmillan.（村本栄一訳［一九五一］『新訳 産業文明における人間問題』日本能率協会）

Morris, T. and C. M. Pavett [1992] "Management Style and Productivity in Two Cultures", *Journal of International Business Studies* Vol.23 No.1: pp. 169-179.

三矢 裕［一九九七］「任せる経営のためのマネジメント・コントロール─京セラ・アメーバ経営─」『学習院大学経済論集』第三四巻、第三、四合併号。

三矢 裕［二〇〇三］『アメーバ経営論─ミニ・プロフィット・センターのメカニズムと導入─』東洋経済新報社。

谷 武幸［一九九九］「ミニプロフィットセンターによるエンパワメント─アメーバ経営の場合─」『国民経済雑誌』第一八〇巻第五号、四七─五九頁。

Taylor, F. W. [1911], *The Principle of Scientific Management*, Cosimo Classics.（有賀祐子訳『新訳 科学的管理法─マネジメントの原点』ダイヤモンド社、二〇〇九年）

Trist, E. L. and K. W. Bamforth [1951], "Some social and psychological consequences of the longwall method of coal getting: An examination of the psychological situation and defences of a work group n relation to the social structure and technical content of the work system", *Human Relations*, 4(1). pp. 3-38.

7 アメーバ経営の導入
——アクテックの事例

三矢　裕

1 はじめに

京セラで生み出されたアメーバ経営が多くの企業で導入され始めているが、その中心は中小企業である。果たして規模や経営能力などで劣る中小企業が、日本を代表する優良企業の京セラと同じデザインのアメーバ経営を、同様に運用し、同様の成果をあげているのだろうか。導入企業の実態についてはこれまでごく僅かな事例しか報告されていない。しかもそれらは導入後の経験が数年の企業ばかりである。そもそも企業経営が長期的な活動であることを考えると、短期的な導入ケースからの含意は限定的といわざるを得ない。そこで、筆者は一〇年以上にわたってアメーバ経営を導入しているアクテック株式会社をリサーチサイトとし、同社のアメーバ経営の変遷についてのインテンシブなケース研究を実施した。本研究の主要な発見事項を先取りして述べると、「アメーバ経営導入直後には大きな混乱が起きるが、ほどなく採算意識の向上などの成果があらわれる」「その後、アメーバ経営への過剰適応からセクショナリズムなどの形骸化の問題が起こる」「経営理念の教育を行うことでアメーバ経営は再活性化し、全体最適を志向するようになる」「アメーバ経営の導入時にすべてのコンポーネントがフル装備されるわけではなく、逐次的に追加されるものもある」「アメーバ経営の礎が築かれた後、より積極的な経営へと進化する」となる。

本稿の構成は以下のとおりである。まず先行研究をレビューしながら「問題の所在」を明らかにする。「リサーチサイト、調査方法、記述方針」について述べた後、アメーバ経営の導入を「解凍」「移行」「停滞」「再活性化」というステージにしたがって記述する。その後、この調査結果について「ディスカッション」を行うとともに、「むすびにかえて」研究と実務への含意および限界を述べる。

2 問題の所在

アメーバ経営は、組織を小集団に分け、各々の部門別採算を追求しつつも、経営理念の浸透によって部分最適に陥らず、企業全体の最適化を実現できるユニークな経営システムである。このシステムが企業家的な人材の育成にも有効であり、これまでの京セラの発展を支えてきたことは、京セラ名誉会長稲盛和夫氏の一連の著作、ビジネス書、ビジネス雑誌、テレビの特集などで幅広く認知されている(1)（稲盛［一九九八、二〇〇六］、永川［一九九八］、三矢他［一九九九］、福永［二〇〇四］）。また、今日では経営学や管理会計の教科書にも重要トピックスとして取り上げられ、時間当り採算と呼ばれる日次決算や、アメーバ間の売買による市場メカニズムの浸透などが紹介されている（伊丹・加護野［一九八九］、櫻井［一九九七］、加登［一九九九］、門田［二〇〇八］、谷［二〇〇九］）。教育と並行して、アメーバ経営に関する学術的研究もすすめられてきた。京セラグループをリサーチサイトとしたフィールド調査の結果、アメーバ経営の誕生と発展の過程、アメーバ経営を構成するコンポーネント（管理会計、組織構造、経営理念など）、コンポーネント同士の連関、アメーバ経営の機能や成果などが明らかにされた（Cooper［1995］、谷［一九九九］、三矢［二〇〇三］、上總・澤邉［二〇〇六］、潮［二〇〇六］、挽［二〇〇七］、加護野［二〇一〇］）。

アメーバ経営は今日では、京セラ以外の企業でも実施されている。京セラグループのKCCSマネジメントコンサルティング株式会社（以下KCMC）によると、中小企業を中心に累計で三〇〇社以上が同社のアメーバ経営の導入コンサルテーションを受けてきた[2]。アメーバ経営の運用は、日次決算にしろ、社内での材やサービスの売買にしろ、一般の経営手法と比べて手間がかかり、大きな管理コストがかかると考えられている（三矢［二〇〇三］一四一頁）。それなのに規模や経営能力などで劣る中小企業が、日本を代表する優良企業の京セラと同じデザインのアメーバ経営を、同様に運用し、同様の成果をあげているのか、という疑問が沸く。

しかしながら京セラ以外の企業をリサーチサイトとしたアメーバ経営導入についての研究はまだ僅かである[3]（三矢・谷・加護野［一九九九］、三矢［二〇〇三］、劉・三矢・加護野［二〇〇六］）。その中の一つ、三矢［二〇〇三］では、アメーバ経営導入による成果として、

「受身であったリーダーのマインドが積極的となり、より企業家的な行動をとるようになる」
「組織階層の垂直間コミュニケーションや他職能との水平間のコミュニケーションが活発化する」
「心理や行動やコミュニケーションだけでなく、企業業績も改善する」

ということが明らかになった。また、導入プロセスとして、

「導入企業では例外なく時間当り採算が利用されている。しかし、アメーバ経営にフィットした経営理念の整備や、リーダー同士が主体的に値決めをしながらの社内売買などは、京セラにおいて標準的な手法であっても、導入企業では採用されないことがある。一方、採算表の工夫など、京セラでは行われていない独自の取り組みが始まるケースもある」

「導入直後には反対などが起こることはあっても、導入数か月後から組織に変化の兆しがあらわれ、およそ一年後には軌道に乗るようになる」

ということがわかった。

しかし、三矢［二〇〇三］の研究の限界は、導入経験が数年しかない企業だけが調査対象として選ばれていることである。(4) 導入直後の企業で観察された現象が、アメーバ経営を長期に実践した場合にも引き続いて起きるという保証はない。また、導入に焦点をあてた、これ以外の研究でも長期運用の企業をリサーチサイトとしたものは皆無である。とはいえ、ゴーイングコンサーンという言葉からわかるとおり、本来、企業経営とは何十年にもわたる活動である。長期的スパンの変化、特に、導入企業のアメーバ経営が、時間の経過とともに、原型である京セラ方式に収れんしていくのか、それとも各企業の個別事情に応じて独自性を強めていくのか、ということはアメーバ経営の実務と研究にとって重要イシューと言えよう。

この残された研究課題を解く手がかりを与えるのは、アメーバ経営以外の管理会計システムの導入プロセスに焦点を当てた先行研究である。(5) Anderson［1995］は、伝統的なLewinの組織変革プロセスモデルに依拠し、GM社における八年間のABC導入のケースを「開始」「採用」「適応」「受容」のステージに識別し、各ステージでの出来事を詳細に記述した。ここからの含意として、GMのABCの導入プロセスと同様、アメーバ経営がもたらす組織変革にも何らかのステージが存在するのか、もしあるとすれば各ステージでは何が起きるのかという論点が浮かび上がる。また、Davilla and Foster［2005］は、スタートアップ企業において管理会計システムの各コンポーネントがすべて同時にではなく、逐次的に採用されるという実証結果を示した。では、アメーバ経営の各コンポーネントは、導入時点において京セラで行われているものがフルセットで整備されるのか、それとも逐次的に付け加えられていくのかというのも興味深い論点である。

これらの論点を体系的に理解するには、アメーバ経営を長期に実践している企業に対して大規模なサーベイを用いた実態調査が必要であろう。しかし、長期運用の事例が皆無に近い状況では、サーベイ項目として何を尋ねるべきかのヒントすら得られない。よって、アメーバ経営を長期に渡って実践してきた企業の実状をインタビューや記録から明らかにすることこそが喫緊の課題であり、本研究の目的である。

3 リサーチサイト、調査方法、記述方針

本研究はアクテック株式会社におけるインテンシブなシングルケーススタディである。[6] 同社は一九七二年に当時三一歳の芦田庄司氏（現社長）がハクバ写真工業として創業し、二〇〇三年に社名をアクテックに変更した。各種アルミケースの分野のトップメーカーであるとともに、カメラやムービーのアクセサリーの設計、製造を行っている。アクテックは一九九四年より KCMC のコンサルテーションを受け、アメーバ経営を実践している。つまり、われわれが主に調査を実施した二〇〇七～二〇〇九年において、すでに一〇年以上のアメーバ経営の導入経験があり、前述の研究目的に合致したリサーチサイトと言えよう。

三矢（［二〇〇三］一五四頁）によると、二〇〇二年の時点で KCMC のクライアントでアメーバ経営を導入した企業の半数以上は従業員が二〇〇名以下である。業種としては六三％が製造業に属していた。アク

テックの社員は五五名（二〇一〇年七月現在）で製造機能を備えていることから典型的な導入企業といえる。

同社のアメーバ組織は一九九六年に経営管理課が新設された以外は、大幅な変更は行われていない。二〇一〇年時点で最下層のアメーバをカウントすると、採算アメーバ数が六個（営業部は単一アメーバ、製造部は工程や製品ごとに五アメーバを形成）、非採算アメーバ数が六個（生産管理課、設計・開発課、資材課、品質管理課、経営管理課、総務部）である。

調査の方法は、半構造化インタビュー、工場における業務の観察、および内部資料（経営方針、組織図、採算表・状況報告書・残高試算表等の会計関連書類）の閲覧である。また、芦田氏からEメールで随時情報を提供してもらった。芦田氏のブログ「社長日記」の記事も参考にした。アメーバ経営の導入プロセス全期間について聞き取りを行うため、表1のとおり、社長の芦田氏以外についても社歴の長い社員五名をインタビュイーとして選んだ。多様な立場からの経験を知るために、職種にバラエティを持たせている。

調査を時系列で並べると次のようになる。まず、アメーバ経営導入の概要について、二〇〇八年一一月七日に芦田氏に対して約

表1　インタビュイー一覧

	役職（インタビュー時）	入社年	インタビューの内容
工場長 A氏	取締役 工場長	1982	・アメーバ経営導入前後の主要な出来事 ・それについてインタビュイー自身の感想
品管 B氏	取締役 品質管理課責任者	1976	・アメーバ経営導入前後の主要な出来事 ・それについてインタビュイー自身の感想
営業 C氏	営業部責任者	1988	・アメーバ経営導入前後の主要な出来事 ・それについてインタビュイー自身の感想
製造 D氏	製造部製造係 リーダー	1985	・アメーバ経営導入前後の主要な出来事 ・それについてインタビュイー自身の感想
開発 E氏	製造部設計・開発 責任者	1984	・新製品開発プロジェクトチームの活動 ・それについてインタビュイー自身の感想

一時間半の聞き取りを行った。また同年一二月一四日、筆者がコーディネーターとなって神戸大学で開催した『アメーバ経営の陥穽：導入実態と促進・阻害要因』というワークショップで、ゲストスピーカーとして芦田氏に同社の導入事例を報告してもらった。この報告も本研究の重要な情報ソースとなっている。その後、二〇〇九年五月一九日に朝礼や工場での作業見学と、芦田氏、工場長A氏、品質管理責任者B氏のインタビューを行った（計五時間）。六月二日には月次の経営会議の観察を行った（計五時間）。七月七日にも朝礼や工場での作業の見学の後に営業部責任者C氏、製造部製造係リーダーD氏のインタビューを実施した（計五時間）。二〇一〇年八月三一日に芦田氏と製造部設計・開発責任者E氏へのインタビューを行った（計二時間半）。

本研究では、アクテックにおける導入の実態を記述した後に、先行研究の知見を参考にしながら同社のアメーバ経営導入の特徴を抽出する。実態記述は時系列に沿って、「解凍」「移行」「停滞」「再活性化」という変遷をたどる。このステージ構成は、Lewinによる「解凍」「移行」「再凍結」の三ステージ変革モデルを修正、延伸したものである。後述のとおり、アクテックではアメーバ経営はいったん定着するが、その後に停滞と再活性化を経験する。この点が本研究の重要な発見事項であるため、そこに焦点をあてられるステージ構成を採用した。なお、解凍については「導入前の不安」「導入直後の反発」という二トピックス、再活性化については「理念教育」「PDCAサイクルの徹底と擦り合わせ会議」「全社一丸となった積極経営」という三トピックスで構成される。

4 解凍：導入前の不安

アクテックは一九七二年の設立直後からバブル経済最盛期までの二〇年弱、消費者のカメラや情報機器への旺盛な購買意欲を背景に右肩上がりの成長を続けていた。経営システムと呼べるようなものはなかったものの、社長の芦田氏がトップセールスで大手メーカーから大量のＯＥＭ受注を行い、社内は番頭さん的なナンバー2の人物がその場その場で的確な経営判断を行って切りまわしていた。月次決算も水道光熱費などを払い終わった後に翌月の二〇稼働日くらいに締まるという状態であったが、そもそも採算への関心も低かったので、フィードバックの遅さが問題視されることもなかった。だが、一九九一年をピークにバブル経済が崩壊し、大口のＯＥＭ受注が突然の打ち切りにあう。売上は毎年三割ずつ減っていき、芦田氏は「個人の感覚に頼った我流経営」に限界を感じた。当時の会社の様子について、営業部員であった営業C氏は「だいたい待ちの営業でした。全く数字は見えていなかった。（業績の悪化に伴い）危機感はありましたが、やはり他人事みたいな感じでした」と振り返る。この社長と社員の意識のギャップが、芦田氏をさらに苛立たせることになった。

一九九四年一月、「するすべを失い、途方にくれた」芦田氏は、京セラの稲盛和夫氏が主宰し、中小の企業経営者のために経営教育を行う盛和塾に入会した。その塾で勉強するうち、個人の感覚ではなく、仕事の流れや情報の流れをシステマティックに構築できるアメーバ経営の実践こそが会社の危機を救うと確信するようになった。また、京セラが倒産したヤシカを買収し、アメーバ経営を導入して事業を立て直したという実績も、芦田氏の確信を強化した。早速、京セラの経営情報システム事業部（現KCMC）からアメーバ経営の導入コンサルテーションを受けることを決断した。

だが、芦田氏によるとこの決定は「ほとんどの社員から反対を受けることになった」。というのも、会社はその年、多額の赤字を計上していた。コンサルティング費用が経営を圧迫することは誰の目にも明らかだった。さらに、「京セラのような高学歴の人が集まる一流の企業でうまくいっているやり方を、自分たちのような小企業にいきなり持ってきてうまくいくわけがない」という意見が続出した。

品管B氏も当時の会社全体の雰囲気として「ただでさえ仕事のない時に多額の資金が必要なアメーバ経営を入れたからといって、本当に効果があるのだろうか」ということでパートも含めてほとんどの従業員がこの決断に対して不安を感じていたことを認める。また、工場長A氏の目には「これまで自分たちがやってきたやり方を全否定されるような気持ちが蔓延」していたように映った。

5 解凍：導入直後の反発

一九九四年八月、このような反対を受けながらも導入が強行され、コンサルタント二名のサポートによってアメーバ経営が構築された。ヒアリングに基づいて、まず最初にコンサルタント側から組織構造が提案された。それは、営業と製造をプロフィットセンターのアメーバ（製造内は工程別および商品別のプロフィットセンターへと細分化）、それ以外をノンプロフィットセンターのアメーバとする組織構造が提案された。これは社長の芦田氏も納得できるものではなかったが、十分な反論ができなかったのでそのまま実施されることになった。一方、時間当り採算のデータや運営ルールの管理を担う経営管理課については、コンサルタントから設置が提案されたものの必要性が見いだせず、この時点では見送られた。社内売買は導入直後からスタートした。しかし、そこでの値決めはリーダー同士では行わせず、人頭比のベースで設定した[7]。管理会計については、京セラ方式に準ずる形で時間当り採算のルールが決められた。従来、経営についての重要な情報は一部の幹部社員にしか知らせてこなかったが、パートを含めて全社員に朝礼などの場で目標値と実績値が公開されるようになった。

芦田氏によると、アメーバ経営の導入直後から、現場には混乱と呼べるほどの大きな変化が起こった。「全員参加の経営と言って、いきなり採算表を渡して経営に参画せよと言われても、なんのこっちゃでちんぷんかんぷん」という人が多かった。品管B氏や製造D氏によると、本当の客との取引ではなく、社内売買に忙殺されることに疑問があがった。それまで生産計画に応じて資材担当者が一括して行っていた発注を、製造現場の責任で行わねばならない煩わしさにも不満が高まった。さらに、不正防止のために発注と受入を別々の人が行う、いわゆる「ダブルチェックの原則」について「こんなアホなことするな。不正も何もしとらへん」と反発を招いた。日次決算を行うには終業後に、労働時間、材料費、経費などを毎日締める必要があるが、そのための作業も「手間をかけるだけで意味がない」「こんな無駄は早くやめないと会社がつぶれる」と非難が相次いだ。工場長A氏によると、「アメーバメンバーが他のアメーバの応援を行ったときに、応援者を出したアメーバから受け入れたアメーバに相応の時間を振り替えることになったが、そもそも仕事の中に時間軸がなかったので、このやり方についても、忙しい時になぜそこまでやらないといけないのか」という疑問があがった。営業もどんぶりで経費管理していたものを個人別に分けたが、「面倒くさいし、システムを覚えるのが大変で間違いも多かった」(営業C氏)。社内のいたるところでトラブルが続発したのである。

この他にも、それまで高学歴で優秀と目されていたリーダーが意外にも時間当り採算の制度にうまく適合できず、計算間違いや判断ミスを繰り返し、「リーダーとしての資質のなさが全員の前で浮き彫り」となった。

毎月のように目標達成できない状況で責任転嫁を繰り返していたリーダーにはパートの人から批判が起こった。部下からの批判は、上司の叱責よりも傷つくため、いたたまれなくなって退社するアメーバリーダーまで出た。本来は社長を支える立場の経営幹部も、自分たちがこれまで会社を切り盛りしてきたという自負があり、アメーバ経営についてことあるごとに反発した。税理士に頼んで、芦田氏を翻意させようとする動きもあった。それに対して芦田氏は「人ではなく、組織で仕事をする。（たとえ幹部であっても）どうしても反対なら辞めてもらうのも道」という覚悟で導入を推進した。退職理由はさまざまではあろうが、結果的には幹部、現場を問わず、当時の社員の三分の一ほどがアメーバ導入後に入れ替わることになった。

6 移行：自主運営

アメーバ経営の導入コンサルティングは、通常四カ月で運用ルールとシステムを構築し、次の六カ月で実践的な運用指導が行われ、その後はクライアント企業自身による自主運営に移行する。当初、大反対のまま進行していたアメーバ経営の導入であったが、一部の若い社員からは「そんなに社長がいいというなら付いていきます」という支持も得られるようになった。社長さえも腑に落ちていなかったアメーバ組織の編成だったが、システムに慣れるに従い、合理的なものと思えるようになってきた。一九九六年に経営管理課もでき、アメーバ経営を運用する体制は整った。以前は経営を支援する管理システムがなく、トップが個人の感覚で判断し、現場は言われたままに作業をするだけだったが、日次とそれを累計した月次の採算に基づいたPDCAのサイクルが生まれた。製造D氏は「以前は、お金の話は一般の従業員に降りてくることはほとんどなかった。言われた数量をこなすだけだった。それがアメーバ経営を入れてからは（日次の）実績数字を見るようになったし、部門間の社内売買をやり始めた」と振り返る。

自主運営に移行した直後は、まだ数字を終業後に帳票に記帳するのが仕事という感じで、それを分析するようなレベルではなかった。それでも、毎日朝礼時に全部署の前日の実績を確認し、その日に各自がどのような仕事をするかを共有するようになっただけでも大きな進歩である。部門の数字が見えるようになったことで、アメーバ間での競争の意識が生まれ始めた。全社の損益は導入後に急激に回復した。この当時の変化について、芦田社長は象徴的なエピソードとして次のように語った。「導入当初は、アメーバリーダーたちは日次決算の集計を担当する経営管理部門からのアウトプットに依存していた。しかし、リーダーたちは徐々に自分たちの数字に対して関心と責任を感じるようになってきた。ある日、経営管理部門の人が休みを取って、朝礼で前日までの実績報告ができなかった。その時一人のリーダーが一昨日までの確定した実績数値に、手元のデータから手計算した前日の実績値を足しこむことで、アメーバの累計の採算状況を報告する姿を目撃した。つまり、数字を見続けることを通じて、リーダーの意識や行動が変わる、ということを実感した」というのである。これをきっかけに、他のリーダーたちも自分たちの実績数値により関心を持つようになり、採算状況をさまざまな角度から分析するようになっていった。

導入時点では台湾の工場で勤務していた品管B氏は、自主運営に移行する直前に会社に戻ってきた。つまり、途中の期間が抜けているだけに、他の社員以上に導入前と導入後のギャップを感じることができる立場だったと考えられる。「以前は一日でこの品物が何台出来たらいいとか、一カ月の生産計画に対してそれが納期に間に合ってたらOKという考えだった。帰国後は、リーダーたちが時間当り採算を意識するようになった。それまではモノを仕入れるにしてもどんぶり勘定で安かったら大量に買って余らせていた。それが必要なものを必要な時に必要なだけ仕入れるようになっていた」ことに驚いたという。

7 停滞：アメーバ経営の形骸化

ＰＤＣＡサイクルがまわり始めたことで、導入から最初の三年間は業績が伸びた。しかしながら、芦田氏は「京セラさんからアメーバ経営教えてもらって、ちゃんと予定をある一定の根拠に基づいて経営していく。それで毎日チェックする数字を確認する。言われたとおりしますからちゃんと実績があがりました。しかし、それは『やらされ』だったのです」と振り返る。また、「経営会議でも実績（の未達）を追及されたらこう答えれば何とか切り抜けられる、というふうになっていました。自分たちの行動に責任と魂が入らず、アメーバ経営の形骸化が目立つようになった」。

管理会計の教科書や先行研究では、京セラにおいてアメーバ間で人員の貸し借りが行われるため、効率的で柔軟な組織運営ができるとされてきた。しかし、アクテックではアメーバ経営の導入によってむしろ部門間の壁は高くなった。そもそも作業者は慣れた仕事を離れて、他のアメーバで「出稼ぎ（＝応援）」することには抵抗がある。また受け入れる側も、いやいやで来られるのであれば、気が進まない。そのため、工場長Ａ氏によると、アメーバリーダーは自部門の時間当り採算の分母にあたる総時間を増やしたくないこともあって、たとえ作業量が多い時でも、他のアメーバから応援者を受けず、自部門員だけの残業で台数をこなそうとした。そして、その結果、モノの流れが遅くなることもあった。だがそれでは、モノが流れてこないことで次工程の採算が下がることになる。他のアメーバからの影響で自分たちの成績が悪くなることが、業績評価の際の不満の種となった。また、逆に、前工程の影響を少しでも避けるために、あえて前工程からの在庫を積み増して、自工程の作業を平準化するような部分最適行動も見られた。

品管B氏からも同様に、アメーバ経営の導入によって、「(自分たちの食い扶持を稼ごうと必死になるあまり)各部門が自分さえよければいいという気持ちが現れ、(知らぬ間に)協調性がなくなった。(セクショナリズムが横行して)ギスギスした雰囲気にもなっていた」と振り返る。この当時、退職率がさらに高まったが、工場長A氏はその原因を「数字に追われると人は閉塞的になってしまう。ノルマに追われることでプレッシャーを感じる。そういう時に、(業績の)数字に対して厳しい指摘があるとどうしても自分を守ろうとする。それに耐えられずに辞めてしまう人もいた」と振り返る。この悪循環の結果、アクテックのアメーバ経営は徐々に停滞するようになった。外的環境の影響もあって、一概にアメーバ経営の形骸化だけが理由とは言えないだろうが、導入四年目から同社の業績も悪化しはじめた。

8 再活性化：理念教育

京セラのアメーバ経営において、時間当り採算などの仕組み面だけでなく、京セラフィロソフィと呼ばれる経営理念が補完的に重要であるということは多くの論者が指摘する。芦田氏も、アクテックへのアメーバ経営の導入において経営理念をないがしろにしていたわけではなかった。自らの信念をもとにした、独自の理念策定の必要性は認識していたが、それが果たせぬままマンネリから抜け出せない状態が続いた。だが、アメーバ経営導入から八年が経過した、二〇〇三年に転機が訪れる。盛和塾の塾報に京セラフィロソフィが公開されたので、芦田氏自らがそれをすべてコンピュータで打ち出した。社長としての自尊心もあり、京セラの理念の受け売りには抵抗があったが、最後は「経営の先達(である稲盛氏)の言葉をそのまま学ぼう」と決断し、正社員に対して、土曜の朝の九時から夕方五時まで京セラフィロソフィの勉強会を呼び掛けた。

これは強制ではなく、自主参加であったが、正社員の全員が参加した。計六回の勉強会の後、芦田氏自身は反発を危惧してパートの人たちまで理念教育に巻き込むことを躊躇していた。だが、製造現場のあるリーダーが主体的に自分の統括するアメーバで、パートまで含めて全員に京セラフィロソフィのコピーを配り、「京セラは………」という文言まで含め、毎日一カ条ずつを原文のまま輪読し、担当者がメンバーの前で所感を述べるという活動を始めた。そして、他の製造アメーバでも自主的に輪読と所感発表を始め、最終的には営業や管理部門にも広がった。

芦田氏によると、この活動を始めたころは、フィロソフィを読むたびに、「これは素晴らしいことが書いてあるけど、私はできません」と言う人が少なくなかった。しかし半年もすると、飾らない言葉で「私もそうしなきゃいけないと思います。できてないけどそう思います」と切々と語ることができるようになった。斜に構えて醒めていた人は、「最初気恥ずかしいから本音は言わなかった。しかし、そのうちに周りが変わり、自分も本音でいかないとどうにもならないという雰囲気になってきた」。所感を述べる場でいいことを言っておきながら、フィロソフィに反するような行動を取っている人には、周りの人から指摘が入るようになった。以前はパートからの指摘がリーダーを退職に追い込むこともあった。だが、この時期においては、リーダーは指摘されたことを謙虚に受け止め、行動を改めるようになった。営業C氏はフィロソフィの輪読の効果として「社内が明るくなる。自分が分からないことを正直に『これがわからないんです』と聞けるようになり、他の人にスムーズに教えてもらえるようになった」と言う。製造D氏も「仲間意識が高まった」と言う。

フィロソフィの浸透の効果は、雰囲気を変えるだけではなかった。会社の中に確固たる判断の基準ができ、それが共有されることにもなった。工場長A氏は「フィロソフィを入れる前は、リーダーのさじ加減だけだったのが、部門として最終的に数字を上げるために、（正社員やパートという立場を問わず）おのおのの動きがどうあるべきか、を考えるようになる」のだという。また、「何が正しくて、何が問違っているかの判断基準ができた。極端な話、以前は生産の順番は、納入された資材の順となっていた。しかし、お客さんの納期がこうだから、いつまでには入れてくださいという話がでるようになる」（工場長A氏）。注目に値するのは、営業C氏はインタビューで、「（昔はお客さんの希望をそのまま製造に流せばよかったのに対して）今は、現場が作りやすい工程や材料を意識しながら受注するようになった」と、営業から製造への配慮も生まれたことをあげた。すなわち、採算数値のプレッシャーからエゴを剥き出しにしていたアメーバリーダーたちが、互いの立場を尊重できるようになってきたのである。フィロソフィの勉強を始めた後に初めて、アクテックのアメーバ経営が全体最適を志向するようになったことがうかがえる。

9 再活性化：PDCAサイクルの徹底と擦り合わせ会議

言うまでもなく、アメーバ経営の基本は、PDCAのサイクルである。時間当り採算が結果情報をタイムリーに提供することで、現状を正確にとらえることができる。筆者らが観察したアクテックの製造現場では、大きな掲示板を使って、年間、月次、週次、日次の目標と結果、個人別の仕事の割振りと進捗が、全員にはっきり見えるようになっている。ただし、アメーバ経営の特徴として忘れてはならないのは、このアウトプットされたデータは答えまでは出してくれないということである。結果を解釈し、それが正しい行為であったかどうかの評価は、システムの運用者の判断にゆだねられる。恣意的、場当たり的な判断を行えば、組織は何が正しいか、何を目指すべきかに混乱が生じ、迷走する。

アクテックのケースは、フィロソフィが共有されると評価の軸がぶれなくなることを如実に示す。典型的には、目標未達の時などはついつい言い訳をしたくなるものだが、営業C氏は「アメーバ経営導入直後は（言い訳が）多かった。（しかし、）いつからでしょうかね。やってるうちに本当に言い訳をしなくなってきた」と語る。筆者らが観察した二〇〇九年六月の月次の経営会議でもその光景は確認された。驚くべきことに、アクテックでは時間当りの数値だけではなくて、会議中の約束や説明に対してもPDCAが行われている。前の会議で、あるリーダーがメンバーの指導を行うことを約束していたが、この日の会議では、実際にどのような指導が行われて本当にそのメンバーの行動が変わったかについての報告が求められていた。言い訳や言い逃れは「したいかもしれないが、追いかけてくるから言うてもしかたない。自分の非を認め、できていないことはできていないと言わねばならなくなる」（営業C氏）。筆者らが観察した約四時間の会議中、誰ひとり言い訳や外部環境のせいにせず、結果を自己の責任として受け止めていた。また、根拠の薄い希望的観測や実現の伴わない思い付きは次の会議で自分の首をしめる。よって未来についての話も、現実的で正確な予測や改善案が出されているように見えた。芦田氏も、「まだ予測精度や、PDCAの最後のアクションの落とし込みの点ではできる人とできない人の個人差があるものの、アメーバ経営導入時と比べると劇的な進歩を遂げている」ことを認める。

二〇〇一年、大手メーカーの海外移転等の影響で汎用品のOEMの受注の減少に拍車がかかった。アクテックはOEM中心から、個人ニーズにあったアルミケースを個別生産し、インターネットを通じて販売するというビジネスモデルに転換した。これに伴い、ベルトコンベヤでの大量生産をやめ、ソニー幸田からの指導でセル生産へと移行した。課や係の編成はほとんど変えてはいないが、退職者の分の不足人員を補充していなかったので、生産現場の人数は以前の半分程度になっていた。しかし、この難局を乗り越えられたのは、フィロソフィが浸透して組織の壁が低くなり、アメーバ間の協力体制が強固になったからである。それを象徴するのは、アクテックが新たに開始した擦り合わせ会議である。

擦り合わせ会議とは、木曜（場合によっては金曜や土曜までかかることもある）に、製造の各工程のリーダーやサブリーダーが集まり、お客さんからの引き合いに応じ、次週に流す製品の順番を決める会議である。というのも、往々にして、部分最適を助長するリスクを抱えるアメーバ経営では、コミュニケーションが不足すると作業の連携が取れずに全体の最適を損なうからである。互いの状況についての情報を交換して慎重にモノの流れを決めたら、それに合わせて人員の再配置、つまりアメーバ間で何時間メンバーを貸借するかを決定する。その際には、作業の平準化や各成員のスキルを考慮に入れて効率化を図ると同時に、「（自分のところも忙しくて人手が足らない時でも）前にお世話になったから（応援の要請があれば）引き受けなしゃあない、前工程の部分（にボトルネック）があるから、協力してやっていこう」という自己犠牲の気持ちも必要となる。フィロソフィ教育を通じ、組織の壁が低くなり、アメーバ経営の遂行にとって何が最重要かという判断基準が共有されたために、擦り合わせ会議がうまく機能するようになったと多くの社員は認識している。

10 再活性化：全社一丸となった積極経営

二〇〇八年のリーマンショックに前後して、アクテックの売上も激減した。需要の掘り起こしを行うため、インサイドセールスを始めた。これは過去に製品を購入したが最近は取引のない個人や法人の休眠顧客に対して電話やダイレクトメールで、「以前納めたアルミケースは今はお使いですか？　困ってることはありませんか？　次にアルミケース作る時があればまた当社を使ってくださいよ」などと問い合わせながら、客側の感触を探る活動である。アクテック流インサイドセールスの最大の特徴は、営業担当者の代わりに、製造部門や管理部門の従業員がこれを行う点である。というのも、もともと同社の営業担当者は責任者を含めて全部で四人しかいないため、彼らがインサイドセールスを行うと客先への訪問ができなくなる。一方で、オーダー減によって工場の稼働率が低下して製造現場の人員は余剰気味であった。そこで、手が空いた製造アメーバの人間などが対応マニュアルを参考に客先に電話をかけ始めた。営業アメーバは、インサイドセールスからのフィードバックを頼りに、受注の可能性のありそうな客に対して限られた営業員を振り向け、効率的なピンポイントの営業ができるようになった。同社のアメーバ経営では当然のことながら、応援の時間分は応援者を出したアメーバから営業アメーバに振り替えられる。時間を負担することになる営業アメーバは、時間当り採算目標を達成しようとしたら、期待できそうな休眠客をなんとしてもオーダーにつなげねばならないと考えるようになる。

製造アメーバ側には、総時間を削減でき、（時間当り採算の計算式の分母が小さくなって）時間当り採算を改善できるというメリットがある。だが、前述のとおり、製造にたずさわる人間というのは慣れた仕事を離れ、他の製造のアメーバに応援に行くことさえ消極的であった。ましてや、まったく初めてとも言える電話でのインサイドセールスであれば、心理的負担は推して測るべきである。品管B氏によると「以前であれば、注文をとって来るのは営業の仕事だと考えていた。しかし、フィロソフィのおかげで最初から反発は起きなかった。実際に指をくわえて営業が注文を取ってくるまで待っているかというと、そうではなく何かやれることはありませんかというふうに、自ら協力を申し出るようになった」。約五年ほど、フィロソフィを輪読して所感を述べあうという活動を通じて、価値観が共有され、こうやって他で「出稼ぎ」することも、自分の所属するアメーバの時間当り採算に貢献するという意識を誰もが持つようになった。また、残ったメンバーも、アメーバリーダーなど主要メンバーがインサイドセールスで抜けた時に製造効率が落ちないよう、それまで以上にコミュニケーションや仕事の手順の確認をするようになった。

インサイドセールスは、製造アメーバにとって時間当り採算の改善以上のメリットもある。製造D氏は「お客によろこばれること（を知るの）が一番大きい。製造ばかりやっていると、そういうことはなかった。それをまた僕らが朝礼で、こういうふうにお客さんに喜んでいただいてますよと他のメンバーにも伝えるようにしている」と語る。筆者らが見学した月次の経営会議では製造側から「メンバーのスケジュールを詳細にチェックして、一時間ならなんとかなるという人がいたら最大限協力していきたい」という言葉が聞かれたし、営業側からは「（他部門からの協力の）インサイドセールスに頼りっぱなしの状況なので、自分たちもより積極的な営業活動を展開する」という決意表明がなされた。需要減という好ましくない状況ではあったか、このインサイドセールスの活動が会社の一体感を高めているというのが、参与観察した筆者らの印象である。

一方で、インサイドセールスによって積極的な営業ができるようにはなったものの、会社に顧客のニーズを満たすだけの製品ラインアップが揃っていなかった。そこで、二〇〇九年から「新製品開発プロジェクト」が始まった。従来は専従の開発・設計メンバーだけが行っていた開発を、資材、製造、営業を巻き込んだ部門横断的なプロジェクトで加速化、高度化するようになった。「これまで年に数点だけだった新製品が、毎月二～三アイテム開発されるようになり」（開発E氏）、営業の展開もやりやすくなった。アメーバ経営の強固な礎のうえで、全社が一丸となった攻めの経営ができるようになり、芦田氏も反攻の手ごたえを感じるようになっているという。

11 ディスカッション

アクテックのアメーバ経営の変遷は表2のようにまとめられる。同社の長期的な実践のケースからの発見事項は次の五点に集約できる。

■発見事項1　導入直後の反発と短期的な導入成果

アメーバ経営の導入については明らかにステージが識別できる。既に導入数年の企業のケースを通じて導入直後には混乱や反発が起こるものの、ほぼ一年後にアメーバ経営が軌道に乗ると言われていたが、アクテックでも同様に混乱・反発が起き、その後にアメーバ経営が定着した。また、採算意識の向上などの点で目覚ましい成果をあげていた。これらは先行研究に符合したものである。

■発見事項2　アメーバ経営の形骸化

アクテックではアメーバ経営定着後、三年を経て形骸化が起こった。部門別採算が徹底されることによって、各アメーバがセクショナリズムに走り、組織間の壁が高くなった。このようなアメーバ経営への過剰適応は、先行研究では報告されてこなかった。本稿の重要な発見事項である。

■発見事項3　理念教育とアメーバ経営の再活性化

アクテックは五～六年ほど活動が停滞した後に再び活性化するというプ

表2　アクテックにおけるアメーバ経営の変遷

解凍（～ 1994）	移行（1995 ～）	停滞（1998 ～）	再活性化（2003 ～）
・導入費用の負担 ・煩わしさへの嫌悪 ・離職者の増加	・運用の安定 ・採算意識の向上と効率的行動	・アメーバ経営の形骸化 ・組織の壁 ・セクショナリズム ・協調性の低下	・理念の浸透 ・PDCA サイクルの徹底 ・コミュニケーションの活発化 ・アメーバ間の情報擦り合わせ ・全社一丸の積極経営

ロセスをたどった。再活性化のきっかけは、経営理念の教育であった。これは、京セラのアメーバ経営でも、経営理念の浸透によって全体最適が実現すると言われてきたことを支持する結果である。一般的にはアメーバ経営導入の効果としてあげられることの多いPDCAサイクルやコミュニケーションが、アクテックではこの時期になって初めて機能した。

■発見事項4　アメーバ経営のコンポーネント構成

アメーバ経営の導入時において、アメーバ組織の設定、社内売買、時間当り採算の運用が行われた。ただし、経営理念については、導入後九年を経て、浸透のための施策が始まった。敷衍して言えば、アメーバ経営を構成するすべてのコンポーネントがスタート時にフル装備されるわけではなく、逐次的に追加されたことを示している。

■発見事項5　アメーバ経営を礎とした全社一丸経営への進化

アクテックで開始された、擦り合わせ会議、インサイドセールス、新製品開発プロジェクトという活動自体をアメーバ経営のコンポーネントと呼べるかについては慎重に判断しなければならない。アメーバ経営を長期的に運用した場合に、果たして京セラで行われている原型に収れんしていくか、各社が独自のアメーバ経営を発展させていくかということは未だ解明されていない。だが、アメーバ経営を長期的に実施し、組織の礎が築かれた後、企業は全社一丸となってより積極的な経営に乗り出していた。これも長期的な導入を観察したがゆえの発見である。

12 むすびにかえて

本稿のむすびにかえて、研究と実務への含意および本研究の限界をあげておきたい。

まず、研究上の含意として、導入企業では必ずしも京セラと同じシステムデザインのものが整備されるわけではなく、同じ方法で運用して、同じ成果を得ているわけでもないことがわかった。これまで京セラグループにおけるアメーバ経営についての研究が蓄積されてきた一方で、導入企業の研究は緒についたばかりである。導入企業の数が増え続けていることから、こちらについてもさらに研究をすすめ、京セラにおけるアメーバ経営との異同を明らかにしていかなくてはならない。さらに、これまでは短期間の導入しか経験していない企業において導入後ほどなく軌道に乗ることは明らかになっていた。本研究のケースはその後に形骸化や再活性化という複雑な過程をたどることを示した。すなわち、アメーバ経営の導入を理解しようとすれば、ある程度の長期導入を行ったサイトを研究対象に選択する必要がある。併せて、解凍→移行→再凍結というLewin の単純な変革モデルを超えた、説明力の高いモデルの必要性が示唆された(8)。

実務上の含意は次のとおりである。これまでアメーバ経営導入の長期プロセスについての事例報告はなく、各企業は道しるべのない状態で運用しなければならなかった。短期的に得られた果実がまたたく間に失われ、形骸化に失望することがあったかもしれない。だが、それは自社だけに限ったものではない。アクテックはそのような時期もアメーバ経営の導入を放棄せずに努力を続けた。その結果、全社が一丸となって積極的な経営を展開できるレベルになった。このアクテックの経験は、導入企業がアメーバ経営の停滞に遭遇した時に地図の役割を果たす。特に、経営理念の教育に注力したことがアクテック飛躍のきっかけとなった。これまでアメーバ経営における経営理念の重要性は再三指摘されてきたことだが、あらためてその重要性に気づかされる。同社が理念の浸透のためにどれほどの取り組みを行ってきたかも導入企業には参考となるに違いない。

このような研究上と実務上の含意と同時に、本研究には限界もある。何よりこれがアクテック一社に対するシングルケース研究であるため、この成果を一般化することは難しい。また、アメーバ経営の導入に対する促進・阻害要因についてはこの研究では十分に関心を向けてこなかったため、これらの研究結果が同社のアメーバ経営によってもたらされたものなのか、アメーバ経営とは独立の要因によってもたらされているのかの切り分けが難しいことも併せて指摘しておきたい。加えて、アクテックのアメーバ経営もまだ二〇年にも満たない。確かに先行研究で扱われてきた企業が数年の導入経験しかなかったことを勘案すると、比較的長期であるとはいえ、本当に長期と言えるほどかどうかはわからない。特にこの企業は社長が創業者であり、まだ代替わりをしていない。企業を長期的に経営していくときにトップの交代は避けては通れないが、本研究がこの影響をカバーしていない点は注意しなければならない。

どれくらいのスパンを想定し、どのような経験をカバーする必要があるかは簡単には答えられないが、新たに長期的な導入事例を観察し、本研究のようなドキュメントを追加していくことでわれわれの知見が増すことは間違いない。ただし、個別のケーススタディの追加には、ケース研究につきまとう成果の一般化の限界から逃れることはできない。本稿の中でも触れたとおり、何より待たれるのはアメーバ経営を導入した企業を対象とした大量サンプルのサーベイである。これによってアメーバ経営導入について体系的な理解が可能となる。

謝辞

調査にご協力くださった芦田庄司社長はじめ、アクテック株式会社の皆様に厚く御礼を申し上げます。なお、本稿は、科学研究費基盤研究C「アメーバ経営導入に関する実証的研究」（代表：三矢裕、二〇〇九―二〇一一年度、課題番号 21530464）の成果である。

注

（1）二〇一〇年に稲盛氏がＪＡＬの会長に就任し、経営再建を託されたことで、アメーバ経営への関心はさらに高くなった。それ以来、以前にもましてテレビの番組、新聞や雑誌の記事でこの経営手法が紹介されるようになった（日経産業新聞二〇一〇年一月二二日付など）。

（2）データでの把握はできないものの、筆者自身が行う講演やワークショップなどを通じ、アメーバ経営に関する書籍等を参考にして独自にアメーバ経営やそれに類する経営手法を導入したり、アメーバ経営の手法の一部を自社流にアレンジして実施している企業の数が非常に多いことを実感する。

（3）ビジネス書ではあるが、福永［二〇〇四］は京セラオプテック（旧富岡光学）がアメーバ経営によってどのように再建されたかについて、当事者によって書かれた貴重な資料である。

（4）長期的な導入事例が皆無に等しいことの一つの理由として、アメーバ経営が長らく京セラの社外に対しては公開されず、普及しはじめてから間がなく、長期的にアメーバ経営を導入した企業自体が極めて少なかったことがあげられる。

（5）管理会計システムの導入局面に焦点をあてた研究は、一般に導入研究と呼ばれている（谷［二〇〇四］）。

（6）本社は大阪府枚方市。工場は本社の敷地内に隣接。資本金一〇〇〇万円（非上場）。

（7）その後、社内売買の価格はより市価に近いものへとシフトしたが、今日でも決定は幹部が行い、当事者間の値決めは行わせていない。

（8）Lewin の三ステージモデルでは、組織の長期的な変化を捉えられないことへの批判もある（Greenwood and Levin［2007］p.17）。

参考文献

Anderson, S. W. [1995] A framework for assessing cost management system changes: The case of activity based costing implementation at General Motors 1986-1993. *Journal of Management Accounting Research* vol.7, pp.1-51.

Cooper, R. [1995] When Lean Enterprises Collide: Competing through Confrontation. Harvard Business School Press.

Davila, A. and G. Foster. [2005] Management Accounting Systems Adoption Decisions: Evidence and Performance Implications from Early-Stage/Startup Companies. *The Accounting Review* vol.80, No.4, pp.1039-1068.

福永正三［二〇〇四］『会社再建：サラリーマンを超えた男』出版文化社。

Greenwood, D. J. and M. Levin [2007] Introduction to Action Research, Sage.

挽文子［二〇〇七］『管理会計の進化』森山書店。

稲盛和夫［一九九八］『稲盛和夫の実学：経営と会計』日本経済新聞社。

稲盛和夫［二〇〇六］『アメーバ経営：ひとりひとりの社員が主役』日本経済新聞社。

伊丹敬之・加護野忠男［一九八九］『ゼミナール経営学入門』日本経済新聞社。

加護野忠男［二〇一〇］『経営の精神：我々が捨ててしまったものは何か』生産性出版。

加登豊［一九九九］『管理会計入門』日本経済新聞社。

上總康行・澤邉紀生［二〇〇六］「京セラアメーバ経営と管理会計システム」（上總康行・澤邉紀夫編著『次世代管理会計の構想』中央経済社に所収）

三矢裕［二〇〇三］『アメーバ経営論』東洋経済新報社。

三矢裕・谷武幸・加護野忠男［一九九九］『アメーバ経営が会社を変える—やる気を引き出す小集団部門別採算制度—』ダイヤモンド社。

門田安弘［二〇〇八］『管理会計レクチャー・上級編』税務経理協会。

永川幸樹［一九九八］『稲盛和夫の盛和塾経営秘伝：不況はチャンスに変わる』青春出版社。

日経産業新聞二〇一〇年一月二二日付。

劉建英・三矢裕・加護野忠男［二〇〇六］「細部のこだわりと人材育成：中国へのアメーバ経営導入プロセスアクションリサーチから」『国民経済雑誌』第一九四巻、第一号、八一—九四頁。

櫻井通晴［一九九七］『管理会計』同文館。

谷武幸［一九九九］「ミニ・プロフィットセンターによるエンパワメント：アメーバ経営の場合」『国民経済雑誌』第一八〇巻、第五号、四七―五九頁。

谷武幸編著［二〇〇四］『成功する管理会計システム：その導入と進化』中央経済社。

谷武幸［二〇〇九］『エッセンシャル管理会計』中央経済社。

潮清孝［二〇〇六］「実地調査からみた京セラのアメーバ経営」（上總康行・澤邉紀夫編著『次世代管理会計の構想』中央経済社に所収）

8

谷　武幸・窪田祐一

アメーバ経営導入による被買収企業の組織変革
——チェンジ・エージェントの役割

1　はじめに

経営のスピード化が求められる環境下で、外部資源を有効活用しようとM&A（Mergers and Acquisitions）を積極的に行う企業が増えている。しかし、M&Aは、合併後において必ずしも成功していない（Jones [1985a ; b]）。このなか、京セラ株式会社（以下、京セラ）は、不採算企業を買収した後、アメーバ経営を導入し、その企業の採算を早急に改善させている。

アメーバ経営は、「現場の知恵を引き出し、組織を活性化するために、現場の班長にいたるすべての管理者にその職場（アメーバと呼ばれる）の経営を任せるとともに，利益に責任を持たせる小集団部門別採算制度」と定義できる。京セラは，このアメーバ経営の導入によって，巧みに被買収企業を組織変革していると考えられる。

被買収企業へのアメーバ経営の導入は，新たなマネジメントコントロール・システムの構築・運用を意味する。買収企業と被買収企業との間には，往々にして価値観や信条などに代表される組織風土に大きな隔りがある。しかし，グループ企業のシナジー効果を高めるには，被買収企業を含めてグループ全体の統合が求められる。このために，アメーバ経営にみられる時間当り採算に基づくマネジメントコントロールや経営フィロソフィなどの固有のメカニズムが有効に機能しているものと推察できる。

また，組織変革やマネジメントコントロール・システムの導入の際には，チェンジ・エージェント（あるいはチャンピオン）の役割が重要である（Cobb, et al.［1995］；Cooper, et al.［1992］；Perera, et al.［2003］；Shields and Young［1989］）。というのも，組織変革やマネジメントコントロール・システムの導入には，業績評価や権限関係などの変更を伴うために，組織メンバーの抵抗や組織的障害が生じるからである。チェンジ・エージェントは，この抵抗や障害を取り除き，変化に組織を適応させる役割を担うと考えられている。

M&Aでは，買収企業は被買収企業に経営トップを含むマネジャーを派遣・出向ないし転籍させることが多い。この買収企業から被買収企業に来たマネジャーは，通常，被買収企業の組織変革において初期のチェンジ・エージェントの役割を担うことになる。他の導入研究や組織変革の研究では，組織メンバーと同じ組織風土のもとで価値観を共有しているマネジャーが一般的にチェンジ・エージェントとなっており，この点において被買収企業とは異なっている。それゆえに，被買収企業の組織変革を検討するには，チェンジ・エージェントの役割の違いの解明がまず必要であろう。

さらに、被買収企業に導入されるマネジメントコントロール・システムと買収企業のそれとの類似性も考慮すべきであろう。グループ全体の統合を求めるならば、買収企業の組織文化を軸として、被買収企業を変革することになる。したがって、買収企業の文化をベースに形成されてきたシステムを被買収企業に導入することは、被買収企業の組織文化を変革するのに役立つと思われるからである。

以上から、本研究では、被買収企業の組織変革に対するアメーバ経営導入の有効性とメカニズムを探ることにしたい。そのために、次の二つを研究目的とした。第一に、被買収企業の組織変革に役立つアメーバ経営の固有のメカニズムを識別する。このために、コントロールの対象によってメカニズムを識別するMerchant and Van der Stede［2003］のフレームワークに依拠して分析モデルを構築する。第二に、コントロール・メカニズムを踏まえて、導入プロセスにおけるチェンジ・エージェントの役割を解明する。

本研究の構成は以下のとおりである。まず、先行研究のレビューを通じて、被買収企業へのマネジメントコントロール・システムの導入と組織変革について検討する。次に、アメーバ経営の導入を扱うため、その特質とコントロール・メカニズムの確認を行い、本研究での分析フレームワークを提示したい。続いて、調査対象となった京セラケミカル株式会社の組織変革のケースを概観し、分析フレームワークにそって議論する。最後に、本研究のインプリケーションと残された課題を述べる。

2 被買収企業へのマネジメントコントロール・システムの導入と組織変革

2-1 被買収企業の組織変革と組織的障害

M&Aが盛んに行われつつあるが、その実施後には被買収企業に対する新たなマネジメントコントロール・

システムの導入が行われることがある。先行研究では、M&A後にグループ企業として組織全体から統合した行動を引き出す合併のプロセスが検討されているが、その数は多くない（Ashkanasy and Holmes［1995］; Jones［1985b］; Yazdifar, et al.［2008］）。また、新たなマネジメントコントロール・システムの導入にあたり、システムの技術的側面ではなく、むしろ組織風土を変える人的・文化的な側面の重要性が指摘されている。

組織変革やマネジメントコントロール・システムの導入を行えば、被買収企業の組織メンバーから抵抗が生じる。Jones［1985b］は、その抵抗のスタイルとして、遅延、情報要求、阻止、資源不足、退職の五つを指摘した。たとえば、被買収企業の組織メンバーは、実行に際して時間を過度に費やして遅延を図り、変更の必要性を説明するよう何度となく要求する。また、予め達成困難な内容を組み込むなどして導入を阻止し、十分な資源がないことを理由に延期を求める。そして最終手段は、抵抗しているメンバー自身の退職である。

このような組織メンバーの抵抗は、M&A以外の導入研究でも取り上げられている（梶原・窪田［二〇〇四］）。たとえば、Kasurinen［2002］は、バランスト・スコアカードの導入ケースの研究を通じて、組織的障害を論じている。障害は、攪乱要因、阻害要因、遅滞要因に分類された。攪乱要因は、導入プロジェクトを行う環境の不確実性、そのプロジェクトの組織における不確実な役割、そして導入に対する異なる見方などである。阻害要因は、組織変革への試みを抑圧するような要因であり、具体的には既存の報告システムや組織文化などである。遅滞要因は、新たな管理技術に関連して問題となる要因が指摘されている。

2-2　チェンジ・エージェントとクライアント

組織的障害をもたらす要因は、主に組織の行動的・組織的要因である。この行動的・組織的要因を検討するうえで、チェンジ・エージェントの役割が議論される。導入プロジェクトでは、組織変革の実現に責任を持つ導入推進者がエージェントとなり、重要な役割を果たしている（Cooper, et al.［1992］）。また、ＣＥＯのようなトップマネジメントがエージェントとなることもある（Perera, et al.［2003］）。一方、クライアントは、変革のターゲットであり、変わることを求められる人々が相当する。

Rogers［1995］は、このチェンジ・エージェントが果たす七つの役割について指摘している。それは、①クライアントに変化への必要性を認識させること、②情報交換関係を確立すること、③問題を診断すること、④変化への意欲を持たせること、⑤意欲を行動に変えること、⑥定着させ中断を防ぐこと、⑦自立させることである。

なお、チェンジ・エージェントは、多くの先行研究でチャンピオンとほぼ同義に使われている。チャンピオンは変革を推進するリーダーであり、その働きは変革やイノベーションの成否に影響を与える（Dent［1991］; Howell and Higgins［1990］; Kanter［1983］; Maidique［1980］; Schön［1963］; Shields and Young［1989］）。Kanter［1983］は、責任を持って変革を推進するチャンピオンに加え、チアリーダーの存在についても言及した。チアリーダーは、チャンピオンによる変革を強く支持する者である。このチアリーダーを形成する一方で、反対派の介入を阻止することが、変革を成功させるためには必要であるという。加えて、変革を具現化するには、手続きやメカニズム、コミュニケーション経路、評価方法、報酬などが必要であると指摘する。また、Shields and Young［1989］は、チャンピオンは組織メンバーと衝突しやすいため、トップマネジメントのサポートが欠かせないと指摘した。

しかし、以上の先行研究では、チェンジ・エージェントやチャンピオンが複数存在する場合に、どのように組織的障害を克服していくのかについては述べられていない。そこで、各エージェントの役割を明らかにするために、本研究の目的のようにコントロールの対象を識別する必要があろう。

2-3　導入の促進・阻害・成果要因とチェンジ・エージェントの役割

マネジメントコントロール・システムの導入研究では、導入プロセス要因に焦点があてられている。梶原・窪田［二〇〇四］によれば、導入プロセス要因には、コミュニケーション、サポート、教育・訓練、資源の充足性、オーナーシップなどがある。また、導入研究ではプロセス要因以外にも環境、タスク特性、組織構造、個人属性、システム設計などの要因が検討されている。

被買収企業への導入では、システムの設計問題の検討が重要である。導入研究では、システムの合理性や妥当性などの技術的要因が検討され、既存システムとの比較等も行われている。

しかし、チェンジ・エージェントは、導入の促進・阻害要因に幅広く関係する。エージェントがシステムの設計の他、システムの運用に関わることもある。この場合、エージェントは導入システムを利用するマネジャーでもある。先行研究では、必ずしも設計と運用の両面に対してエージェントの役割を検討していない。この点を本研究では検討する。

さらに、マネジメントコントロール・システムの導入では、何が「成果」であるかを検討する必要もある（梶原・窪田［二〇〇四］）。被買収企業の組織変革における成果のひとつは、意思決定行動の変更など、組織メンバーの意識・行動の変化であろう。とりわけ、この成果には組織学習が影響を与える要因である（Abernethy and Brownell［1999］；Argyris［1990］）。

チェンジ・エージェントは、クライアントに対して組織学習を促すようにシグナルを送る必要がある。組織には、新たな情報に基づく行動に対する困惑や脅迫感を回避する防衛的ルーティンが存在する（Argyris［1990］）。この防衛的ルーティンにより過度に保守的な行動がとられると、組織学習は進まない。したがって、被買収企業を変革するには、チェンジ・エージェントが防衛的ルーティンを取り除き、組織メンバーに学習を促す必要がある。この点、先行研究では十分に解明されていないため、この役割についても議論したい。

3 被買収企業へのアメーバ経営の導入に関する分析フレームワークの構築

3-1 アメーバ経営の全体像

図1にアメーバ経営の全体像を示す。アメーバ経営の目的は、「現場からの組織の活性化」にある（谷［二〇〇九］）。この目的のために、アメーバ経営では、会計情報を活用している。また、経営フィロソフィは、会計情報をどのように活用すべきかに関する哲理となるものである。本研究では、アメーバ経営の「設計」の側面、「運用」の側面、また設計と運用をつなぐ「経営フィロソフィ」の三点からアメーバ経営を捉える。

（1） 設計の側面

アメーバ経営の導入では、主に時間当り採算を中心としたＰＤＣＡサイクルが設計される。この設計は、マネジメントコントロールの運用を事前に予想して行う必要がある。

アメーバ経営で提供される「会計情報」は、表1にある「時間当り採算」であり、現場従業員にとって理解しやすいという特徴がある。時間当り採算を改善するには、売上を増加させるか、経費または総時間を削減すればよい。このように時間当り採算を上げる方法が明確であるため、現場リーダーにとって何をすべきかが分かりやすい。

時間当り採算の会計情報は、またタイムリーに提供される。実績が日報により翌朝には提供されるため、現場のリーダーは自らの行動の成果を確認しながら、目標達成に向けて早めにアクションをとることができる。

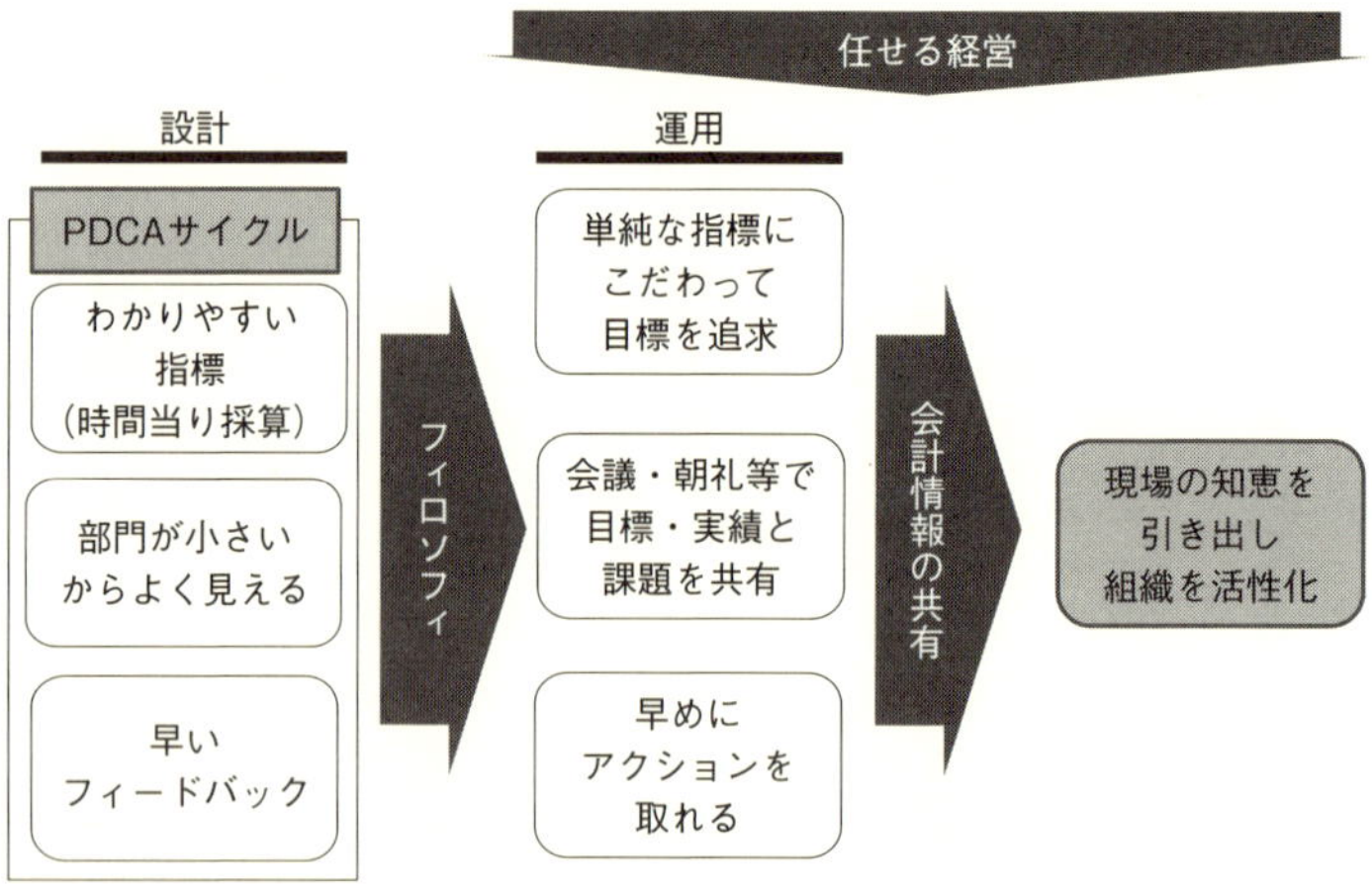

図１　アメーバ経営の全体像

表１　時間当り採算表

総出荷 　社外出荷 　社内売	Ⅰ
社内買	Ⅱ
総生産	Ⅲ＝Ⅰ－Ⅱ
経費 　原材料費 　金具・仕入商品費 　外注加工賃 　修繕費 　……… 　工場経費 　内部技術料 　営業本社経費	Ⅳ
差引売上	Ⅴ＝Ⅲ－Ⅳ
総時間 　定時間 　残業時間 　部内共通時間	Ⅵ
当月時間当り	Ⅶ＝Ⅴ÷Ⅵ
時間当り生産高	Ⅷ＝Ⅲ÷Ⅵ

出典：谷［2009］p.264

加えて、アメーバ間における社内売買の値決めという社内ルールは、採算を可視化する仕組みである。アメーバ間の値決めは、アメーバ経営の根幹である。アメーバ経営は、値段が市場で決まるという考えをベースとして行われる。値決めにより、アメーバ間ではマーケット・ベースで振替価格が設定される。これはアメーバに市場と採算を意識させる。また、各アメーバに忌避宣言権を持たせ、社外売買もできるようにルールが設定される。

一対一対応の原則も、アメーバ経営に固有の社内ルールである。一対一対応の原則では、モノの移動には伝票が伴い、モノの移動と同時に売上と経費が認識される。時間当り採算の見せかけの改善を認めず、不良在庫の発生とそれに伴う保管等のムダな経費を回避することができる。また、一対一対応の原則は、モノと伝票を同時に動かすことにより、支払い漏れや請求漏れを防止することにつながるため、内部統制のためのルールでもある(1)。

これら社内ルールの設計により、アメーバ経営が成り立っている。さらに、サポート部門からのサービス費用、アメーバ間の人の貸し借りに伴う費用振替のルールや、内部統制に絡むダブルチェックの原則なども
ある。これら多くの社内ルールは、経営管理部が発行する通達（経管通達）にて示される。これにより、提供される「会計情報」の意味内容が明確になる。

（2） 運用の側面

アメーバ経営では、会計情報が徹底的に活用される。このことは、アメーバ経営のマネジメントコントロールとしての運用の側面である。アメーバ経営は、マスタープラン（年間計画）の策定と月次の予定組みにはじまるPDCAサイクルを回すことで運用される。このサイクルを回す中で、上はトップから下はボトムまで、すべての階層において月初にアメーバ会議が開催される。

アメーバ経営では、月初の予定組みが重視される。つまり、月次のPDCAサイクルが基本である。このとき、各アメーバでは、毎月の売上計画を立てる一方、この計画に合わせて経費と時間を詳細に予定する。そして、この予定の案がアメーバ会議にかけられる。マスタープランは必達ではあるが、そのプランを月割りして多少の手直しをするというのでは通用しない。ましてや、マスタープランで認められた経費の月割がそのまま自動的に認められるわけでもない。

アメーバリーダーは、ビジョンや夢を語り、月次の予定採算表に経営に対する思いを込めた数字を示す。つまり、高い目標の設定である。また、高い目標（思い）の達成に向けて、リーダーは会議や後述のコンパ等で決意を表明し、目標の達成を約束する。

会議に加え、課・係・班の階層でもたれる日々の朝礼や終礼も、アメーバ経営では積極的に活用される。これは、すでに述べたように、時間当りの実績が翌朝にはフィードバックされることに関連して、PDCAサイクルにおいて日々に目標の達成がチェックされることを意味している。単純で理解しやすい指標であるが、時間当り採算に徹底的にこだわっているのである。

朝礼では、前日の実績と累計が日報に基づいて発表される。そこで、目標達成の進捗状況が分かるため、早めにアクションをとることができる。このアクションは、当日の課題としてアメーバメンバーに伝えられる。全員参加で日々の採算を作る姿勢で業務に取り組むのである。この他、社訓・経営理念あるいはフィロソフィに関わる事項の唱和や輪読が行われる。

アメーバ会議や朝礼の他に、非公式の場としてコンパがある。コンパは、共に働く仲間がお酒を酌み交わしながら、日々の仕事における悩みや夢を本音で語り合う場である。お互いに励まし合い、熱い思いの共有を図り、組織メンバー間での信頼関係を構築することが目的となっている。

アメーバ経営の会計情報と運用から、会計情報が全員に共有されること、また全員参加の経営により、アメーバリーダーにはアメーバの経営が任されていることが分かる。アメーバ経営は「任せる経営」であり、これにより、現場の知恵を引き出し、組織を活性化するシステムであるといえよう。

（3）経営フィロソフィ

全員参加の経営を実現するには、経営フィロソフィが不可欠である。京セラ創業者の稲盛和夫氏は、『敬天愛人―私の経営を支えたもの』［一九九七］で、京セラフィロソフィについて述べている。それは社是や経営理念と呼ばれる規範のベースとして根幹をなす考え方であり、稲盛氏の経営実践から生まれた(2)。

京セラフィロソフィは、「人間として正しいことを正しいままに追求する」という『考え方』が基礎をなしている。京セラでは、フィロソフィをどんな場面でも活かすことを目標としていて、図1に示したように、時間当り採算に徹底的にこだわるのも京セラフィロソフィの表れといってよい。

3-2　マネジメントコントロール・メカニズム

マネジメントコントロールのメカニズムは、さまざまなコントロールが別個に行使されるわけではない（Malmi and Brown［2008］）。むしろ、パッケージとして、複数のコントロールを組み合わせて機能させるほうが一般的である（Malmi and Brown［2008］；Otley［1980］；Sandelin［2008］；Simons［1995, 2005］；Tuomela［2005］）。そこで、三矢［二〇〇三］は、アメーバ経営におけるマネジメントコントロール・パッケージとしてSimons［1995］の四つのコントロール・システム（理念、境界、診断、インターラクティブ）のモデルに依拠した分析をしている。

新たなマネジメントコントロール・システムの導入は、コントロール・パッケージの一部の変更であり、他のコントロールの仕方にも影響を与える。被買収企業と買収企業では、組織文化だけでなくマネジメントコントロール・システムが異なる。そのため、複数のコントロールを検討しなければならない。また、コントロール・パッケージは、被買収企業においても買収企業と同じように構築される可能性が高い。被買収企業を変革しながら、このようなコントロール・パッケージを構築するには、個別のコントロール・メカニズムをうまく機能させる必要がある。そのためには、コントロール対象別にメカニズムを区分しなければならない（Merchant［1982］; Merchant and Van der Stede［2003］; Ouchi［1979］）。

しかし、アメーバ経営の先行研究のなかには、コントロール対象に基づいてメカニズムを検討した研究はみあたらない。そこで本研究では、Merchant and Van der Stede［2003］に依拠して、成果、アクション、人・文化という各コントロール対象から三つのメカニズムを識別する。

成果を対象にしたコントロールでは、目標を設定し、業績をモニターし、それに基づいて評価を行う。アクションコントロールとは、ルール・手続きを定めることによって、望ましいアクションをとるように（または、望ましくないアクションをとらないように）行動を制約することである。(3) また、人・文化のコントロールでは、組織メンバー間で協働を行うよう、組織文化を醸成したり、メンバーを動機づける。三つのコントロールのなかで、通常、成果コントロールがマネジメントコントロール・システムの主要なエレメントであり、これをアクションコントロールと人・文化のコントロールが補う関係にある。以下、Merchant and Van der Stede［2003］のコントロール・メカニズムについて、本研究では設計面と運用面とに識別して考察する。

まず、アメーバ経営との関係から、成果コントロールについて述べる。アメーバ経営では、業績の測定は時間当り採算により行われる。アメーバリーダーは時間当り採算にアカウンタビリティを持つ。この意味において、時間当り採算を対象にするコントロールが成果コントロールと位置づけられる。同様に、マスタープランの策定や予定組みも成果コントロールのメカニズムと考えられる。さらに、業績の定義や測定方法が経管通達を通じて示されている。

アメーバ会議や朝礼では、目標達成の結果だけではなく、その達成へのプロセスが問われる。たとえば、リーダーは、アメーバ会議のなかで、前月の予定に対する実績を検討し、その月の予定を発表する。このとき、時間当り採算の結果の追及よりも、予定が重視される。単に数字を詳細に積み上げた予定だけではなく、その背後にある「こういう経営でありたい」という自らの夢なりビジョンを語るのである。これらも成果コントロールに位置づけられる。

次に、時間当り採算に関連する社内ルールや手続きがある。具体的には、ダブルチェックの原則などであり、経管通達として組織メンバーに伝達されている。これらは、組織メンバーの行動に何かしらの制約を与えているために、アクションコントロールとして位置づけられる。

最後に、人・文化のコントロールである[4]。アメーバ経営では、アメーバ間で社内取引が行われる。値決めや人の貸し借りによる相互依存性は、アメーバ間にコンフリクトを生じさせる。この問題を解決するには、責任の共有が有効であり、それは他者支援に対して強いコミットメントを促す（Simons［2005］）。共通目的のために他利（他のアメーバリーダーの立場を考えた解決策）が求められる。また、アメーバは状況に応じて自律的に判断することが求められるが、その判断基準が必要である。この判断基準となるのが経営フィロソフィである。

経営フィロソフィを用いる人・文化のコントロールは、その定着に向けた取り組みもコントロール対象である。具体的には、フィロソフィ教育、朝礼での社訓・理念やフィロソフィの唱和・輪読、アメーバ会議等での指導が行われる。この経営フィロソフィや教育・訓練が、アメーバ経営における人・文化のコントロールである。

3-3　分析フレームワーク

アメーバ経営を被買収企業に導入することにより組織変革を図るプロセスを明らかにするために、図2の分析フレームワークを設定する。まず、システムの設計（時間当り採算と関連ルールの策定）、運用（予定、マスタープランによるＰＤＣＡサイクル）、そして両者をつなぐ経営フィロソフィの三点からアメーバ経営を捉える。つまり、ここではアメーバ経営の主要な要素を導入することを想定している。

このアメーバ経営の導入には、チェンジ・エージェントとクライアントが存在する。また、クライアントは、被買収企業の組織メンバーであり、前述のとおり、変革のターゲッ

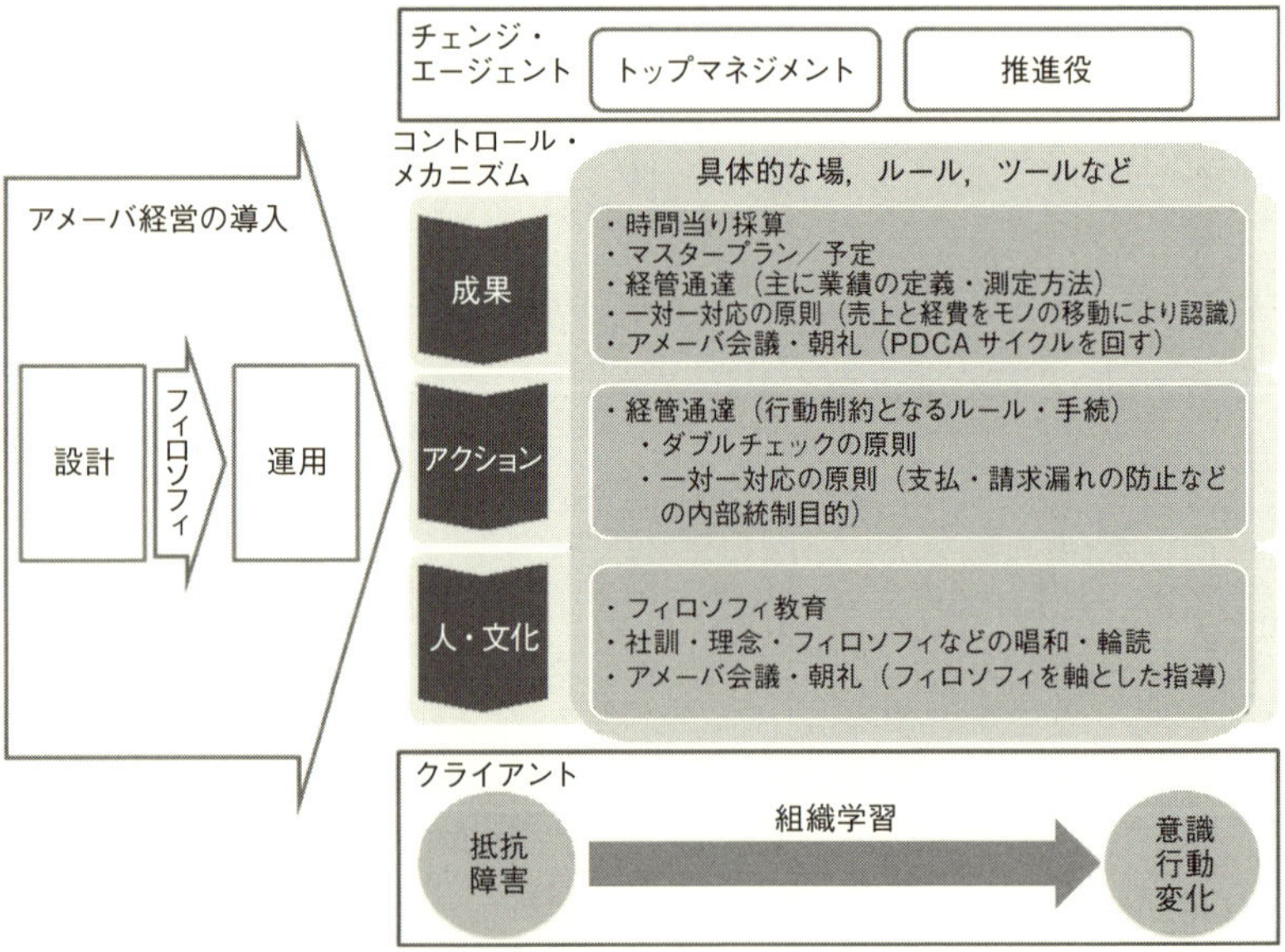

図2　分析のフレームワーク

トである個人ないし集団である。通常、クライアントからの抵抗が生まれ、そこに組織的障害が存在する。抵抗や障害を乗り越え、アメーバ経営を定着させる役割を果たすのが、チェンジ・エージェントである。チェンジ・エージェントはアメーバ経営の導入プロジェクトのマネジャーである。また、アメーバ経営が組織全体のマネジメントシステムであることを考えると、エージェントとしてトップマネジメントが関与することが考えられる。そこで本研究では、トップマネジメントのエージェントとしての役割をあわせて検討する。他方、クライアントは、エージェントからの働きかけの影響を受け、組織学習を行うと仮定される。

分析フレームワークは、導入プロセス全体を捉えている。したがって、先行研究にみられた導入プロセス要因も、エージェントに関わる行動的・組織的要因として組み入れられる。加えて、導入プロセス要因以外の導入環境、タスク特性、組織構造、個人属性、システム設計などの要因も、エージェントに関連する場合は考察の対象としたい(5)。

アメーバ経営のコントロール・メカニズムは、コントロールの対象によって成果、アクション、人・文化の三つに区分する（もちろん、各コントロール・メカニズムが同時的・複合的に構築される(6)）。チェンジ・エージェントの役割についても、この区分に基づいて考察する。つまり、エージェントが何をコントロール対象に選択し、どのようにコントロールを構築するのかを検討できる。

このような想定の下で、アメーバ経営導入のチェンジ・エージェントが組織変革プロセスで果たす役割をみていこう。

4 調査デザイン

アメーバ経営学術研究会の研究プロジェクトのひとつとして、本研究は実施された。京セラグループのKCCSマネジメント・コンサルティング株式会社（以下、KCMC）の協力のもと、二〇〇八年に京セラケミカル株式会社（以下、京セラケミカル）を調査協力企業として選定した。

事業部長、副事業部長、製造部責任者（以下、部責）、そして製造課責任者（以下、課責）には、半構造化インタビューを実施した。事業部長には、個人経歴、アメーバ経営を導入したトップマネジメントとのコミュニケーション（トップマネジメントのスピーチ、個人的な接触など）、アメーバ経営に対する感想（驚いたこと、すばらしいと感じたことなど）、マスタープランの策定と予定組み、月次の進捗管理などについて尋ねている。また、副事業部長、部責、課責には、事業部長と同様の内容に加えて、日次の進捗管理に関して質問をした。他方、現在の社長と常務には、非構造化インタビューを行った。

表2にインタビュー概要を示す。次節のケース記述は、基本的に表2のインタビューに基づいている。ただし、研究会の他のメンバーがこれ以外のインタビューを行っているため、それらの調査資料も参考にした。

5 京セラケミカルの組織変革のケース

5-1 概略

京セラケミカルは埼玉県川口市に本社があり、その企業規模は資本金一〇一・七二億円、連結の売上高

表2　インタビューの概要

氏名	所属・役職（インタビュー時）	主な経歴（買収前後の所属・役職～）	聞き取り日
川江康信氏	代表取締役社長	京セラ入社（本社→国分工場・事業部長→ファインセラミック開発部長など）→2002年京セラケミカル入り、経営変革推進部長	09.5.15 14:00-15:40
梶本哲夫氏	常務取締役 経営管理統括部長	京セラ入社、営業担当→2002年京セラケミカル入り（経営変革推進部アメーバ経営推進担当）、2003年経営管理統括部長	09.5.15 14:00-15:40
澤井和弘氏	事業部長（郡山工場）第一事業本部電子デバイス材料事業部	東芝時代、技術部長→2002年京セラになり3年後に事業部長	08.12.17 10:00-15:00
伊吹浩一氏	製造部責（郡山工場）第一事業本部電子デバイス材料事業部製造部	東芝時代、係責クラス→2002年京セラになり数カ月で技術・課責（川口工場・技術→郡山工場・製造へ）	08.12.17 10:00-15:00
富樫忠彦氏	製造課責（郡山工場）第一事業本部電子デバイス材料事業部製造部製造一課	東芝時代、川口工場→郡山工場へその後、2005年に課責	08.12.17 10:00-15:00
北舘和也氏	製造課責（郡山工場）第一事業本部電子デバイス材料事業部製造部製造二課	東芝時代、川口工場→郡山工場へその後、2005年に課責	08.12.17 10:00-15:00
伊藤弦一氏	事業部長（川崎工場）第一事業本部化成品事業部	東芝時代、課責クラス（技術課グループ長）→2002年京セラ入り、2004年事業推進部企画、2006年副事業部長、2007年事業部長	08.11.25 13:00-14:00
藤田良枝氏	副事業部長（川崎工場） 第一事業本部機能材料事業部	東芝時代、製造技術部→2002年京セラ入り（課責クラスではなかった）、2004年機能材料の生産管理・品質管理の責任者→製造部責	08.11.25 14:00-15:30
戸倉敏彦氏	製造部責（川崎工場）第一事業本部機能材料事業部機能材料製造部	東芝時代、係長クラス・川口工場→2002年京セラ入り製造長→郡山工場・事業部長付・工場長→川崎工場・製造部責	08.11.25 14:00-15:30
渡邊好之氏	製造部責（川崎工場）第二事業本部シート事業部シート製造部	東芝時代、技術課、製造課技術係、生産管理→2002年京セラ入り生産部主務（係責クラス）→製造部責	08.11.25 15:30-17:00

一八九億六五百万円、従業員八七五名（単体の売上高一四〇億円、従業員六二五名）である（二〇〇九年三月）。事業内容は、電子部品材料、電気絶縁材料、合成樹脂成形品、金型・合成樹脂加工機械装置の製造・販売である。また、現在、川口、川崎、郡山、真岡に四つの工場がある。

沿革は、一九七四年に東京芝浦電気株式会社（現・株式会社東芝）の化学材料事業部が独立し、東芝ケミカル株式会社として設立された。一九八八年に東証二部に株式を上場したが、その後、二〇〇二年に株式交換により京セラの完全子会社となっている。その際に、社名を京セラケミカルと変更し、上場を廃止した。

京セラは、半導体部品などファインセラミックを扱っている。京セラにとって、東芝ケミカルの買収には半導体チップを覆う有機パッケージ事業の競争力を高める狙いがあった。一方、東芝ケミカルは、当時、営業不振が続き、最終損益も赤字であった。また、人員削減などを進めていたが、経営は行き詰まっていた。東芝ケミカルは、京セラの一〇〇％出資の子会社となることで、経営の立て直しを図ることになった。

京セラケミカルの代表取締役社長には、東芝ケミカルの山崎巖氏が留任した。また、東芝ケミカルのすべての従業員が京セラケミカルに引き継がれた。京セラからは、ファインセラミック事業本部の中村昇氏（京セラ元会長）が副社長として、また経営変革推進部長に川江康信氏、アメーバ経営推進担当に梶本哲夫氏が赴任した。それ以外にも営業に二名が派遣された。なお、梶本氏は、その半年後に経営管理部長となっている。京セラケミカルへのアメーバ経営の導入は、この中村氏、川江氏と梶本氏が中心になって行われた。

中村氏は、京セラケミカルに赴任後、会議やコンパの場で京セラフィロソフィの基本を従業員に伝えた。東芝ケミカルの経営幹部も、京セラが行っているフィロソフィ教育の講座を受講した。フィロソフィが記載された手帳は、合併後すぐに全従業員に配布された。さらに、二〇〇二年九月には京セラの稲盛名誉会長が、京セラケミカルの全社員に対して「われわれは全従業員の幸福のため」と題して二時間程度の直接講話を行っている。

合併直前の二〇〇二年七月から、京セラケミカルはKCMC（当時は京セラコミュニケーションシステムKCCS）から二カ月間にわたって採算表作成とアメーバ経営の考え方についての指導を受けている。その後、京セラ本社の経営管理のスタッフが、京セラケミカルのIT管理、物流、営業管理、経営管理、経理を二年にわたるプロジェクトとして支援した。

KCMCからのコンサルティングは、その後も実施された。これは、最初の教育後にアメーバ経営が正しく運用されているのかチェックするためであった。この浸透度チェックは、今では京セラケミカルの経営管理（四名）が全拠点で行っている。

また、同時並行的にアメーバ経営をサポートする情報システムの構築も進められた。この構築には、予定の一年を超えて二年以上が費やされた。最終的に、京セラケミカルはKCMCが外部販売するPCシステムを導入した。

5-2 経営フィロソフィの浸透

京セラケミカルに移行し、東芝時代からの従業員に最も驚きを与えたのがフィロソフィ教育であった。中村氏は、最初から京セラケミカルの目標だけでなく、行動の基準とすべき信条を明確に示した。しかし、従業員はフィロソフィの説明を受けても、すぐには理解できなかった。

伊藤氏は「フィロソフィが会社以外の場面でも通用する原理原則のようなものであることが勉強するうちに分かるようになった」という。しかし、「最初はフィロソフィに書かれていることを実践できず、その必要性も理解できなかった」と振り返る。また、このフィロソフィに対する多くの反応は、次の澤井氏のように「当たり前だが、できていない」というものであった。

会長（中村氏）とお話をさせていただいたとき、「人間として何が正しいか」を頭に入れなさいといわれたことが印象に残っています。……正直、最初はよく分かりませんでした。「当たり前のことじゃないか」との意識がありましたし、それが自分の行動にはなかなか結びつきませんでした。頭で考えていることと実際の行動が当時はつながりませんでした。「頭で分かっていれば理解していることになるのだ」という誤解をしていました。

中村氏は、会議の場で経営理念を含め京セラフィロソフィについて説明し、その実践経験を従業員に伝えようとした。経営会議、製造会議、営業会議など多くのアメーバ会議に中村氏は参加した。そして、中村氏は、会議の場で厳しく叱るスタイルで指導を行った。この厳しい指導もあり、最初の頃は会社を辞めるアメーバリーダーも少なくなかったようである。東芝ケミカルの風土は、対立を避けるよう調和を大事にし、面と向かって叱責するようなことはなかった。東芝時代の緩やかな組織風土のもとにいた従業員にとって、中村氏の考え方や姿勢はただちには受け入れ難いものであった。

中村氏による指導は、個人個人を変えていく地道な取り組みであった。しかも、フィロソフィの根底をなす基本中の基本を訴えかけるものであった。つまり、人として「何が正しいのか」を基本として、「物事の考え方」や「仕事の進め方」に関する事柄が中心であった。会議では、言い訳、逃げ口上、お茶を濁す余分な前置き、自分を飾る態度などに対して、特に厳しい指導が行われた。

伊吹氏によれば、「会議報告の際、答えられない部分があると中村氏から厳しく質された」という。また、

「細かいことばかりに気をとられていると『木ばかり見て森を見ていない』と、おおまかにしか見ていないと『今度は木を見ていない』と、適宜、物事の考え方を指導された」と語る。

このような指導は、会議外でも行われた。中村氏がある現場を視察した際、現場を綺麗にするよう注意を行った。その際には「自分の息子や娘を入社させたいと思うような職場でなければならない」と考え方を伝えている。

従業員は、さまざまな場面で指導を受けるなかで、フィロソフィに実感を持つようになり、その理解を深めていく。たとえば、澤井氏は「真因を掴まないで早く手を打とうとしている」と中村氏に指摘されたことがある。指摘を受けた際はすぐに理解できずにいると、厳しく「お前は何も分かっていない」と叱られたそうである。しかし、「再現をして真因を掴んだうえで対策を打つほうが、トータルで見れば早いという実感を今では持っている」という。

また、中村氏は「考えさせる」指導を多く行った。たとえば、ある会議で自分の考えと事実を区別せずに発表した若い技術者に対して、その理由を全く教えず、ものすごい勢いで叱ったというエピソードがある。これも中村流の指導方法であった。他にも、中村氏は部下への電子メールは短いものが多かった。メールを受け取った部下は、短い文を読み、その意味内容を考えなければならない。しかし、いくつも答えがある。ときに、間違えた解釈をして中村氏に返信すると、たちまち叱られることになる。このようにメールひとつをとっても、「考えさせる」ことにこだわっていた。

もっとも、中村氏は会議でこそ厳しい指導が多かったが、一対一の場面では「叱る」ことは少なく「諭す」ことが多かったという。会議で叱った人もコンパの際ではフォローしていた。そのため情も伝わり、部下からの信頼はかなり厚いものであったようである。

川江氏や梶本氏は中村氏の指導をサポートしていた。特に、川江氏は、京セラの川内工場に勤務していた時代から中村氏の直属の部下であり、その手腕を買われて京セラケミカルに来ていた。川江氏は「中村氏の言葉を理解できず叱られた人と一緒に、なぜ叱られたのかを考えることもあった」という。また、経営管理部は、中村氏からの指導内容を語録として残すなど、アメーバ経営の浸透を図る取り組みを行った。さらに、郡山工場に半年ほど京セラの国分工場からきていた部門責任者も、アメーバ経営の考え方を従業員に厳しく指導した。

川江氏は製造担当として郡山工場と川崎工場に在籍していた。その当時を振り返り、「自分の意見・考え方を強く主張する従業員もいて、全員ではないものの抵抗を感じた」という。また、アメーバ経営への適応には、工場ごとに温度差もあった。川口工場の従業員は、他の工場に比べるとアメーバ経営に素直に順応した。しかし、組合が強い川崎工場では大きな抵抗があった。なかには、「仕事は好きだが、京セラの考え方は好きではない」という人もいた。川江氏は、その人たちと徹底的に話し合いを行った。そして、当時は抵抗していた者も、今では「導入してよかった」と言うようになった。

中村氏は当時の社長の山崎氏と常に話し合ったうえで意思決定を行った。山崎氏は従業員に「アメーバ経営は本当にすばらしいシステムである」と公の場で話して導入の支持を表明していた。川江氏も、「中村氏と山崎氏に非常にうまくアメーバ経営の浸透の旗振りをしてもらえた」と回顧している。

経営フィロソフィの浸透により、現在では、従業員の意識・行動の変化がみられる。事業部長ならびにアメーバリーダーは、フィロソフィ教育や指導により、各自の意識・行動の変化を実感しているようである。なかでも、最後まであきらめない姿勢や部下に対する統率力などが身についているようである。誤解を与えない資料作りにはじまり、ベクトルをあわせる仕事、「人生・仕事の結果＝考え方×熱意×能力」、率先垂範などに取り組んでいると、インタビューした人々が口にしていた。このことは、フィロソフィの内容を徐々に行動に移すことができるようになっている証左であろう。

フィロソフィ教育は今でも継続されている。従業員の多くは、フィロソフィ教育を受けることにより、責任を持って業務遂行するようになっている。また、フィロソフィ手帳を朝礼時に輪読している。

5-3 設計面—時間当り採算の導入と関連ルールの策定—

アメーバ経営に基づく時間当り採算は、買収後にすぐに導入が決定された。東芝時代の経営システムは、多くの日本企業にみられる予算であり、工場経理も原価計算、特に棚卸資産評価が中心であった。製造担当者も毎月の棚卸に真剣に取り組んでいた。予算は過去の実績を踏襲する形で決定されており、製造責任者と工場長が協議し予算を作成していた。予算と実績の比較は月に一度行われていたが、採算の向上につながる行動を現場で考えることはなかった。

従業員は、アメーバ経営の研修や教育を通じて、時間当り採算が通常の制度会計とは異なることを理解した。東芝時代の各ライン部門は予算目標を重視してその実現に取り組んでいたものの、経費に対する意識は希薄であった。このことも問題点として認識されるようになった。時間当り採算の合理性について、「部門の経営状態がストレートに分かるようになった」(澤井氏)、「実際の経費と予定に対する進捗度が理解できるようになった」(伊吹氏)、「ひとつの改善が採算や利益に与える影響が見えるようになった」(藤田氏)、「採算が明示されるため、現場の意識が向上し、目標が明確になった」(北舘氏)などと旧システム以上の合理性を認める声が多い。

しかし、スムーズにシステム導入が進んだわけではない。当初、時間当り採算の数値目標を追求することは大変だという印象を持つ従業員もいた。また、京セラケミカルの扱う製品の特性は、アメーバ経営の導入にとって難しい面をもっていた。アメーバ経営は一品別で採算を算出する。しかし、ケミカル製品の生産工程は切り分けが難しいため、最初の頃は一品別の概念が理解されなかった。中村氏も当初は一品ごとの採算を見て赤字製品はなくすように指示したが、一品別の採算を算出するには情報システムの見直しを必要とした。

情報システムの構築は、KCMCと京セラからの派遣メンバーに加え、京セラケミカルの従業員一〇名程度がプロジェクトメンバーとして参加した。当初、東芝時代からの従業員は「なぜ日報を作成するのか」「どのように計算するのか」などの疑問を抱いていた。そのような疑問は、PCシステム導入の過程でメンバー間の意見交換によって解消されていった。プロジェクトメンバーのアメーバ経営への深い理解につながったようである。このプロジェクトの推進は、経営管理が主体となって行われていた。旧東芝ケミカルのシステムを見ながら、経費の割り振りを含め、情報のシステム化が進められた。

なお、買収された段階では京セラケミカルに経営管理部は存在しなかった。東芝時代からの経営幹部はその必要性を認識できず、「そのような部署は不要ではないか」という議論になった。しかし、KCMCから、アメーバ経営にとって経営管理の役割が重要であるとのコンサルティングを受けて、経営管理部門の設置にいたった。

経営管理部は、情報システムの構築に加えて、社内ルールの設定を行った。東芝時代は、全社的なルールや基準があいまいであった。このために新たに社内ルールが設定された。たとえば、売上については「売上とは」という定義にはじまり、売上計上の基準などを決定した。中村氏は、経営管理部に対して「どのようなルールにするかを考えるように」と指示した。「ルールを発行して通達するのが遅い」と指摘することもあった。設定された社内ルールは、売上計上の基準にはじまり、接待の基準、出張の基準などと多岐にわたっている。中村氏は従業員に対してルールの厳守を徹底して指導した。

経営管理部がルールを決めると、現場は比較的スムーズにこれを受け入れた。経管通達は、京セラケミカルになってから五〇号ほど存在している。また、改訂もあり、すでに二〇〇~三〇〇件が発行されている。ルール化は日常の問題を解決するために設定される。矛盾があれば、そのルールは改訂される。川江氏は、「ルールは守るが縛られないようにすべきである」と述べる。さらに、「現場とかけ離れて机上で守れないルールを経営管理が作らないように心がけた」と振り返る。また、梶本氏は、「通達が浸透していなければ、経営管理がどのように浸透させるかを考えるしかない」と述べる。

たとえば、製造における在庫管理に対する社内ルールがある。通常は、一対一対応の原則により、工程内の仕掛は損として認識するのが基本である。しかし、ケミカル製品の製造では、工程の生産リードタイムが長く、またその工程をアメーバとして分割できないことがある。この場合、当該アメーバは、ある程度の仕掛を持ち、翌月最初の段階で使わざるを得ない。そこで、通常は生産数量に計上することはない仕掛を、次月期首に使用する分については半製品として計上してもよいとルール化した。

このような柔軟なルール化で問題解決が図られた。棚卸は月次で実際の在庫数量に基づき評価を行うようにしている。このようなルールが定着すると、従業員も必要な在庫だけしか持たなくなった。そして、一対一対応の原則により、前述した仕掛の部分を除いて、「当座買い」が行われている。

また、一対一対応の原則により、受発注に関わる手続きといった内部統制の仕組みが整備された。以前は、製造部門の担当者が取引先の営業に口頭発注することもあった。このような状況の中で、見積と発注とを誤るケースや、試用品の返却記録がなく代金を請求されるケースなどがあった。しかし、アメーバ導入後、発注はすべて資材部門を通じて適切に行われるようになった。

営業部門にも、ルール変更が行われた。営業は「受注から、製造手配、売上、債権確定、請求書発行、入金、領収書発行」までの流れを一括して担当していた。しかし、内部統制の観点から、経営管理に書類を回してダブルチェックするようにルールが変更された。営業からは「面倒臭い」「手間がかかる」などの意見があった。また、売上請求書を営業担当が単独で発送していたが、請求書発行および発送部門を営業から経理部門へと変更した。伝票も責任者が必ずダブルチェックするよう指示を出した。このため、当初は責任者がいないと先に進まないこともあったが、システム化や社内ルールの設定でルーティン化されると効率的に運用されるようになった。

このような時間当り採算の導入と関連ルールの設定は、東芝時代に比べて経理の権限を弱める結果となった。東芝時代の経理は、原価などを工場長や事業部長と一緒に判断する立場であり、そのパワーは強かった。京セラケミカルとなりパワーが薄れた経理スタッフは、少なからず会社を去ったようである。

時間当り採算が定着した工場では、目標達成に対する月次の進捗管理において採算分析表を作成・活用するようになった。また、東芝時代に積極的に行われていた改善提案は、創意工夫提案として引き継がれている。アメーバ経営の導入は改善手法自体に変化をもたらすわけではない。しかし、自発的に原価低減の提案が行われるようになった。このように時間当り採算の導入と関連ルールの設定は、紆余曲折はあったが定着しつつある。

5-4　運用面—マスタープランと予定のマネジメントプロセスの実際—

ここでは、マネジメントコントロール・システムとして設計されたアメーバ経営のＰＤＣＡサイクルが、どのように運営されるようになったかについて説明したい。京セラケミカルのマスタープランの策定プロセスは、以下のとおりである。まず、事業本部全体の生産高と利益率の目標が本部長から方針として示される。その方針に対して、各事業部は生産高と利益率の目標をどの程度に設定するのかが問われる。事業部長は自らの思いから方針を決め、各アメーバリーダーに伝えながら、マスタープランの原案を集める。アメーバリーダーは、過去の実績を踏まえつつ、各自の思いを込めてマスタープランの原案を検討する。

事業部のマスタープランの最終案は、各責任者からの案を積み上げてできあがる。その案は、アメーバ会議の場で具体的な行動指針とともに発表される。その後、京セラ本社に案として報告するとともに、細かい内容は京セラケミカルの会議体にて報告・決定される。マスタープラン策定は、毎年一二月中旬にスタートし、本社への説明も含め、二月中旬までには最終決定が行われる。

月次の予定組みは、毎月二〇日前後に製造と営業の擦り合わせ会議にて、マスタープランの進捗をみながら検討がはじまる。製造は、販売に関する来月の見通しを受け、製品数量や内訳なども踏まえて生産効率のよい生産スケジュールを組む。川崎工場の化成品事業などでは、仮に生産高が同じであっても製品ごとに原材料費率が異なり、製品構成によって利益は変動する。伊藤氏によれば、「(過去は) 単に (販売) 数字だけを拾い、たとえば二億と予定を立てても、ふたを開けてみたら二億作りましたが、利益はマスタープランの目標には全然届きませんでしたという予定組みであった」という。その反省もあり、今では製品の内訳もしっかりと把握している。予定組みは、アメーバ会議で報告・協議・修正を繰り返しながら、月末まで行われる。

京セラケミカルでは、予定の目標は必ず達成するように取り組んでいる。朝礼では、前日の実績を確認している。予定はマスタープランとは切り離して別に立てられるため、直近の比較的精度の高い受注情報が利用できる。予定の目標設定は、各部門に任せられている。ただし、下期には見直しのマスタープランを策定し、二桁成長に挑むことが目標として与えられる。ストレッチな目標であることから、余分な経費を計上する余地はほとんどない。仮にあったとしても会議で指摘され、是正される。

予定の目標達成の追求に対し、事業部長の澤井氏は「部責に任せることを意識している」と述べる。「自分でやるほうが結果的には楽と

「本当に任せられるようになったのは、ここ二、三年である」という。ただし、いう意識があって、皆で行う意識が欠けていた」と振り返る。現在は、「結果なり経過が悪いときは指導するが、とにかく部責に任せる」とのことであった。

これらの計画策定以外に、アメーバの運用として社内売買がある。郡山工場の電子デバイス材料事業部では、事業部内で社内買、社内売が行われている。その値決めでは、対立が生じることもある。対立が生じると、今までは事業部長が振替価格を決定していた。しかし、最近は互いが納得するように部長クラスと話をして値決めを行っている。事業部外の社内売買の場合は、基本的には事業部長クラスで話し合って決めている。他方、川崎工場も社内売買はあるが、その価格について他のアメーバと侃々諤々と交渉することはあまりない。頻繁に値引き・値上げもなく、調停者を頼むところまで対立することもない。

現在は、以上のようにアメーバ経営が運用されている。しかし最初は、技術、製造、営業と多くの部署で少なからず「ついていくのがつらい」という反応がみられた。経営フィロソフィが浸透していなかった当初、あきらめずに目標達成に努力し、最後まで業務をやり遂げるといった組織風土はなかった。

中村氏がマスタープランや予定に関わる会議に参加し、コスト意識や考え方を徹底的に指導したのは上述のとおりである。アメーバリーダーは、自らが関与して決定した数字であることもあり、目標を意識するようになった。たとえば、当時は川崎工場の技術課長であった伊藤氏は、「それまでがいかに目標のない状態であったかを認識した」という。ただし、「課をよくしていこうと思って一生懸命に取り組んでも、部下か

ら『責任者は大変ですね』といわれた」と回顧する。最初は、組織のベクトルはうまくあっていなかったようである。

郡山工場も最初は同じような状況であった。形式上はアメーバ経営を行っていたが、一部の人しか理解していなかった。アメーバリーダーに責任感はなく、結果として予定が達成できないという状況も多かった。また、なすべきことが分かっていても実際の行動に移せないリーダーが多かった。そのため、澤井氏は、上述のように「任せる」ことを意識するようになる。責任をもたせることでリーダーは自分で考え行動に移すように徐々に変化していった。川江氏は、「アメーバ経営を導入して、三、四年も経過すると部責、課責はよく理解して運用できるようになった」という。

予定の必達は、現在の部責や課責に、厳しい、つらいといった心理的な負担を与える場合もある。たとえば、あるリーダーは、受注が不安定で予定と実績に開きがでても、その事情が酌量してもらえず「つらい」と感じるようである。また、あるリーダーは、労務工数があまるとすぐに「応援に回せ」と指示されることもなじめないという。さらに、「よいアイデアがメンバーから提案されても、その月にすぐに効果がでるわけではない」ことも、リーダーにとって「つらい」と感じるようである。

しかし、製造課責の北舘氏によれば、苦しいなかでも「これだけの金額を何とかやろう」と伝えると「一丁やってやるか」という意欲がメンバーからでてくるようになったという。アメーバリーダーは、目標の採算を達成するよう日々進捗を確認し、遅れている原因を明確にし、効率のよい生産に向けた取り組みを行っている。また、作業者も時間当り採算を改善するよう真剣に取り組むようになっている。

6 議論

6-1 チェンジ・エージェントの識別

分析フレームワークは、チェンジ・エージェントとしてトップマネジメントと導入プロジェクトの推進役を想定していた。このケースでも、トップマネジメントである中村氏がアメーバ経営導入のエージェントとして認識された。導入推進役であった川江氏・梶本氏もエージェントと位置づけられる。なお、変革が求められるクライアントは、東芝ケミカルからの従業員であった。

Rogers［1995］の示すチェンジ・エージェントの役割から、本ケースは表3のように整理した。表3では、役割のあてはまりの程度を「◎」「○」「△」の順に示している。「◎」が最もよく当てはまることを示している。

最初に「クライアントに行動を変える必要性を認識させる」ため、トップマネジメントが「物事の考え方」や「仕事の進め方」の指導を行っている。この指導は、普段から行動を変える必要性を認識させる内容である。アメーバ経営では、全員参加型の経営を標榜し、採算意識を持つ重要性を全員に認識させなければならない。他方、推進役は、変化の必要性を経営管理部等の日常業務を通じてクライアントに訴えていた。

第二の役割は、「情報交換関係の確立」である。川江氏のコメントにあるように、最初からクライアントはエージェントを評価し、信頼していたわけではなかった。このような状況下で、推進役は、情報システムの設計についてクライアントと協議しながら、彼らの信頼を獲得していった。

クライアントがシステムの導入に対してさまざまな質問をしたり意見を求めたりすることは、過度に時間

表3　チェンジ・エージェントの役割

	トップマネジメント（中村氏）	推進役（川江氏・梶本氏）
①行動を変える必要性を認識させること	◎	○
②情報交換関係を確立すること	△	◎
③問題を診断すること	△	◎
④変化への意欲を持たせること	◎	△
⑤変化への意欲を行動に変えること	◎	○
⑥定着させ中断を防ぐこと	△	◎
⑦自立させること	◎	△

を費やさせる抵抗の手段と解釈することもできる。実際に、情報システムの構築には予想以上の時間がかかっている。しかし、情報システムの導入プロジェクトのメンバー間で協議を重ねたことは、アメーバ経営への理解を深めることにつながっていた。また、このことが副次的に信頼の構築に結びついたようである。他方、中村氏は、会議では厳しく指導するがコンパ等では諭すスタイルであり、部下から厚い信頼を得ていたようである。

第三に、「問題の診断」を行う際、推進役はクライアントの立場に立って状況や問題を把握してルール化を推し進めた。このことは経管通達の改訂や「現場とかけ離れないように」といった川江氏のコメントにも表れている。一方、中村氏は、電子メールで頻繁に接触をもつなど、クライアントから情報を収集し、また推進役からの情報により問題状況を把握していた。ただし、クライアントが抱える問題への対応は基本的に推進役に任せていたようである。

第四に、「変化への意欲を持たせること」について、中村氏は会議体やコンパなどの場で叱咤激励するなどしてクライアントに強く働きかけている。これに抵抗して離職するアメーバリーダーもいた。結果として、組織変革に抵抗する勢力を排除し、京ヤラケミカルの事業発展にふさわしい資質を持つリーダーを選抜したと解釈することができる。さらに、マネジャーが厳しく叱るスタイルでは、組織メンバーは会議等で遅延させるなどの抵抗はしづらいであろう。

第五に、「変化への意欲を行動に変えること」に関しては、エージェントは間接的にしか対応できない。この点について、Rogers［1995］は、クライアントが行動を変えるのは、主に身近な仲間で形成される個人間ネットワークの影響であるという。したがって、エージェントにとって、仲間のネットワークを活性化することが策となる。

この点、中村氏は、家族的経営を説くことで仲間ネットワークの構築を図っている。「自分の息子や娘を入社させたい職場」というエピソードにも、このことが表されている。また、推進役の両氏もクライアントからの相談を通じてネットワークの活性化を図っていた。他利の精神を説く京セラフィロソフィは、このようなネットワークの構築に影響を与えているといえよう。また、フィロソフィは、意欲を常に行動につなげるよう考えさせる役割を果たしている。中村氏はこの経営フィロソフィを浸透させる役割を担っていた。さらに、個人間ネットワークの活性化以外でも、クライアントが変化への意欲を行動に移せるように、経営に対する考え方や姿勢について指導を行っていた。

第六として、「定着させ中断を防ぐ」ために、京セラケミカルへのアメーバ経営の導入では、経管通達や会議決定事項などによりルールを設定し、新たな行動様式を定着化させていた。これは主に経営管理部の業務であり推進役の両氏が行っている。中村氏は経管通達の発行が「遅い」と指摘することはあっても、具体的内容は経営管理部に任せていた。

最後に「自立させること」に対しては、中村氏は、クライアントに自分で考えさせる方法で指導を行うのが常であった。これが「任せる経営」の礎を築いたといえる。また、澤井氏が真因を掴んで対応することに気づきを得たように、多くのクライアントが考え方を会得し、自ら行動を起こすようになったと語っていた。そして、フィロソフィを判断基準とし、その内容をエージェントに頼らずに実施できるように自発的に取り組むといった変化が観察された。これは組織文化が変化した結果と理解できる。一方で推進役の両氏は、東芝時代からの組織メンバーであるリーダーがエージェントになれるように、現在も日常業務のなかで取り組んでいる。

6-2 複数のチェンジ・エージェントの間での役割分担

京セラケミカルでは、トップマネジメントと推進役の間でチェンジ・エージェントの役割を、表3のような形で分担しているといえる。この役割分担の理由として、トップマネジメントと推進役では導入するコントロール・メカニズムが異なることが考えられる。

まず、アメーバ経営を導入した京セラケミカルの成果コントロールは、時間当り採算が中心であった。マスタープランの策定にはじまり、予定を組み、その後の目標達成への進捗管理といったPDCAサイクルを回すコントロールである。時間当り採算のデータは、情報システムの構築によって集計・算出されるようになった。業績の定義・測定方法を整備し、マスタープランや予定などによりPDCAサイクルを回す成果コントロールは、推進役担当の経営管理が主体となり進められた。また、一対一対応の原則により当座買いに繋がるなど、売上に正確に経費を対応させる厳密な採算管理を行える体制が整えられた。

次に、アクションコントロールを扱うメカニズムとしては、時間当り採算に関連する社内ルールの設定などがある。この社内ルールは、経管通達として経営管理部が設定していた。具体的には、接待や出張の基準にはじまり、ダブルチェックの原則などを確認した。加えて、一対一対応の原則を徹底することで、受発注の手続きに関する内部統制も強化されていた。また、製造上の問題から、京セラ本社のルールとは異なり、月末に半製品・仕掛品の棚卸計上を行うといった例外的なルールもあった。推進役は、これらの社内ルールの設定を主導していた。これに対してトップマネジメントは、組織メンバーに社内ルールを厳守するように指導するなどのサポートを行っていた。

最後に、トップマネジメントはフィロソフィ教育を主導している。人・文化を対象とするコントロールを用いるとともに、そのメカニズムの構築を図っている。京セラケミカルでは、トップマネジメントは個々人に変化への意識を植え付けることにかなり時間を注いでいた。クライアントにとって、東芝時代は社長の判断のみが基準であった。現在では、意識が変化し、フィロソフィが新たな判断基準となっている。

トップマネジメントによる京セラフィロソフィの浸透に対して、推進役はチアリーダーの役割を果たした。たとえば、中村氏からの指導内容を語録として残し、フィロソフィを組織メンバーに伝えている。トップマネジメントは、クライアントのみに指導するのではなく、推進役が次世代の経営を担う幹部となるように育成も行っていたと解釈できる。事実、経営変革推進部長であった川江氏は、現在、代表取締役社長を務めている。

6-3 アメーバ経営の導入と変革プロセス

本ケースでも先行研究と同様に組織メンバーからの抵抗や組織的障害が観察された。上述した情報要求やアメーバリーダーの退職に加え、経理スタッフの多くが辞職していた。従業員の意識・行動を変えるうえで、東芝ケミカルと京セラの組織風土の違いが大きく阻害要因として影響を与えていた。また遅滞要因として、情報システム化が遅延したが、そこには京セラケミカルに固有の製造技術が関係していた。ただし、攪乱要因は観察されていない。その理由として、東芝ケミカル出身のトップマネジメントである山崎氏が、中村氏と異なる見方を示さず、またアメーバ経営を評価するなど導入をサポートしていたことをあげることができる。

導入を促すエージェントの活動あるいはサポート内容は、すでに述べた。ここでは、それ以外の要因について補足する。プロセス要因では、まず、親会社とコンサルタントからのアドバイスを含むサポートやコミュニケーションが導入の促進要因となっていた。特に、情報システムの構築では京セラ本社やKCMCが一定の役割を果たしていた。京セラ国分工場から指導者を部門責任者として出向させていたことも親会社のサポートである。また、定期的な勉強会などのフィロソフィ教育も促進要因であった。これに対して、組合からのサポートが得にくい川崎工場では、アメーバ経営に対する組織メンバーからの抵抗が大きかった。この点は、阻害要因であろう。

プロセス以外の要因では、経管通達（業績測定方法の明示や社内ルールの設定）とその厳守が導入促進要因としてあげられる。これはアメーバ経営の設計でもあり、組織変革を後戻りさせない要因であった。また、アメーバ経営の技術的要因であるタイムリーでわかりやすい会計情報も導入促進に貢献している。京セラケミカルでも、前述のように、アメーバ経営の会計情報は、旧システムより合理性が高く、組織メンバーから導入に対する納得が得やすかった。

以上から、チェンジ・エージェントの識別・役割分担も含め、図3のように分析フレームワークを修正した。アメーバ経営を導入し、その設計、運用、そしてフィロソフィが定着するにつれ、組織メンバーによるマネジメントプロセスの密度は高まった。言い換えると、ＰＤＣＡサイクルはより丁寧にきっちりと回されるようになった。このようなアメーバ経営を定着させるために、トップマネジメントと推進役で分担しながら各メカニズムを構築している。

チェンジ・エージェントは、クライアントの反応をマネジメントプロセスで確認することによって次の改善につなげている。クライアント側でも、このマネジメントプロセスを通じて学習している。各メンバーがアメーバ経営に関する「気づき」を得ることによって、今までの規範を組織全体で修正するような学習を生じさせる。[6] このサイクルを、図3では点線のループで示した。

アメーバ経営は「任せる経営」である。任せられたアメーバリーダーは、自らの組織と全体組織の利益追求の双方に目を向けて、日々刻々と変わる経営環境下で自ら判断する必要がある。この判断基準であるフィロソフィは、特にアメーバ経営において重要である。このことを熟知するチェンジ・エージェントは、京セラケミカルへの導入にあたり、地道に時間をかけてフィロソフィ教育に取り組み、組織に浸透させた。このことが、京セラケミカルの組織変革に大きく貢献していた。また、最初は京セラとは

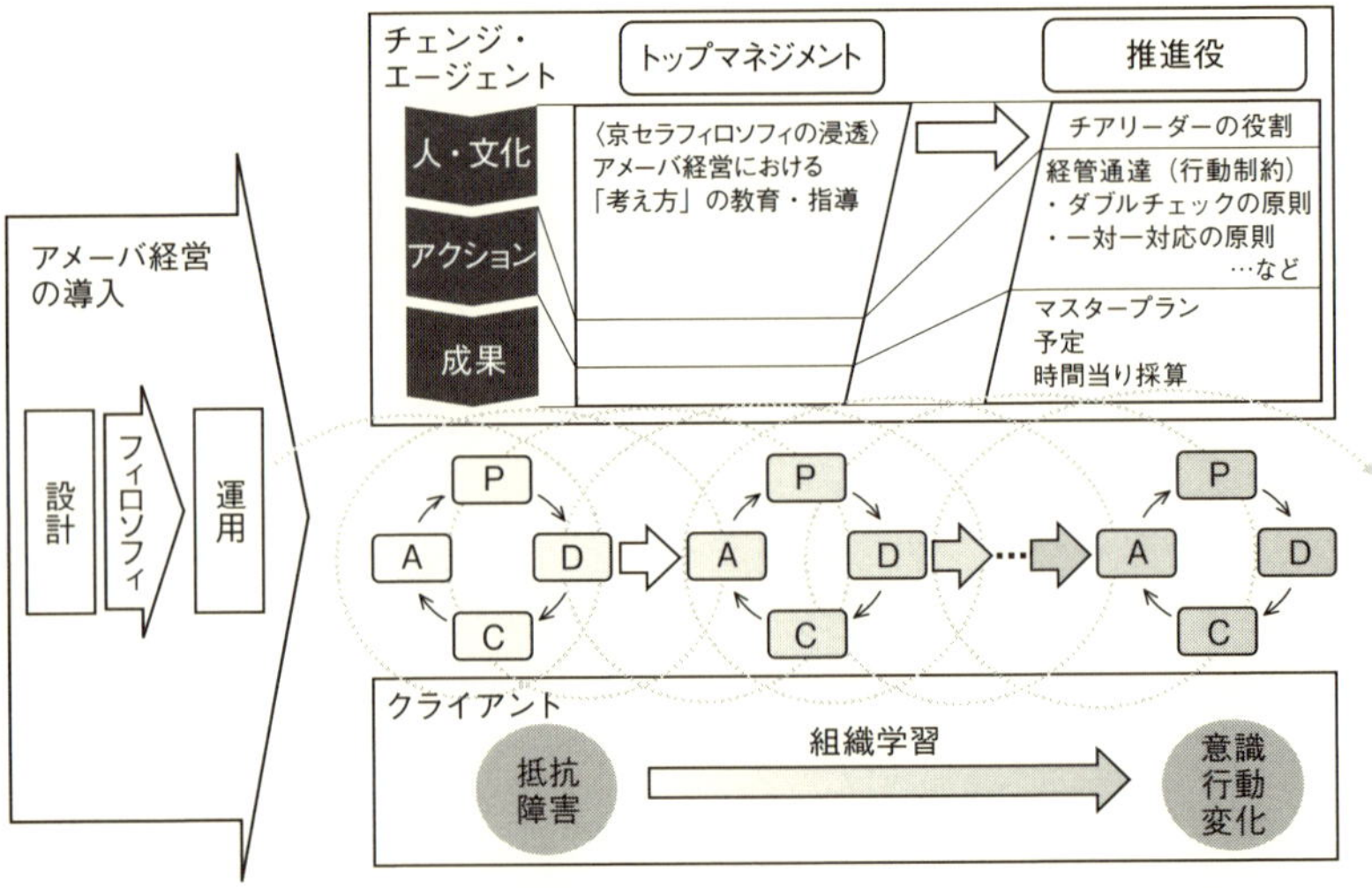

図3　アメーバ経営の導入プロセス

隔たりがみられた京セラケミカルの組織文化が、アメーバ経営導入によって、類似してきたと解釈することができる。

7 おわりに

本論文では、被買収企業へのアメーバ経営の導入について検討してきた。なかでも、チェンジ・エージェントの役割を明らかにした。分析においては、成果、アクション、人・文化のコントロールという三つのメカニズムに対する各エージェントの関わりに着目した。また、導入プロセスにおける、アメーバ経営のPDCAサイクルの変化について考察した。これらの考察を通じて得られたインプリケーションは次の五点である。

第一に、新たなマネジメントコントロール・システムの導入が、被買収企業の組織文化を変革するのに役立つことを確認できたことである。ここでのシステムの導入は、買収企業のマネジメントコントロール・システムであり、本ケースではアメーバ経営であった。アメーバ経営を導入することで、従業員の日常の行動や思考様式を変え、買収企業と類似した組織文化を形成していた。また、チェンジ・エージェントは、この組織文化の変革に深く関与していた。

第二に、被買収企業にマネジメントコントロール・システムを導入する際、複数のチェンジ・エージェント間で役割分担することが有効であることが示唆された。トップマネジメントと導入推進役で分担すれば、複数の異なるコントロール・メカニズムを効率よく導入できる。また、組織変革では、経営フィロソフィや経営理念を浸透させる必要がある。本ケースでも、これらを浸透させるうえでトップマネジメントがエージェントとして中心的な役割を果たしていた。

第三に、京セラフィロソフィがアメーバ経営の導入に有効に機能していることを明確にできた。アメーバ経営は、会計情報を与え、アカウンタビリティをリーダーに課して、組織を活性化している。また、内部取引が頻繁であると相互依存性も強まるため、他者からの協力を得ないとリーダーとしての責任を果たせない。このような状況下で、各メンバーに自ら判断させて行動させるには、判断基準となるフィロソフィを有効に機能させる必要がある。組織全体から統合した行動を引き出すには、アメーバ経営に限らず、人・文化のコントロールができるメカニズムを被買収企業に構築しなければならない。

第四に、アメーバ経営の導入プロセスでは、チェンジ・エージェントは、マネジメントコントロールのメカニズムを構築するだけでなく、コントロールを行うことで進捗状況を把握していることが明らかになった。トップマネジメントならびに経営管理のマネジャーは、実際の運用を通じてアメーバ経営の浸透の程度を確認していた。M&Aでは、外部資源を有効に活用し、経営のスピード化に適応しようとする狙いもある。したがって、被買収企業に対してマネジメントコントロールがスムーズに行える状況をいち早く構築する必要がある。この点、本ケースのようにPDCAサイクルをうまく回しつつ、コントロール・メカニズムの構築を進捗させることが重要である。

最後に、クライアントは、今までの規範の妥当性そのものを再検討・修正する組織学習を行っていた。各クライアントは、アメーバ経営の導入プロセスにおけるチェンジ・エージェントの働きかけから、自らの考え方や行動の基準を見直した。京セラフィロソフィは新たな判断基準となり、PDCAサイクルは丁寧かつきっちりと回るようになった。被買収企業の変革には、このような組織学習が不可欠であろう。

本研究に残された課題として、アメーバ経営以外のマネジメントコントロール・システムの導入においても、組織文化の変化をもたらすような変革が観察できるかどうかを確認する必要があろう。同様にチェンジ・エージェントの果たす役割や役割分担がアメーバ経営導入以外でも妥当するかどうかを確認する必要がある。アメーバ経営のような任せる経営とリモート・コントロールのようなシステムでは、エージェントの役割は異なる可能性もある。また、同じアメーバ経営であっても被買収企業の歴史、文化等により、導入の難しさは異なるかもしれない。

いずれにせよ、M&Aが重視される経営環境において、被買収企業へのマネジメントコントロール・システムの導入は極めて重要な課題である。今後、この課題の解決につながる研究成果の蓄積が望まれる。

注

(1) 森田［一九九八］では、支払・請求漏れとの関連で一対一対応の原則に言及している。
(2) 京セラは、社是に「敬天愛人」、経営理念に「全従業員の物心両面の幸福を追求すると同時に、人類、社会の進歩発展に貢献すること」を掲げている。
(3) 本研究では、Merchant and Van der Stede［2003］の示したアクションコントロールの意味を行動制約の側面に限定して用いる。彼らのフレームワークは戦略のコントロールにあまり触れていないために、他のアクションコントロールの要素を含めると、ケースの解釈に誤解を生む可能性があるからである。
(4) 本研究では、人員配置、教育を中心とした人的コントロールに加え、行動規範と組織文化の醸成に関わる文化コントロールを中心に考える。
(5) たとえば、被買収企業では、旧経営スタイル以外に、新たな管理プロセスやシステムの特性も導入プロセスにおける抵抗・障害に影響を与えるであろう。
(6) Argyris and Schön［1978］のダブル・ループの学習に該当する。

参考文献

Abernethy, M. A. and Brownell, P. [1999] "The role of budgets in organizations facing strategic change: An exploratory study". *Accounting, Organizations and Society*, 24(3): 189–204.

Argyris, C. [1990] "The dilemma of implementing controls: The case of managerial accounting". *Accounting, Organizations and Society*, 15(6): 503–511.

Argyris, C. and Schön, D.A. [1978] *Organizational Learning: A Theory of Action Perspective*. Reading, MA: Addison-Wesly.

Ashkanasy, N. M. and Holmes, S. [1995] "Perceptions of organizational ideology following merger: A longitudinal study of merging accounting firms". *Accounting, Organizations and Society*, 20(1): 19–34.

Cobb, I., Helliar, C. and Innes, J. [1995] "Management accounting change in a bank". *Management Accounting Research*, 6(2): 155–175.

Cooper, R., Kaplan, R.S., Maisel, L.S., Morrissey, E. and Oehm, R.M. [1992] *Implementing Activity-Based Cost Management: Moving from Analysis to Action*. Montvale, NJ: Institute of Management Accountants.

Dent, J. F. [1991] "Accounting and organizational cultures: A field study of the emergence of a new organizational reality". *Accounting, Organizations and Society*, 16(8): 705–732.

Howell, J. M. and Higgins, C. A. [1990] "Champions of technological innovation". *Administrative Science Quarterly*, 35: 317–341.

Jones, C. S. [1985a] "An empirical study of the evidence for contingency theories of management accounting systems in conditions of rapid change". *Accounting, Organizations and Society*, 10(3): 303–328.

Jones, C. S. [1985b] "An empirical study of the role of management accounting systems following takeover or merger". *Accounting, Organizations and Society*, 10(2): 177–200.

Kanter, R. [1983] *The Change Masters*. New York: Simon and Schuster.

Kasurinen, T. [2002] "Exploring management accounting change: The case of balanced scorecard implementation". *Management Accounting Research*, 13(3): 323–343.

Maidique, M. A. [1980] "Entrepreneurs, champions, and technological innovation". *Sloan Management Review*, 21(2): 59-76.

Malmi, T. and Brown, D. A. [2008] "Management control systems as a package: Opportunities, challenges and research directions". *Management Accounting Research*, 19(4): 287-300.

Merchant, K. A. [1982] "The control function of management". *Sloan Management Review*, 23(4): 43-55.

Merchant, K. A. and Van der Stede, W. A. [2003] *Management Control Systems : Performance Measurement, Evaluation, and Incentives*. Harlow: Financial Times Prentice Hall.

Otley, D.T. [1980] "The contingency theory of management accounting: Achievement and prognosis". *Accounting, Organizations and Society*, 5(4): 413-428.

Ouchi, W.G. [1979] "Conceptual framework for the design of organizational control mechanisms". *Management Science*, 25(9): 833-848.

Perera, S., McKinnon, J. L. and Harrison, G. L. [2003] "Diffusion of transfer pricing innovation in the context of commercialization: a longitudinal case study of a government trading enterprise". *Management Accounting Research*, 14(2): 140-164.

Rogers, E. M. [1995] *Diffusion of Innovations*, 4th ed. New York: The Free Press.

Sandelin, M. [2008] "Operation of management control practices as a package: A case study on control system variety in a growth firm context". *Management Accounting Research*, 19(4): 324-343.

Schön, D. A. [1963] "Champions for radical new inventions". *Harvard Business Review*, 41(March-April): 77-86.

Shields, M. D. and Young, S. M. [1989] "A behavioral model for implementing cost management systems". *Journal of Cost Management* (Winter): 17-27.

Simons, R. [1995] *Levers of Control : How Managers Use Innovative Control Systems to Drive Strategic Renewal*. Boston, Mass.: Harvard Business School Press.

Simons, R. [2005] *Levers of Organization Design: How Managers Use Accountability Systems for Greater Performance and Commitment*. Boston, Mass.: Harvard Business School Press.

Tuomela, T. S. [2005] "The interplay of different levers of control: A case study of introducing a new performance measurement system". *Management Accounting Research*, 16(3 SPEC. ISS.): 293-320.

Yazdifar, H., Zaman, M., Tsamenyi, M. and Askarany, D.〔2008〕"Management accounting change in a subsidiary organisation". *Critical Perspectives on Accounting*, 19(3): 404-430.

稲盛和夫〔二〇〇六〕『敬天愛人―私の経営を支えたもの』PHP文庫。

梶原武久・窪田祐一〔二〇〇四〕「理論先行の管理会計システムの導入研究のレビュー」谷武幸編『成功する管理会計―その導入と進化―』中央経済社、二六―四七頁。

谷武幸〔一九九六〕「ミニ・プロフィットセンターの管理会計」『税経通信』第五一巻第一五号、一七―二三頁。

谷武幸〔一九九七〕「会計と組織の活性化」『旬刊経理情報』第八二七号、一頁。

谷武幸〔一九九七〕「エンパワメントの管理会計―ミニ・プロフィットセンター―」『ビジネスインサイト』第五巻第四号、二八―三五頁。

谷武幸〔一九九八〕「管理会計領域の拡大―エンパワメントの管理会計の構築に向けて―」『会計』第一五三巻第三号、一―一〇頁。

谷武幸〔一九九九〕「ミニ・プロフィットセンターによるエンパワメント―アメーバ経営の場合―」『国民経済雑誌』第一八〇巻第五号、四七―五九頁。

谷武幸〔二〇〇〇〕「マイクロ・プロフィットセンターによるエンパワメント」『JICPA ジャーナル』第一二巻第六号、八〇―八五頁。

谷武幸〔二〇〇五〕「京セラアメーバ経営―自律的組織とその統合の視点から―」『企業会計』第五七巻第一二号、二七―三四頁。

谷武幸〔二〇〇九〕『エッセンシャル管理会計』中央経済社。

三矢裕〔二〇〇三〕『アメーバ経営論―ミニ・プロフィットセンターのメカニズムと導入―』東洋経済新報社。

三矢裕・谷武幸・加護野忠男〔一九九九〕『アメーバ経営が会社を変える』ダイヤモンド社。

森田直行〔一九九八〕「トップインタビュー　アメーバ経営で組織を活性化」『ビジネスインサイト』第六巻第四号、七六―九一頁。

特別寄稿

アメーバ経営と連結管理会計

森田　直行

1 世界大不況で分かったこと

サブプライム問題などで経営が行き詰まり、二〇〇八年九月に米国大手証券会社リーマンブラザーズが破綻したことを端に発し、多額の投資をしていた世界中の大手金融機関が連鎖的に経営危機に陥るなど、金融不安が深刻化しました。こういった不安に、原油や原材料の高騰が追い打ちをかけ、世界的な株価の大幅下落となり、実体経済に波及したことで、日米欧の大企業は軒並み大幅なマイナス成長に陥りました。

日本も世界市場の急速な縮小により、大手自動車会社・家電メーカーのほとんどが赤字となったことは、記憶に新しいことと思います。

このため二〇〇九年三月期は、日本を代表する多くの企業で、四半期ごとの決算発表の都度、業績予想が大きく下方修正されるという事態になりました。

これは、こういった企業の多くがグローバル企業でありましたが、各国の現地法人の経営悪化の状況をタイムリーに把握することが難しく、四半期の決算発表の際に、正確な業績を捉えられなかったことが一因と言われています。

これは大手企業だけの課題でなく、中小企業でも中国や東南アジアに製造拠点を持つなど、グローバルな展開になっていますので、全企業の課題といえるかもしれません。

2 連結管理会計の必要性

グローバルという言葉は、大企業のみならず、中堅中小企業にとっても、大きな課題となっています。即ち、全企業は連結経営の時代を迎えたということであります。このことは、経営にとって、「連結管理会計」の実現が最も重要だと言えるでしょう。

思い起こしてみますと、二〇〇〇年三月期に連結中心の財務情報開示の義務づけが行われました。さらに二〇〇四年三月期に四半期業績の開示が必要となり、二〇〇五年三月期には四半期ごとのいわゆる要約損益書、要約貸借対照表を開示することとなりました。特に上場企業は、これらの情報を株主に適切な方法で公開することが義務となりました。

そういう時代でありますので、四半期業績開示では、それに応じた連結管理会計が必要な時代をすでに迎えていると言えます。

3 連結での四半期業績開示のポイント

連結での四半期業績開示を実施していく上で、経営管理にどういうポイントがあるかを考えてみたいと思います。

一つは月次で連結決算を取りまとめるということです。これは必須事項であると思います。企業グループの経営管理、経営をどうしていくかに関しては、上場だとか非上場だからといって重要度が変わるわけではありません。ですから月次の連結決算は必ず作成すべきだと思っています。

次に事業セグメント別に連結数字をまとめることです。現在、セグメント情報の開示が義務づけられていますが、企業には多くのセグメントがあり、個々の業績がどうなっているのかを示さなければならないということです。

これはなかなか難しく、いろいろな業種があったときに、どうまとめるかということもありますが、単なる集計ではなく、この情報を経営に活用して、迅速に手を打っていくことが、これからの企業に求められています。

そのためにも、月次での事業セグメント別連結決算を実現し、その上でこの情報を経営者に対しスピーディーに報告するという体制をとることが重要です。

この結果、グループ全社の決算の早期化が図られ、同時に連結での経営計画の作成というところまで実施していくことが可能となります。言い換えると連結でのシナジーを活かし、グループ全体で収益を確保していくということを可能にしなければならない時代が来たということができます。

この点においても「アメーバ経営」は、企業における連結管理会計を実現する力を持っていると考えています。

4 管理会計としての「アメーバ経営」とは

ここで改めて企業の会計について、原点に戻って考えてみましょう。

まず企業の会計はご存じのとおり二つあります。一つは外部公表用、これは「財務会計」です。もうひとつは内部管理用で「管理会計」です。

また管理会計もいろいろあるわけですが、「伝統的な管理会計」では「標準原価管理」と「予算管理」があります。

このことについて、アメーバ経営学術研究会の主幹をお願いしておりました一橋大学の廣本先生は、その論文の中で、

標準原価計算あるいは予算管理といった伝統的管理会計では、社員の役割として期待されるのは、上司の命令で仕事を行うことだ。現場は強いが収益性に反映されないという課題を持っている。

一方、新しい管理会計を実行しているトヨタや京セラでは、自立的組織の中で、社員は自主判断を行ないながら、仕事を遂行することが役割となっている。

ただし両社の違いは、トヨタでは柔軟な生産体制により自主判断を行ないながら仕事を進めることが可能なシステムであるが独自の「市場」は無いのに対し、京セラは自律的組織であるアメーバが、それ

ぞれ独自の「市場」を持ち、その「市場」で事業として完結するシステムであること

（一橋大学廣本敏郎教授　論文「市場・技術・組織と管理会計」より）

と言われておられます。このことが「アメーバ経営」の大きな特長であるわけです。

標準原価計算と予算管理といった伝統的管理会計では、一般的には財務会計をベースにＫＰＩ重視の経営になっています。要するに生産現場では、原価は標準原価計算で分かりますが、利益はどう計算すべきなのか、これがなかなか分からないわけです。そのために、製造部門は利益目標に向かっての仕事はしにくいということになります。原価を引き下げるという目標は持って仕事はできるのですが、原価を下げることが利益に直結しているかというと、原価が下がる以上に売価が下がればコストダウンの効果は少なくなりますので、利益と直結しにくいことになります。

実際の利益を計算できない。そのためにＫＰＩとして、利益に結びつく重要なインジケーターは何かを探して、それをベースに仕事の成果を見ていくというやり方になるわけです。これが米国で開発され、世界に普及したバランスト・スコアカード方式です。また、コンサルタントがよく言うＫＰＩですが、これは財務会計をベースとしていますので営業中心となり、コストセンターである製造部門の損益が把握できないということになります。ですから、それに近似したインジケーターはないかを探すわけです。その探した数値目標を以って、仕事の成果を見ていくということになります。

本当は、このＫＰＩを直接利益と結びつけた方が実際の成果に近く、経営者も理解しやすく、また製造部門で製品を作っている人たちにとっても、楽しいし、やりがいがあると感じることができるでしょう。しかし、なかなか実現できないというのが現実です。「この理由は何か」というと、「売上にあげないと利益の計

算ができない」という現在の会計基準にあります。

一方、「アメーバ経営」では、製品ができたときに利益計算を行う仕組みを社内に作り上げています。ですから製造部門も利益の計算ができ、利益管理が可能なわけです。ここが大きく違うのです。

利益計算ができるようになると組織の働きが変わってきます。それがまさに「現場力の向上」が可能な「経営のしくみ」だと言えるのではないかと思います。

管理会計もいろいろとありますが、学術研究会の先生方が、「アメーバ経営」を、「他にはない素晴らしい管理会計である」と言って、高く評価いただいている理由であろうと思います。

5 「アメーバ経営」と管理会計

それでは「アメーバ経営」と管理会計について、もう少し詳しく説明します。

まず「アメーバ経営」と標準原価方式では、原価を管理する目的が大きく異なります。標準原価方式では、目標原価に対して何パーセント削減するかが目標となります。ただしこれは実際の利益ではありません。一方、「アメーバ経営」では利益を何パーセントだすかが目標となります。コストダウンは利益をだすための一手段なのです。だから「アメーバ経営」ではコストダウンだけが目標ではないのです。極端に言えば値段を上げることも目標となりますので、お客様と交渉して値段を上げていただくというのも利益を上げる手段となります。

このように、あらゆる手段が使えるという点が標準原価方式に比べ、非常に柔軟と言えるでしょう。しかも「アメーバ経営」は財務会計と整合をとる仕組みであるので、実際の利益とイコールになります。これが大きな違いです。

「アメーバ経営」では、製造現場で原価計算ができ、同時に利益計算もできる。このことが両立しているところが、「アメーバ経営」の優れた点と言えます。

さらに、それをどういう階層で行っているのかが重要です。

皆さんの会社でも、この図1のように、階層別の組織になっているかと思います。図1では、製造部門の三つのアメーバが一つの課を成し、二つの課が一つの部を成しています。この部の業績数字をすべて足せば製造本部の合計が出るのです。

同じように営業部門も採算が管理できます。また本社部門・管理部というのはコストセンターですので、この経費は按分されていくということになっています。そうすると採算管理表で会社の合計が計算できますので、この図のように全社の隅々までの部門の経営状況を把握することができるようになります。アメーバ経営では、この集計が月次で実施され、採算表が作成されます。

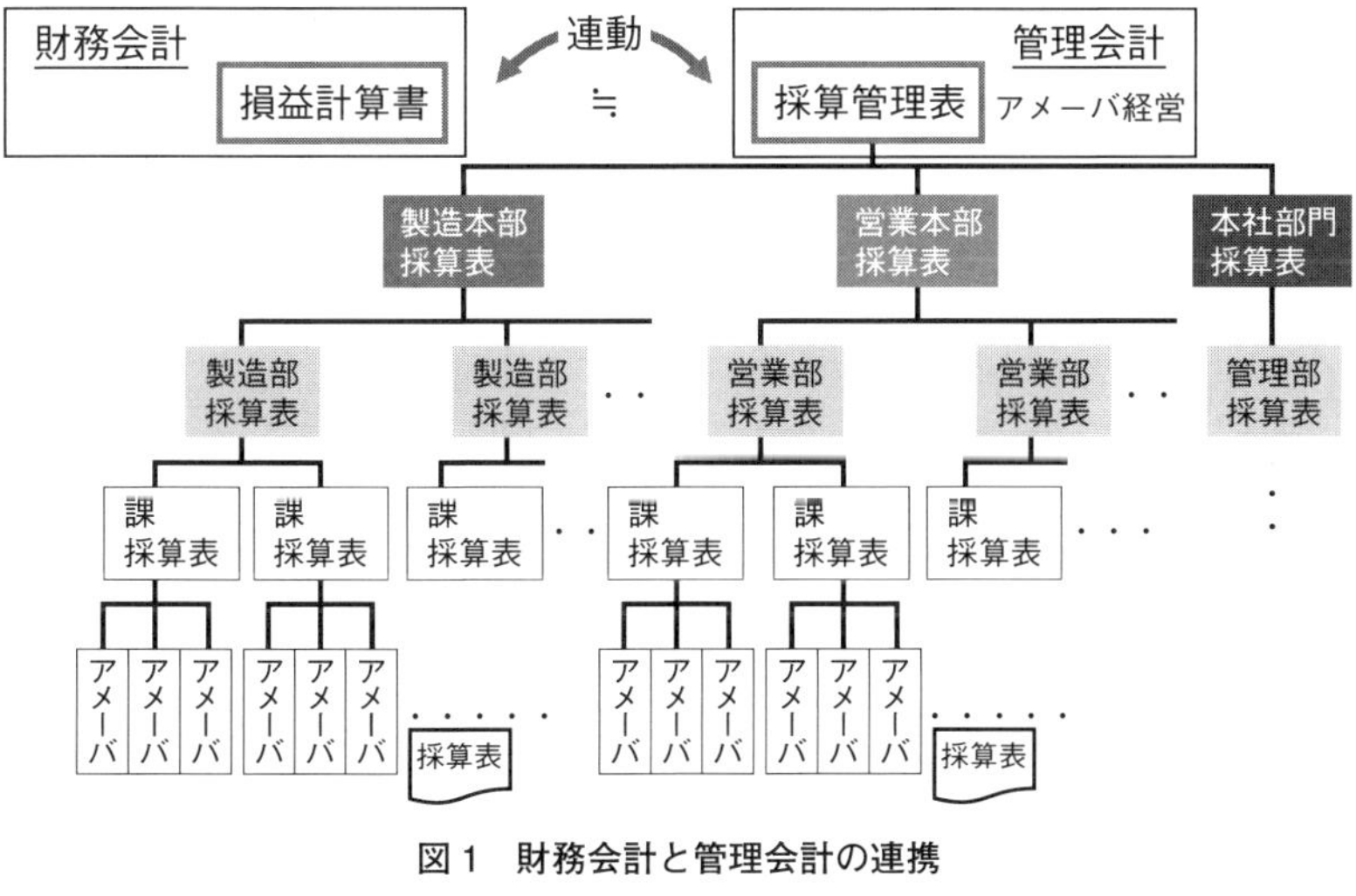

図1　財務会計と管理会計の連携

では、この月次の採算表と財務会計上の損益計算書があっているのか、ということが大事になります。現在、京セラや「アメーバ経営」を導入している企業では、管理会計と財務会計は、売上や経費はもちろん、税引前利益のところまで合致させております。そのため、経営者や幹部は管理会計の数字をベースに経営を見ていくことになります。

このようにしていくと、経営者から見れば会社の隅々までのアメーバの数字が見えますから「見える化」を実現していることとなるのです。

しかし「見える化」をするためだけに、「アメーバ経営」を行うわけではありません。むしろ現場力を活かして、高い目標の数字を「作る化」を目指しています。

数字を作っていくことが「アメーバ経営」なのです。どういう経営をしているのかが分かるだけでは「アメーバ経営」は不十分なのです。それはなぜかというとアメーバ個々の責任者がその経営を任されているからです。そして、実績を残すことも、この責任者が担っているからです。言い換えると、皆が現場で数字を作ろうとしているわけです。それが「アメーバ経営」の強さなのです。

したがって、「アメーバ経営」を取り入れるのなら、ぜひ、数字の「作る化」まで実現してほしい。そうすると確実に会社が強くなります。

このような環境では、上司は現場の人たちをいかに支援して良い仕事をしていただくのかということが役割となります。上司は「おれの命令どおりにやれ！」といっているだけでは駄目なのです。数字は「働いた結果でてくるもの」ではなく、「作っていくもの」であるという積極的な思考が大切です。

6 「アメーバ経営」の目的

「アメーバ経営」の目的について、「アメーバ経営」を考案し、実践された稲盛名誉会長は、次のように述べておられます。

「アメーバ経営」は、単なる経営ノウハウではなく、経営哲学をベースに、会社経営のすべての分野に密接に関わる経営システムであり、その全体像を明らかにすることは容易ではない。「アメーバ経営」を学ぶにあたっては、「アメーバ経営」が何を目指した経営システムなのかを理解する必要がある。

（稲盛和夫著『アメーバ経営』より）

とされ、さらに「アメーバ経営」の三つの目的については、次のように述べておられます。それは、

第一の目的　市場に直結した部門別採算制度の確立
第二の目的　経営者意識を持つ人材の育成
第三の目的　全員参加経営の実現

です。この三つの目的について、順に説明いたします。

6-1　マーケットに直結した部門別採算制度の確立

一つ目の目的は、「マーケットに直結した部門別採算制度の確立」であります。

この項目について稲盛名誉会長は、

市場価格は刻々と変化する。その変化に柔軟に対応し、つねに先手を打っていかなければ、目標とする付加価値や利益は確保できない。だからこそ、複雑な製造工程をいくつかの小さなアメーバに分割し、そのアメーバが互いに売買を繰り返すと同時に、アメーバごとの実績がタイムリーに把握できる経営管理システムをつくったのである。

このような経営管理システムがあれば、たとえ市場価格が大幅に下がったとしても、売値の下落がアメーバ問の売買価格にすぐ反映され、各アメーバは経費を下げるなどの手を即座に打つことができる。つまり、市場のダイナミズムを、社内の隅々にまでダイレクトに伝えられるだけでなく、会社全体が市場の変化にタイムリーに対応することができる。

さらに、社内売買を行うことは、品質管理の面でも、大きな効果を発揮する。「売買」であるからには、買い手のアメーバは、必要な品質を満たしていないかぎり、社内買いをしようとはしない。したがって、各工程間で取り決められた品質を満たしていない仕掛品は、後工程へ流出していかない。つまり、社内売買ごとに「品質の関所」が設けられ、品質がチェックされることになる。これにより、各工程のアメーバでしっかりとした品質がつくり込まれていくことになる。

(稲盛和夫著『アメーバ経営』より)

と説明されています。

これはマーケットに直結した部門別採算の確立の中で、製品原価やサービス原価を計算するということです。販売価格は必ずしも原価とは関係はなく、むしろ市場（マーケット）で決まってきます。しかもマーケットプライスは決して一定ではありません。売値は月々、いや日々変わっていきます。

しかし、標準原価を頼りにした経営では、何カ月も前の原価データをベースにしているのですから、マーケットプライスへの対応はとても無理でしょう。やはり経営者にとって必要なことは、生きた数字だということになります。

では、生きた数字とは何でしょうか。それは過去の数字ではなく現在の数字です。つまり常に最新の数字をスピーディーに計算ができなければ、マーケットプライスへの対応はできません。この点が、「アメーバ経営」が非常に優れている特長と言えます。

企業においては、営業部門と製造部門がビジネスに深く関わっておりますので、ここで京セラにおける営業・製造のミッションとは何なのかということを説明します。

図2にありますとおり、京セラでは、営業の責任は受注・売上から入金までとしています。受注生産においてはお客様からの受注価格が、在庫販売においては販売価格に基づ

営業部門

1. 営業の責任は「受注・売上から入金まで」
2. 受注生産においては受注価格が、在庫販売においては販売価格に基づいた社内価格で製造部門に手配を行う
   →「マーケットプライス」
3. 営業が、担当する製造部門の事業拡大と採算に責任を持つ「営業主導の経営」の実践
4. 営業部門もプロフィットセンターとして、利益責任を持つ

製造部門

1. 受注残に基づき、生産計画を決定する
2. 営業手配の価格（受注価格または社内発注価格）で利益が出せるよう、生産の効率化とコストダウンを図る
   → 製造原価ではない
3. 製造命令書単位で、お客様の単価変更・数量変更に対応する
4. 受注の動向に合わせた生産体制の構築 → 市場に直結

図2　京セラにおける営業・製造のミッション

いた社内価格が、それぞれマーケットプライスとなり、この価格で製造部門に手配を行います。つまり受注生産の場合はお客様からの受注を、そのまま製造部門に同じ単価で知らせる。そうすると製造部門では、担当する部門がマーケットプライスを知っていることとなります。

また在庫販売でも、実際の販売価格に基づいた価格ですので、やはりマーケットプライスということになります。これがものづくりでは非常に大事です。

「マーケットはそんな値段じゃないのだ、そんな値段で作っても販売できない」ということを、営業がいちいち説明する必要もなく、マーケットプライスが前提となるのですから、「市場はこんな状態なのか」「我々の作り方ではいけない」ということがすぐに分かるということとなります。

この方式では、製造に指示を出すのは営業ですから営業主導となります。つまり営業の役割は、製造をリードして引っ張っていくということです。

一方、製造の役割は、営業からのオーダーに基づき生産計画を決定する。さらに、営業手配の価格で、製造は利益がだせるように生産の効率とコストダウンを図るということになります。これは製造原価ではありません。製造原価で作っているからあとは営業責任ということではなく、あくまでもマーケットプライスに対して、コストダウンを図り、利益をどう出すかということは製造の責任だということです。

当然、オーダーについては営業が全責任を持ちます。もちろん、製造部門の利益に関しても、営業は大きな責任がありますので、むやみに安売りをすることはないのです。ですから受注生産でも在庫販売でも、製造部門は受注をベースに生産計画を組む。つまり、完全受注生産方式になるわけです。そうすると受注生産方式ですから、安定した生産計画で仕事ができますので、生産性の効率アップとか歩留りの向上、あるいは材料の低減とかそういうところにいろいろと手を打つことができます。ただし不況などで、受注残が少なく

表1　「アメーバ経営」における管理会計と標準原価計算における管理会計の違い

	標準原価計算方式	アメーバ経営
管理する範囲	製造原価	製造原価から税引前利益
原価の精度等		
①部門別原価	正確性はやや高い	正確性は高い
②製品別原価	正確性はやや高い	正確性は高い
原価対策	範囲がせまい	大変広い
マーケットプライスへの対応	遅い	早い
見積もり計算	弱い（基本は他人任せ）	強い
コストダウン意欲	やや高い	高い
仕事への動機付け	低い	高い
利益貢献の意識	低い	高い

なると、これでは仕事が足りませんから、製造部門も技術部門も総動員でお客さんのところに新製品の試作を持っていったりして、受注活動に入らなければいけない。そういう製販一体となった協力体制がとれるようになるわけです。

このように受注生産方式で実施していくと、注文書の単位でお客様の単価変更や数量変更に対応する必要がでてきます。つまり生産計画の変更に対応できる力がなければいけないということになります。その結果、受注動向に合わせた生産体制の構築、要するに市場の要求に直結して、迅速に動く生産体制が作れるということになります。これが「アメーバ経営」における製造、営業のミッションなのです。

そういう力強く迅速な対応のできる営業部門と、迅速な動きができる製造部門を作っていくことによって、しっかりと利益を出していく、こういうことが必要だということです。

表1に、「アメーバ経営」における管理会計と標準原価計算における管理会計の違いを表しています。要するに違いの一つは管理する範囲です。

標準原価計算では何と言っても製造原価の範囲だけですが、「アメーバ経営」では製造原価から税引前利益までが範囲となります。

例えば、管理部門の経費が多ければ、管理部門に「何とかもう少し経費を削ってくれよ」という要求もできますし、「この値段だったら絶対他社には勝てるはず」「この値段は安く売りすぎではないか」と営業に言ったりすることができるのです。

お客様を訪問して、お客様の要望価格をお聞きして、びっくりして帰ってくるというような製造部隊が結構いるのです。しかし、マーケットプライスを把握することによって、製造部門の態度も変わります。どう変わるかと言いますと、もうコスト低減を行うしかないと覚悟を決め、これまでのやり方と全く違った方法を考えるのです。事前に手を打てれば、それが一番良いのですが、なかなかできるものではありませんので、行き詰まって一生懸命考え、改善することになります。でも標準原価計算をやっているところは、「俺は決められた標準原価でやっている」という判断となり、「営業の姿勢が良くない」、ひいては「経営に問題がある」となるわけです。ここが全く違います。

次に原価管理の精度ですが、部門別原価では、やはりアメーバ経営の方が正確性は高くなります。その理由は現場で毎月計算しているからです。

例えば、このような事例がありました。

もともと、T社の子会社で一部上場であったTケミカルを、京セラが買い取って、京セラケミカルと今は名前を変えているのですが、この京セラケミカルとなって、すぐに「アメーバ経営」を現場まで全部導入しました。そうするとこれまで経理が行っていた原価計算より、現場の方が精度も高く、さらに早くできるようになってきました。最終的には経理の人が、原価計算はどうなっているか現場に聞くようになってきました。それくらい変わってくるのです。ですからやはり現場が強いということが言えるのだと思います。

製品別原価、これも標準原価の場合は商品が多角化していますから、一品ごとの計算では膨大な費用と時間が掛かってしまうため、グループごとに計算しています。ところが製造部門では、アメーバで分割されていますから、一点ごとの原価計算を行うことが多く、かつ正確性は高いことになります。

またマーケットプライスを常に把握していることから、見積もり計算も大変強い力を持っています。またコストダウン意欲についても、部門として利益を出していかなければなりませんから、仕事への動機付けも高く、自分たちの部門は自分たちで守ろうという一体感が出ます。そういう意味で非常に良いスパイラルとなります。

6-2 経営者意識を持つ人材の育成

二つ目の目的は「経営者意識を持つ人材の育成」です。この項目について稲盛名誉会長は、

会社の規模が拡大しても、組織を小さなユニットオペレーションに分けて、独立採算にしておけば、そのリーダーが自分のユニットの状況を正しく把握できる。また、小さなユニットのオペレーションを任されたリーダーも、少人数の組織であるがゆえに、日々の仕事の進捗状況や工程管理などの組織運営を容易におこなうことができ、特別高い管理能力や専門知識を持たなくても自部門の運営が的確におこなえる。

またそれだけではなく、小さなユニットであっても、その経営を任されることで、リーダーは「自分も経営者のひとりだ」という意識を持つようになる。そうなると、リーダーに経営者としての責任感が生まれてくるので、業績を少しでもよくしようと努力する。つまり、従業員として「してもらう」立場

から、リーダーとして「してあげる」立場になる。この立場の変化こそ、経営者意識の始まりなのである。

（稲盛和夫著『アメーバ経営』より）

と説明されています。

要するにアメーバのリーダーが経営者的な意識を持つということです。またそのような人材を育てるために、経営者自らが幹部の人格を高める育成を行っているわけです。それを通して、小さな組織でも損益として仕事の成果が出るようにしていけば、「全員参加の経営の実現」につながっていくということです。

しかし「アメーバ経営」では、利益追求だけでは、「利益のためなら、何をしてもいいのか」という考え方になる可能性があります。

一時的にはそれで良いと思っても、よくよく考えてみれば不正なことをしていたということも発生しうるのです。

これを防ぐために、リーダーはもとより、メンバーの人たちにも「人間として正しいことは何なのか」ということを教えなければならない。また「上司の命令といえども悪いことをしてはいけない」といったことを教えていく必要があります。これは今でいう「内部統制」となって、会社のルールが守られているかを監査室などがチェックしているのですが、アメーバ経営では実際に現場で働いている人たちが正しい道を選びながら、しっかりした仕事をしていこうということになります。

基本的に「正しい仕事を通じて利益を出していこう」ということを教えていますから、実は内部統制の仕組みそのものを大掛かりにする必要はありません。

米国のＳＯＸ法は、たまたま米国の企業の経営者が、自分の持ち株やストックオプションの価値を上げるために粉飾決算などで、公表数字を改ざんしたことから必要となった法律でした。そのため、日本でも金融商品取引法の条項が見直され、決算時に内部統制の報告が義務づけられました。しかし京セラでは、管理会計のアメーバ経営と部門リーダーの人間性を高める理念教育を併せて行ってきておりますので、内部統制に対しても、すばやく対応できたと思います。

通常、アメーバのリーダーは若く、経営者の皆さんのように高いレベルの責任感があるわけではありません。そのような若いリーダーに権限を持たせるのですが、無鉄砲な人も居ます。そのため、若い人たちに正しい人間としての理念を教えていくということが大事になるのです。京セラでは、これを稲盛名誉会長が京セラ創業時より、社員の皆さんに説いてこられたことをまとめたものが京セラフィロソフィであります。それを我々も引き継いで行っています。だから「アメーバ経営」を行っていく場合には、同時に理念・社員教育ということを考えていただきたいと思います。リーダーとして、人の上に立つ人は、やはり正々堂々と仕事をして、きちんと利益を出していくやり方をしていくのが、当然であると考えています。人をだましたり欺いたり謀略にたけて一時的に儲かっても、そんなことでは長続きしないということをリーダーが分かってもらわないと、利益追求のあまり、間違った判断をしてしまうのです。本当に不思議なことに、「正しいか正しくないか」「良いか悪いか」はみんな知っているのです。でもお金が絡むとリーダーの判断が狂ってくる。損得が絡むと変わってくるのです。もし、それを実際の会社の中で行われては、会社を潰すことになりかねません。ですから、そういうことを教えていくことが重要となります。

6-3　全員参加経営の実現

そして、三つ目の目的は、「全員参加経営の実現」です。この項目について稲盛名誉会長は、

会社には、個人経営、有限会社、株式会社など、いろいろな形態がある。そのなかに、もし「全従業員が経営者」という全社形態があるならば、労使対立などそもそもありえないし、全従業員が会社の発展に向かって団結する最強の集団となるに違いない。

アメリカの「パートナーシップ」という共同経営者であるパートナーが連帯責任により経営する形態にならい、京セラでは従業員がみなパートナーとなればよいと思ったのだが、残念ながら、日本の法制度に、そのような経営形態は見あたらなかった。それでも、全従業員が労使共通の目的のために、お互いに協力し合えることが理想であると考えた私は、そのモデルを日本の伝統的な「家族」に求めた。ここでいう家族とは、家族の構成員である祖父母、父母、子供たちが、自分たちの家族のために、みんなで一生懸命がんばるという伝統的な家族である。（中略）

これが、私の意図している「大家族主義」である。

もし、会社が、ひとつの大家族であるかのような運命共同体となり、経営者と従業員が家族のごとくお互いに理解し、励まし合い、助け合うならば、労使一体となり会社経営ができるはずである。また、厳しい市場競争のなかであっても、ともに会社発展に努力するため、経営も自ずとうまくいくはずである。私はこの考え方を「大家族主義」と称して、会社経営のベースとなる考え方とした。

（稲盛和夫著『アメーバ経営』より）

と述べておられます。

しかし、いくら大家族主義を標榜してみても、それだけで経営者と労働者の対立をなくし、労使が協力し合う企業風土をつくりあげることは簡単ではありません。この実現のためには、さらに「経営理念と情報の共有化」が重要で、このことで従業員の経営者意識を高め全員参加経営の実現が可能になるのです。

このことについて稲盛名誉会長は、

労使の立場を超えて全従業員が一致団結するには、まず、全従業員が納得できる経営の目的、経営理念の存在が欠かせない。一般の会社のなかには、親から家業を継いだり、自分が金儲けをしたいから会社を設立したりする場合が多い。京セラが、もし、そのような会社であれば、労使が一致団結するような会社にすることは、さぞ難しかっただろう。しかし、もともと信じ合える同志が集まり設立した会社なので、私腹を肥やそうなどというつもりは毛頭なかった。

そこで京セラの経営理念を「全従業員の物心両面の幸福を追求すると同時に、人類、社会の進歩発展に貢献すること」と定めていた。従業員の幸福を追求することを目的とする会社として存在しているのだから、労使一体となって会社の発展に尽くそうとすることには何の矛盾もなかった。このように全従業員が納得し、共有できる普遍的な経営理念を確立していたことが、京セラに、労使対立を超えて一致団結する企業風土が生まれる土壌となっていた。

（中略）

それでも、全従業員が、私の経営者としての苦労をよく理解してくれたわけではなかった。（中略）そのとき、みんなが私の言っていることを理解してくれないのは、会社の実態がわかっていないからだということに気づいた。それならば、思い切って、会社の実態をみんなに知らせれば、経営者の気持ちがわかってもらえるのではないかと思った。全従業員に経営者マインドを持ってもらい、経営者と同じ意識レベルで働いてもらいたい。そのためには、全社の実態に関する情報をできるだけ開示して、私がいま悩んでいること、困っていることを包み隠さずみんなに知ってもらうことが一番大切だと考えたのである。

みんなが会社の現状や問題点を理解すれば、私の悩みと従業員の悩みが共有化され、ひいては、従業員の経営者マインドを育てることにつながるからである。

（稲盛和夫著『アメーバ経営』より）

と説明されています。

アメーバ経営では、リーダーが中心となりメンバー全員が経営に参加することとなります。そして、今も京セラグループ全社で、会社の経営状況に関する主要な情報まで、朝礼などを通して全従業員にすべて開示されています。このことで、京セラでは全従業員が自主的に経営に参加する土壌ができあがり、全員参加経営が可能となっているのです。

またこの「全員参加の経営」により、全従業員が積極的に経営に参加し、それぞれの立場で自らの役割と責任を自主的に果たそうとすれば、従業員はもはや単なる労働者ではなく、ともに働くパートナーとなるわけです。

従業員ひとりひとりがそれぞれの持ち場・立場で、自分のアメーバのために、ひいては、会社全体のために貢献しようとする。さらに、アメーバリーダーやメンバーが自らの目標を立て、それを達成することにやりがいを感じる。そうなれば、全従業員が仕事に喜びや生きがいを見出し、一生懸命に努力する。こうして、従業員は個人の能力を最大限に高め、人間として成長することができるのです。

以上が「アメーバ経営」の真の目的と言えると思います。

7 セグメント別業績管理

話が戻りますが、冒頭で申し上げた連結経営におけるセグメント別業績管理について、説明いたします。

京セラでも、株主に対する積極的な情報公開として、セグメント別業績をホームページでオープンにしています。例えば京セラの場合は、セラミック関連事業、通信機器関連事業などと出ているのですが、京セラの場合はこれをどう集計しているかと言いますと、各組織の業績を合計して、セグメント別を出しているのです。

図3のとおり、京セラには、国内営業・海外営業を含めた営業部門があります。さらに海外現地にも営業部門があります。例えば中国の営業を見ても、様々な事業の営業部

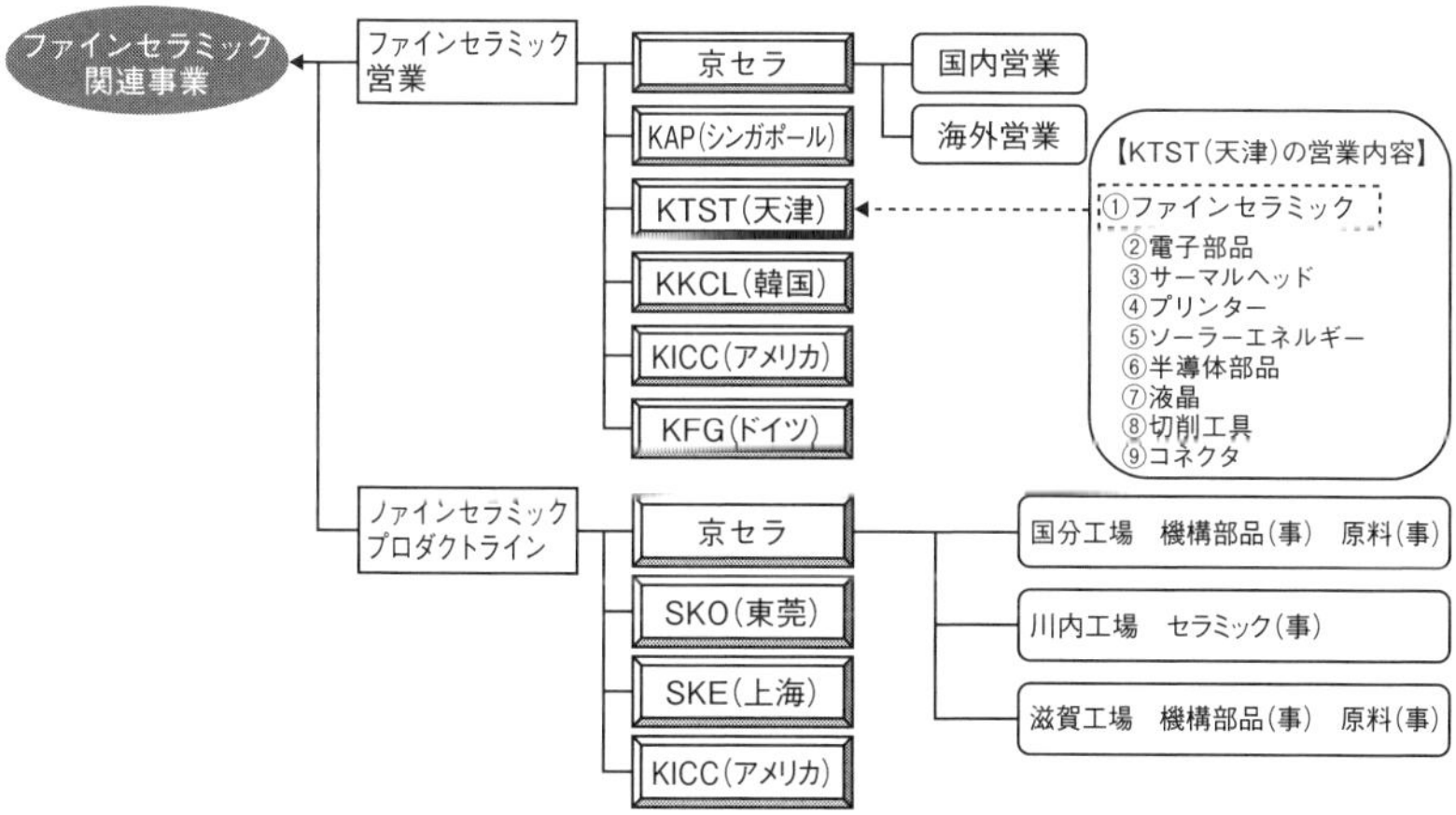

図3　京セラ（ファインセラミック部門）の組織

門があります。しかし、その全社の組織の中からファインセラミック部門（製販）の業績を集計したものがセグメント業績になるのです。即ち、製販とも業種別にアメーバとして組織化していますので、該当するアメーバの数字を集めれば連結の数字ができてしまうのです。

京セラグループの場合は、このように集計が可能なのですが、一般の大企業の情報の開示では、セグメント別の場合の大半が、品種別の原価計算で出しておられます。原価計算をベースに利益を計算されていますから、業績が悪化したときに、どこが悪いのか、何に手を打てばいいのかということがなかなか掴みにくい。一方、京セラは組織をベースにしていますから、「あなたのところが悪い」と言えるわけです。例えば、「海外が良くないから、こうなっているのだ」とマネジメントが追及し、責任者が「海外で、うまくいっていないのは、製造が悪いからです」という。「それでは立て直すために京セラから優秀な技術者を送りましょう、また営業でも支援しましょう」というようにスピーディーに動けるのです。つまり、京セラのセグメント情報は、情報開示に使うだけでなく、連結経営のシナジーの向上に役立てています。

ところが、グループ全社を品種で分けて集計しただけでは、どこが悪いかなかなか分からない。もちろん調べれば分かるのですが、当然、時間が掛ります。組織をベースとした数字であれば、特に連結のトップマネジメントには、すぐわかります。これが連結経営では、非常に大切なことだと考えています。その意味で、我々は連結経営の実現のために「アメーバ経営」を活用して、強力な「連結管理会計」を作り上げることに取り組んできました。

8 最後に

「連結管理会計」により、セグメント別業績を、事業組織を中心に作成することによって、事業の見通しをすばやく把握すると同時に、連結経営の強みを活かした長期戦略を立案することが可能となります。

ですからグループ全体の組織の見直し、それから「アメーバ経営」の徹底、そして管理会計をベースとした財務諸表の作成ということに取り組んで行けば、連結管理会計をも確立できることになります。

京セラの前期の決算発表を見ますと、不況により売上は落ちこみましたが、利益ではほぼ横ばい、税引前利益では上回ることができました。

また今期の予測も、売上の改善以上に税引前利益率の改善が進むという予測を立てております。

「アメーバ経営」とは、部門別採算制度でありますが、その経営システムと考え方は、そのまま現在のグローバル企業にも適用が可能であることは、京セラグループが見事に証明しています。

今後我々は、この「アメーバ経営」を連結管理会計制度という観点からも、ご説明し、多くの企業のグローバル経営の一助となればと考えております。

あとがき

思い起こせば二〇数年前、弊社会長兼社長の森田がそれまで門外不出とされてきた京セラの経営管理手法であるアメーバ経営を公開することの承認を京セラ㈱の稲盛名誉会長より得て、アメーバ経営導入コンサルティング事業を開始しました。多くの企業が弊社のサポートでアメーバ経営を導入し、運用、浸透してゆくなかで日本の企業経営にいささかなりとも寄与できればとの熱い思いを持って努力し続けてきました。その結果今日では導入企業は四〇〇社を超えるにいたっており（二〇一〇年一〇月現在）、近年では医療・介護機関などの法人の導入事例も増えるなど、その展開は着実に広がりを見せております。

加えて、稲盛名誉会長が「アメーバ経営」（日本経済新聞社刊、二〇〇六）を発刊されアメーバ経営の知名度がさらに広まり、アメーバ経営を研究してみようという機運もさらに高まってきたように思います。

こうした背景もあり森田の熱い思いである**アメーバ経営は日本を代表する経営手法**として世界に発信できるのではとの思いも強めてきました。かねてよりアメーバ経営の研究に取り組んでこられた神戸大学大学院教授の加護野先生、同名誉教授の谷先生、また一橋大学大学院教授の廣本先生（現公認会計士・監査審査会常勤委員）にアメーバ経営を学術的に確立させる研究会を発足したい旨ご相談申し上げたところ、賛同をいただくと同時に経営学分野からだけではなく、他分野からも大勢の先生方の参加を促していただくなかでアメーバ経営の考案者である稲盛名誉会長の賛同も得て二〇〇六年一一月にアメーバ経営学術研究会を発足させました。二〇〇九年一〇月には経済学・経営学・会計学等を専門とされる先生方およびアメーバ経営導入企業の経営幹部の方々、京セラグループの経営幹部そして稲盛名誉会長が参加されるなかで研究成果の一部を「アメーバ経営学術研究会シンポジウム」として発表できましたことは学術研究会のメンバーにとって感慨無量であったと推察します。

このたび、このシンポジウムで発表された研究成果を基本に論文としてまとめ、また新しい論文も加えてアメーバ経営についての学術的な本として本書の発刊にいたりました。

本書の発刊にあたっては学術研究会の先生方がアメーバ経営の定義や特徴等について一つ一つ熟考され、また多角的な視点で何度も何度も熱く議論されることを見るにつけ、先生方の熱い思いを強く感じる場面が幾度となくありました。今回このような先生方の熱意の集大成として一冊の本としてまとめることができました。お忙しい中、研究を進め短期間に論文としてまとめていただきました先生方、特別講演録の収録をご快諾いただきました稲盛名誉会長、弊社社長の森田には改めて厚く御礼申し上げます。

本書が経営書として経営学・会計学等を研究される方々、企業経営の実務に携わられる方々にお読みいただくことで、いささかなりとも企業の発展、研究に寄与できれば幸甚です。さらには本書が今後の「アメーバ経営」の研究の礎となり、日本から世界に向けてアメーバ経営を発信していくためのきっかけとなることを祈念してやみません

二〇一〇年一〇月

KCCSマネジメントコンサルティング株式会社
代表取締役副会長　**藤井　敏輝**

執筆者紹介（掲載順／二〇一〇年一〇月現在）

加護野忠男（かごの・ただお）

一九七〇年　神戸大学経営学部卒業
一九七二年　神戸大学大学院経営学研究科修士課程修了
一九七三年　神戸大学大学院経営学研究科博士課程退学
一九七三年　神戸大学経営学部助手、その後専任講師、助教授を経て
一九八八年　神戸大学経営学部教授
一九九九年　神戸大学大学院経営学研究科教授

谷　武幸（たに・たけゆき）

一九六七年　神戸大学経営学部卒業
一九六九年　神戸大学大学院経営学研究科修士課程修了
一九六九年　神戸大学大学院経営学研究科博士課程退学
一九六九年　神戸大学経営学部助手、その後専任講師、助教授を経て
一九八五年　神戸大学経営学部教授
一九九九年　神戸大学大学院経営学研究科教授
二〇〇六年　神戸大学退官
二〇〇六年　桃山学院大学経営学部教授

二〇一〇年　桃山学院大学経営学部を退職

稲盛　和夫（いなもり・かずお）

一九五五年　鹿児島大学工学部卒業
一九五五年　松風工業株式会社に入社
一九五九年　京都セラミック株式会社（現京セラ）設立　社長、会長を経て、一九九七年から名誉会長を務める
一九八四年　第二電電企画株式会社設立　会長に就任
二〇〇〇年　DDI（第二電電）、KDD、IDOの合併によりKDDI株式会社設立　名誉会長に就任
二〇〇一年　最高顧問に就任
二〇一〇年　株式会社日本航空会長、内閣特別顧問に就任

廣本　敏郎（ひろもと・としろう）

一九七六年　一橋大学商学部卒業
一九八一年　一橋大学大学院商学研究科博士課程単位修得
一九八一年　一橋大学専任講師（商学部）、その後助教授を経て
一九九三年　一橋大学教授
二〇一〇年　一橋大学大学院を退任、公認会計士・監査審査会常勤委員

挽　文子（ひき・ふみこ）

一九八七年　横浜市立大学商学部卒業
一九八九年　横浜市立大学大学院経営学研究科修士課程修了

一九九三年　一橋大学大学院商学研究科博士後期課程単位修得
一九九三年　一橋大学商学部助手
一九九五年　和光大学経済学部専任講師
一九九八年　一橋大学商学部専任講師、その後一橋大学大学院商学研究科助教授を経て
二〇〇七年　一橋大学大学院商学研究科教授

上總　康行（かずさ・やすゆき）
一九七二年　立命館大学経営学部卒業
一九七七年　立命館大学大学院経営学研究科博士課程単位取得
一九七八年　名城大学商学部専任講師、その後、助教授、教授
一九九六年　京都大学経済学部教授
一九九七年　京都大学大学院経済学研究科教授
二〇〇七年　京都大学定年退職
二〇〇七年　福井県立大学経済学部教授
二〇〇九年　福井県立大学経済学部特任教授

澤邉　紀生（さわべ・のりお）
一九九〇年　京都大学経済学部卒業
一九九四年　（財）日本証券経済研究所研究員
一九九五年　京都大学大学院経済学研究科博士後期課程研究指導認定
一九九五年　立命館大学経営学部専任講師
一九九七年　立命館大学経営学部助教授

一九九九年　九州大学経済学部助教授
二〇〇三年　京都大学大学院経済学研究科助教授
二〇〇七年　京都大学大学院経済学研究科教授

潮　清孝（うしお・すみたか）

二〇〇二年　京都大学経済学部卒業
二〇〇三年　Manukau Institute of Technology（ニュージーランド）Diploma in Communication Studies 修了
二〇〇五年　京都大学大学院経済学研究科修士課程修了
二〇〇五年　ソニー株式会社経理部勤務（二〇〇七年まで）
二〇〇九年　京都大学大学院経済学研究科博士後期課程学習認定退学
二〇〇九年　中京大学経営学部・ビジネスイノベーション研究科専任講師

尾畑　裕（おばた・ひろし）

一九八二年　一橋大学商学部卒業
一九八四年　一橋大学大学院商学研究科修士課程修了
一九八七年　一橋大学大学院商学研究科博士後期課程単位修得
一九八七年　一橋大学商学部専任講師、その後助教授を経て
一九九九年　一橋大学商学部教授
二〇〇〇年　一橋大学大学院商学研究科教授に配置換え

北居　明（きたい・あきら）

一九九〇年　滋賀大学経済学部卒業
一九九五年　神戸大学大学院経営学研究科博士後期課程修了
一九九五年　大阪学院大学経営科学部専任講師
一九九八年　大阪学院大学経営科学部助教授
二〇〇四年　大阪府立大学経済学部助教授
二〇〇八年　大阪府立大学経済学部教授

鈴木　竜太（すずき・りゅうた）

一九九四年　神戸大学経営学部卒業
一九九六年　神戸大学大学院博士前期課程修了
一九九七年　静岡県立大学経営情報学部助手
一九九九年　神戸大学大学院博士課程後期課程修了
二〇〇一年　静岡県立大学経営情報学部専任講師
二〇〇五年　神戸大学大学院経営学研究科准教授

三矢　裕（みや・ひろし）

一九九〇年　神戸大学経営学部卒業
一九九〇年　川崎製鉄株式会社入社（水島製鉄所総務部総務課勤務）
一九九三年　川崎製鉄株式会社退社
一九九四年　神戸大学大学院経営学研究科博士課程前期課程修了

一九九七年　学習院大学経済学部専任講師
二〇〇〇年　学習院大学経済学部助教授
二〇〇一年　神戸大学大学院経営学研究科博士課程後期課程修了
二〇〇三年　神戸大学大学院経営学研究科助教授
二〇〇八年　神戸大学大学院経営学研究科教授

窪田　祐一（くぼた・ゆういち）

一九九五年　滋賀大学経済学部卒業
二〇〇〇年　神戸大学大学院経営学研究科博士後期課程修了
二〇〇〇年　愛知大学経営学部専任講師
二〇〇三年　愛知大学経営学部助教授
二〇〇四年　大阪府立大学経済学部助教授
二〇〇七年　大阪府立大学経済学部准教授

森田　直行（もりた・なおゆき）

一九六七年　鹿児島大学工学部卒業
一九六七年　京都セラミック株式会社に入社
一九八七年　同社取締役経営管理本部副本部長
一九八九年　同社常務取締役総務本部長
一九九五年　同社代表取締役専務
　京セラコミュニケーションシステム株式会社代表取締役社長
二〇〇六年　同社代表取締役副会長

京セラコミュニケーションシステム株式会社代表取締役会長兼社長
KCCSマネジメントコンサルティング株式会社代表取締役社長

二〇〇九年　京セラコミュニケーションシステム株式会社代表取締役会長
KCCSマネジメントコンサルティング株式会社代表取締役会長兼社長

アメーバ経営学 —理論と実証—

2010 年 11 月 27 日　初版第 1 刷発行
2011 年 2 月 25 日　初版第 2 刷発行

編　者　アメーバ経営学術研究会

発行所　KCCS マネジメントコンサルティング株式会社
〒 108-0073　東京都港区三田 3-7-18
電話 (03) 5765-1537
http://www.kcmc.co.jp/

発売所　丸善出版株式会社
〒 140-0002　東京都品川区東品川 4-13-14
電話 (03) 6367-6038
http://pub.maruzen.co.jp/

編集協力　丸善プラネット株式会社
〒 140-0002　東京都品川区東品川 4-13-14
電話 (03) 5781-0721
http://planet.maruzen.co.jp/

組版／ソフト・エス・アイ株式会社
印刷／大日本印刷株式会社
製本／株式会社 星共社

ISBN 978-4-904093-35-1 C0034